高速公路工程
关键工序施工管控要点

主 编　张朝峰　李　有　左希文

北京工业大学出版社

图书在版编目（CIP）数据

高速公路工程关键工序施工管控要点 / 张朝峰, 李
有, 左希文主编. -- 北京：北京工业大学出版社，
2024. 11. -- ISBN 978-7-5639-8695-8

I. U415. 12

中国国家版本馆CIP数据核字第20249919GV号

高速公路工程关键工序施工管控要点
GAOSU GONGLU GONGCHENG GUANJIAN GONGXU SHIGONG GUANKONG YAODIAN

主　　编：张朝峰　李　有　左希文
责任编辑：付　存
封面设计：文人雅士文化传媒
出版发行：北京工业大学出版社
　　　　　（北京市朝阳区平乐园100号　邮编：100124）
　　　　　010-67391722（传真）bgdcbs@sina.com
经销单位：全国各地新华书店
承印单位：廊坊市海涛印刷有限公司
开　　本：170毫米×240毫米　1/16
印　　张：19
字　　数：318千字
版　　次：2025年1月第1版
印　　次：2025年1月第1次印刷
标准书号：ISBN 978-7-5639-8695-8
定　　价：90.00元

编　委　会

▌前 言▐

　　高速公路作为重要的交通基础设施，在促进区域经济一体化、优化交通出行等方面发挥着重要作用。为了提升高速公路建设与管理的水平，打造品质工程，根据多个高速公路项目施工管理经验，我们编写了《高速公路工程关键工序施工管控要点》。

　　本书系统地介绍高速公路路基施工、路面施工、桥梁施工、隧道施工、质量通病治理等关键工序管控要点。通过对这些关键工序的深入剖析，本书旨在帮助从事高速公路建设和管理的人员、高速公路建设领域的学者和专家等，更好地理解和掌握高速公路建设与管理的实践技巧和方法。

　　本书共五章，其中第一主编张朝峰（山东省交通工程监理咨询有限公司）负责第3章桥梁工程3.1至3.4节、第4章隧道工程4.8节内容编写，计7.3万字；第二主编李有（山东交工建设集团有限公司）负责第2章路面工程、第4章隧道工程4.1至4.7节内容编写，计6.0万字；第三主编左希文（山东交工建设集团有限公司）负责第5章质量通病治理内容编写，计6.3万字；第一副主编张惠翔（山东高速轨道交通集团有限公司益羊铁路管理处）负责第1章路基工程1.1至1.8节内容编写，计6.7万字；第二副主编许崇喜（山东高速基础设施建设有限公司）负责第1章路基工程1.9至1.10节、第3章桥梁工程3.5至3.7节内容编写，计3.8万字。

▮目 录▮

第1章 路基工程 …………………………………………… 1

1.1 总则 ……………………………………………………… 1

1.1.1 编制目的 ……………………………………………… 1

1.1.2 适用范围 ……………………………………………… 1

1.1.3 编制原则 ……………………………………………… 1

1.1.4 编制依据 ……………………………………………… 1

1.2 取（弃）土场 ……………………………………………… 2

1.2.1 取土场 ………………………………………………… 2

1.2.2 弃土场 ………………………………………………… 2

1.3 深路堑开挖 ……………………………………………… 4

1.3.1 一般规定 ……………………………………………… 4

1.3.2 施工工艺管控要点 …………………………………… 5

1.3.3 安全管控要点 ………………………………………… 6

1.3.4 质量管控要点 ………………………………………… 7

1.3.5 成品保护 ……………………………………………… 7

1.4 填方路基 ………………………………………………… 7

1.4.1 填土路基 ……………………………………………… 7

1.4.2 填石路基 ……………………………………………… 12

1.4.3 高填方路基 …………………………………………… 15

1.4.4 半填半挖路基 ………………………………………… 16

1.4.5 路基冲击碾压 ………………………………………… 18

1.4.6 台背回填 ……………………………………………… 20

1.4.7 液态粉煤灰台背回填施工工艺管控要点 …………… 23

1.4.8　涵洞工程 ……………………………………………… 26

1.5　软土路基 ………………………………………………… 32

1.5.1　强夯法 ………………………………………………… 32

1.5.2　CFG桩 …………………………………………………… 37

1.5.3　灰土挤密桩 …………………………………………… 40

1.5.4　粉（浆）喷桩 ………………………………………… 41

1.6　路基排水（截水沟、边沟、排水沟） ……………… 43

1.6.1　一般规定 ……………………………………………… 43

1.6.2　施工工艺管控要点 …………………………………… 43

1.6.3　安全管控要点 ………………………………………… 44

1.6.4　质量管控要点 ………………………………………… 45

1.6.5　成品保护 ……………………………………………… 45

1.7　路基防护与支挡工程 ………………………………… 45

1.7.1　边坡植物防护 ………………………………………… 45

1.7.2　拱形骨架植物防护 …………………………………… 47

1.7.3　坡面砌筑防护 ………………………………………… 51

1.7.4　锚索（杆）框架边坡锚固防护 ……………………… 53

1.7.5　抗滑桩 ………………………………………………… 57

1.8　小型构件预制 ………………………………………… 60

1.8.1　一般规定 ……………………………………………… 60

1.8.2　施工工艺管控要点 …………………………………… 60

1.8.3　安全管控要点 ………………………………………… 63

1.8.4　质量管控要点 ………………………………………… 64

1.8.5　成品保护及运输 ……………………………………… 64

1.9　改扩建路基工程 ……………………………………… 65

1.9.1　一般规定 ……………………………………………… 65

1.9.2　路基拼接部位边沟处理管控要点 …………………… 65

1.9.3　老路路基边坡台阶开挖管控要点 …………………… 66

1.9.4　土工合成材料铺设管控要点 ………………………… 67

1.9.5　拼宽路基填筑管控要点 ……………………………… 68

1.9.6　挖方路堑拼宽施工工艺管控要点 …………………… 69

1.9.7 路床改良土施工工艺管控要点 ·············· 69

1.9.8 雨期路基拼接施工措施 ·············· 71

1.10 特殊路基施工 ·············· 72

1.10.1 黄土路基 ·············· 72

1.10.2 季节性冻土地区路基 ·············· 74

第2章 路面工程 ·············· 75

2.1 总则 ·············· 75

2.1.1 编制目的 ·············· 75

2.1.2 适用范围 ·············· 75

2.1.3 编制原则 ·············· 75

2.1.4 编制依据 ·············· 75

2.2 工作面交验 ·············· 76

2.2.1 一般规定 ·············· 76

2.2.2 路基交验 ·············· 76

2.2.3 桥梁（含通道）交验 ·············· 76

2.3 试验路段 ·············· 77

2.3.1 一般规定 ·············· 77

2.3.2 水泥稳定碎石底基层、基层试验路段 ·············· 77

2.3.3 下封层试验路段 ·············· 78

2.3.4 沥青路面面层试验路段 ·············· 79

2.3.5 试验路段总结 ·············· 80

2.4 水泥稳定碎石底基层、基层 ·············· 80

2.4.1 一般规定 ·············· 80

2.4.2 施工工艺管控要点 ·············· 81

2.4.3 改扩建水泥稳定碎石底基层、基层 ·············· 85

2.4.4 安全管控要点 ·············· 88

2.4.5 质量管控要点 ·············· 88

2.4.6 成品保护 ·············· 88

2.5 透层、封层、黏层 ·············· 88

2.5.1 透层 ·············· 88

2.5.2 封层 90

2.5.3 黏层 91

2.6 桥面防水层 91

2.6.1 一般规定 91

2.6.2 施工工艺管控要点 92

2.6.3 质量管控要点 93

2.6.4 成品保护 93

2.7 热拌沥青混合料面层 93

2.7.1 一般规定 93

2.7.2 施工工艺管控要点 94

2.7.3 安全管控要点 100

2.7.4 质量管控要点 100

2.7.5 成品保护 102

2.8 路面附属工程 103

2.8.1 路缘石安装 103

2.8.2 边坡急流槽、拦水带、集水井、纵横向排水 103

2.8.3 安全管控要点 104

2.8.4 质量管控要点 104

2.8.5 成品保护 104

第3章 桥梁工程 105

3.1 总则 105

3.1.1 编制目的 105

3.1.2 适用范围 105

3.1.3 编制原则 105

3.1.4 编制依据 105

3.2 基础 106

3.2.1 钻孔桩 106

3.2.2 基坑开挖 115

3.2.3 扩大基础及承台 117

3.2.4 钢板桩围堰（基坑支护） 119

3.3 下部结构 ·· 122
　3.3.1 墩柱 ·· 122
　3.3.2 高墩翻模施工 ·· 126
　3.3.3 盖梁 ·· 132
　3.3.4 支座垫石施工 ·· 137
3.4 上部结构 ·· 138
　3.4.1 梁板预制（后张法） ······································ 138
　3.4.2 先张法空心板预制 ·· 150
　3.4.3 梁板运输及安装 ·· 152
　3.4.4 支架现浇梁 ·· 157
　3.4.5 悬臂浇筑梁 ·· 163
3.5 混凝土桥面系及附属设施 ······································ 168
　3.5.1 空心板铰缝及板底勾缝 ···································· 168
　3.5.2 湿接缝 ·· 171
　3.5.3 混凝土桥面铺装 ·· 174
　3.5.4 混凝土防撞护栏 ·· 178
　3.5.5 伸缩装置 ·· 182
　3.5.6 支座安装 ·· 185
3.6 桥的T梁横隔板加固 ·· 186
　3.6.1 钻孔 ·· 186
　3.6.2 安装槽钢和锚具垫块 ······································ 186
　3.6.3 植筋 ·· 186
　3.6.4 预应力张拉 ·· 187
　3.6.5 封孔 ·· 187
　3.6.6 横隔板钢筋绑扎 ·· 187
　3.6.7 模板安装 ·· 187
　3.6.8 浇筑横隔板砼 ·· 187
　3.6.9 湿接缝施工 ·· 187
　3.6.10 槽钢拆除 ··· 187
3.7 新老桥拼接 ·· 188
　3.7.1 一般规定 ·· 188

3.7.2 新老桥拼接施工步骤 ······················· 190

3.7.3 桥梁拼宽后浇带施工 ······················· 191

3.7.4 桥梁拼宽凿除施工 ························· 192

第4章 隧道工程 ····························· 194

4.1 总则 ································· 194

4.1.1 编制目的 ···························· 194

4.1.2 适用范围 ···························· 194

4.1.3 编制原则 ···························· 194

4.1.4 编制依据 ···························· 194

4.2 洞口及明洞工程 ······················· 195

4.2.1 一般规定 ···························· 195

4.2.2 明洞工程 ···························· 195

4.2.3 洞口工程 ···························· 197

4.3 洞身开挖 ···························· 197

4.3.1 一般规定 ···························· 197

4.3.2 台阶法开挖 ··························· 198

4.3.3 环形开挖留核心土法 ····················· 199

4.3.4 中隔壁法（CD法） ····················· 200

4.3.5 交叉中隔壁法 ························· 201

4.3.6 钻爆施工 ···························· 201

4.4 隧道初期支护 ························· 202

4.4.1 一般规定 ···························· 202

4.4.2 喷射混凝土 ··························· 202

4.4.3 锚杆 ······························ 204

4.4.4 钢拱架加工及安装 ······················ 205

4.4.5 钢筋网 ····························· 208

4.5 隧道防排水 ··························· 209

4.5.1 一般规定 ···························· 209

4.5.2 中心排水沟管控要点 ····················· 210

4.5.3 环形、纵向、横向排水管施工工艺管控要点 ········· 210

4.5.4　防水板的拼装与铺设 ·························· 212

4.5.5　止水带（条）安装 ···························· 215

4.6　仰拱与铺底 ···································· 217

4.6.1　一般规定 ································ 217

4.6.2　施工工艺管控要点 ·························· 217

4.6.3　成品保护 ································ 218

4.7　隧道二次衬砌 ·································· 218

4.7.1　一般规定 ································ 218

4.7.2　二次衬砌钢筋加工及安装 ······················ 219

4.7.3　二次混凝土施工 ···························· 220

4.8　黄土隧道塌腔处置技术 ···························· 221

4.8.1　工程概况 ································ 222

4.8.2　三次塌腔基本概况 ·························· 223

4.8.3　塌腔处置措施 ······························ 224

4.8.4　处治效果 ································ 227

第5章　质量通病治理 ·································· 228

5.1　路基工程质量问题的原因、控制及防治措施 ················ 228

5.1.1　路基填料超粒径 ···························· 228

5.1.2　桥头跳车现象 ······························ 228

5.1.3　路基施工中出现翻浆、碾压不实、工后沉陷等 ········ 229

5.1.4　路基"弹簧"现象 ·························· 230

5.1.5　路基轮迹明显 ······························ 230

5.1.6　路基表面起皮 ······························ 230

5.1.7　路基表面松散 ······························ 231

5.1.8　路基超挖、挖不到位、坡度和台阶宽度达不到设计要求 ··· 231

5.1.9　路基排水沟不畅 ···························· 232

5.1.10　浆砌防护工程砌体砂浆不饱满、空洞 ·············· 232

5.1.11　防护工程砌石结构剥落、风化、开裂等 ············ 233

5.1.12　防护工程基础沉降 ·························· 233

5.1.13　护面墙、框格梁背部填土沉陷变形，基础冲刷掏空 ······· 233

5.2 涵洞工程质量问题的原因、控制及防治措施 ·················· 234

    5.2.1 基底沉降 ··· 234

    5.2.2 沉降缝不顺直 ···································· 235

    5.2.3 沉降缝渗水 ······································ 236

    5.2.4 钢筋搭接长度不足、锈蚀、未预弯焊接 ············· 237

    5.2.5 钢筋外露、锈胀裂缝 ······························ 237

    5.2.6 边角破损 ·· 237

    5.2.7 管涵渗水 ·· 238

5.3 路面工程质量问题的原因、控制及防治措施 ·················· 239

    5.3.1 水稳基层抗压强度不合格 ·························· 239

    5.3.2 水稳基层压实度不足 ······························ 240

    5.3.3 水稳基层离析 ···································· 240

    5.3.4 水稳基层开裂 ···································· 241

    5.3.5 水稳基层厚度不均匀 ······························ 241

    5.3.6 水稳基层平整度差 ································ 242

    5.3.7 基层层间整体黏结性不足 ·························· 242

    5.3.8 水稳基层芯样"烂根" ···························· 243

    5.3.9 水稳基层厚度不足 ································ 243

    5.3.10 沥青面层离析 ···································· 244

    5.3.11 沥青面层压实度不合格 ···························· 244

    5.3.12 沥青面层空隙率不合格 ···························· 245

    5.3.13 沥青面层集料被压碎 ······························ 245

    5.3.14 沥青面层横向裂缝 ································ 245

    5.3.15 沥青面层纵向裂缝 ································ 246

    5.3.16 沥青面层平整度差 ································ 246

    5.3.17 沥青面层抗滑性能差 ······························ 247

    5.3.18 沥青面层渗水不合格 ······························ 247

    5.3.19 沥青路面污染 ···································· 247

    5.3.20 早期车辙 ·· 248

    5.3.21 坑槽 ·· 248

    5.3.22 泛油 ·· 249

5.3.23 混凝土面板断裂 ……………………………………… 249

5.3.24 混凝土面板平整度差 ……………………………… 250

5.3.25 路缘石安装不合格 ………………………………… 250

5.3.26 封层脱落 …………………………………………… 251

5.3.27 透层与基层表面不黏结 …………………………… 251

5.4 桥梁工程质量问题的原因、控制及防治措施 …………… 251

5.4.1 钢筋工程质量病害防治 …………………………… 251

5.4.2 混凝土工程质量病害防治 ………………………… 257

5.4.3 基础及下部结构质量病害防治 …………………… 261

5.4.4 上部构造预制和安装质量病害防治 ……………… 268

5.4.5 上部构造现场浇筑质量病害防治 ………………… 273

5.4.6 桥面系及附属工程质量病害防治 ………………… 276

5.5 隧道工程质量问题的原因、控制及防治措施 …………… 281

5.5.1 洞口工程质量病害防治 …………………………… 281

5.5.2 隧道开挖常见质量通病 …………………………… 282

5.5.3 超前支护及预加固质量通病防治 ………………… 283

5.5.4 初期支护常见质量通病 …………………………… 284

5.5.5 仰拱期常见质量通病 ……………………………… 285

5.5.6 防排水质量通病 …………………………………… 286

第1章 路基工程

1.1 总则

1.1.1 编制目的

为规范高速公路现场施工管理，强化标准化建设，确保项目安全、质量，提升工程管理水平，根据项目路基工程主要工序编制的指导性管理要点进行施工。

1.1.2 适用范围

适用于本项目的路基工程。

1.1.3 编制原则

依据国家及行业现行法律法规、标准、规范、规程，结合山东高速集团现行管理办法、制度、标准、指南等，结合项目特点，以路基施工管理为主线，以问题为导向，注重可操作性和实施性。

1.1.4 编制依据

a）《中华人民共和国安全生产法》；

b）《中华人民共和国环境保护法》；

c）《爆破安全规程》（GB 6722—2003）；

d）《公路路基施工技术规范》（JTG/T 3610—2019）；

e）《公路工程施工安全技术规范》（JTG F90—2015）；

f）《公路工程质量检验评定标准　第一册　土建工程》（JTG F80/1—2017）；

g）山东高速集团《高速公路路基施工标准化技术指南》；

h）国家及行业颁布的其他标准、规范、规程、指南等与路基建设有关的

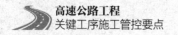

要求。

1.2 取（弃）土场

1.2.1 取土场

1.2.1.1 一般规定

应依据施工需要对图纸指定的取土场进行现场核查和试验检测，确定土地是否允许使用，土质是否符合质量要求，可利用方是否满足需求。

应在满足使用要求的前提下，通过现场调查，按照经济合理、尽量利用荒山、山地，兼顾农田、水利建设和环境保护的原则，优化取土场设置。

取土完成后，须按照国土资源管理部门的要求，结合当地造田和地方使用情况，整理场地，及时做好场地覆土复耕和植被恢复。

在条件允许的情况下，路基填筑应尽量利用弃方。

1.2.1.2 施工工艺管控要点

施工前应完成取土场临时排水系统的修建，保证排水通畅；取土结束后结合地形修建永久性的排水沟，完善排水系统。

取土应有序进行，不得随意开挖，从上往下分层分台阶挖取，坡面坡度满足稳定要求，必要时采取相关防护措施。

1.2.1.3 安全管控要点

取土场与周围土地应有明显的界线，安全警示牌齐全、到位，并做好相应的防护措施。

取土时应注意地形与排水协调，取土后地表宜大致平整，不得乱挖乱采，并将表层土皮集中堆放，以便地表耕植土复耕，防止人为增加新的水土流失。

取土坑与路基之间的距离，应满足路基边坡稳定的要求。

施工期间应加强取土坑边坡监测，发现异常及时处理。

1.2.2 弃土场

1.2.2.1 一般规定

应依据设计文件对图纸指定的弃土场进行现场核查，确定土地是否允许使用，地质地形条件是否有利于弃土场设置，容量是否满足施工需要。

应在现场调查的基础上，按照经济合理、因地制宜的原则，优化弃土场设置和设计。

弃土场应尽量少占耕地、林地，不得占用基本农田，其位置与高度应保证山体和自身的稳定，不得影响附近建筑物、农田、水利、河道、交通和环境等。

危险性超过一定规模（弃方量≥50万m³或弃方高度≥20 m）的弃土场宜进行专项设计，并委托具有相关资质的单位进行安全稳定性评估。

弃土完成后，应满足环保要求，顶面、坡面应结合设计文件进行植树、植草等绿化防护。

弃土完成后应具备移交条件，移交给地方业主或政府，并办理相关移交手续。

1.2.2.2 施工工艺管控要点

弃土必须严格按照"先支护、后弃土"的原则，提前施作挡渣墙、盲沟、排水沟。

弃土场占用沟渠时，应对沟渠进行改道，并设置防冲刷设施。

弃土应堆放规则，不得随意倾倒，按设计要求进行整平、分层碾压，并及时进行排水、防护和绿化施工，防止次生灾害。

弃土场自然地面横坡大于15%时，应对弃土场进行稳定性分析，并宜在原地面开挖台阶，自下而上分层填筑，并摊平碾压。

1.2.2.3 安全管控要点

弃土场应与周边土地有明显的界线，安全警示标牌齐全、到位，禁止无关人员进入现场。

弃土卸载平台边缘应设定固定挡车设施，并设置一定数量的限速安全警示标志。

必须严格按照设计要求控制挡墙基础埋深，确保挡墙基础承载力满足设计要求。弃土场高度、边坡坡率应严格按照设计要求施工。

做好临时、永久防护设施，弃土场排水系统应与自然排水系统相协调，避免出现水土流失。

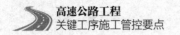

弃土场完工后应定期巡查，建立沉降观测和水平位移观测点，数据要定期分析，发现异常情况应及时处理。

弃土场选址应避开陡坡、滑坡体、特殊地段、水源地、水库及桥梁、重要结构物、居民区上游等位置，防止发生滑坡、水土流失、水体污染等地质、环境灾害。

1.3 深路堑开挖

1.3.1 一般规定

首先完成临时排水设施，确保施工面不积水，截水沟应与排水系统接顺，排水通畅。截水沟至边坡开挖线范围内的植被严禁破坏，截水沟应在路堑开挖之前施工完成。

危险性较大的深路堑开挖应编制专项施工方案，并履行审批手续，超过一定规模危险性较大的专项方案须经专家论证。

应结合边坡开挖揭露的土质、地下水情况进行动态设计和施工，并做好施工期间坡体稳定性监测工作。

应遵循先排水后开挖，随挖随护，自上而下分层逐级的原则进行施工。

对现场按有关规定进行清理，检查坡顶、坡面；对危险面、危石、孤石、裂隙及其他不稳定情况必须妥善处理。

开挖前，充分做好排水设施，坡顶截水沟应在开挖前砌筑完成，以防止路堑上方边坡坡面冲刷。开挖区应保持排水系统通畅。临时排水设施宜与永久性排水设施相结合，并与原有排水系统相适应。

爆破作业前应向所在地有关部门办理批准手续，由具备爆破资质的专业机构进行实施。

采取爆破作业的，由当地有关部门对爆破影响区域范围内环境现状进行调查、摄像取证并记录在案。

开挖前，按设计资料，定出开挖边线，场地清理完成后，应重测地面标高。如有地形与实际不符的情况，及时通知相关单位进行现场确认，确认后再进行开挖施工。

1.3.2　施工工艺管控要点

路堑开挖应根据实际地形在适当位置先行设置，截水沟应与排水系统顺接，确保排水通畅（如图1-1所示）。

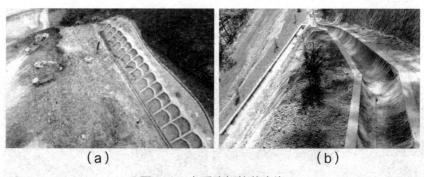

（a）　　　　　　　　　　（b）

图1-1　土质路堑的截水沟

深路堑段安排先行施工采用"横向分层、纵向分段、两端同步、阶梯开挖"的方式有序进行。边坡开挖过程中必须严格遵循"分级开挖、分级稳定、坡脚预加固"的原则，必须采取随挖随支护的施工方法，每段开挖工作完成后，对边坡进行及时防护，严禁一次开挖到底，应开挖一级，支护一级，然后再开挖下一级。

路基开挖面应设置不小于3%的纵、横向排水坡，分层开挖时应修建临时排水沟。施工时应注意维护排水系统，渗水性土质或急流冲刷地段的排水沟应予以加固，防渗防冲。

路基边坡开挖过程中，应配备相应的坡度尺，使用坡度尺控制边坡坡度。

开挖土质、地下水等情况与设计地质资料不符时，应及时报告，不良地质、深挖路堑开挖时应进行边坡稳定性监测。

采用爆破开挖时，应以光面爆破、预裂爆破技术为主，软弱松散岩质路堑，宜采用分层开挖、分层防护和坡脚预加固技术。

冬期、雨期施工时挖方边坡不宜一次性挖到设计坡面，应预留一定厚度（30cm）土层，待正常季节后再修整到设计坡面。

边坡开挖施工要保证坡面平整顺直，以利于支挡及防护工程施工，边坡开挖中，如有地下水出露，应将地下水排出引入排水系统，不可堵死。

开挖至路床部位时，如不能及时进行，应在两侧挖好临时排水沟，并在路

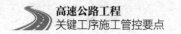
床顶面以上预留至少30 cm厚保护层，待路床施工前挖除。

利用爆破方石方填筑路基时，应设立二次破解区，在装车运输前应对不符合要求的石料进行二次或多次解小，在石块破解时应采用防尘降尘措施。粒径达到填石路基规定的要求后，方可运到填筑现场，严禁在路基填筑现场破解。

坡面防护如图1-2所示。对有可能产生滑坍的边坡，应编制应急预案。加强现场管理，不得乱挖超挖，严禁掏洞取土。

（a）   （b）

图1-2　坡面防护

1.3.3　安全管控要点

土质路堑开挖存在特殊地质、水文条件下的滑坡、坍塌、机械伤害、地下管线保护等风险。

石质路堑开挖存在边坡落石、机械伤害、现场爆破器材丢失、爆破飞溅物、盲炮处理等风险。

加强边坡动态监控，边坡一旦出现开裂、局部滑塌等情况，应立即停止作业，撤离施工人员。

加强对路基边坡检查，及时排除边坡危石，正确佩戴安全防护用品，严格按规程作业。

机械作业范围内如有高压线、管线等，应派专人指挥监控作业，并设置必要的保护措施。

采用机械清渣时，应从上至下分层进行，严防滚石、坍方伤人损机。

爆破作业应根据地形、地质和施工地区环境的具体情况，采取相应的防护措施。爆破施工前，应向附近居民区张贴告示，明示爆破区域和爆破时间以及警报信号。爆破作业现场须设安全警戒防护，由专人统一指挥，起爆前10 min

须完成清场并封闭交通。

爆破完成后，应先由专业人员到爆破现场进行排查，无安全隐患后，方可进入现场作业施工。

清方过程中发现有瞎炮、残药、雷管时，必须由专业人员及时处理。

松动的土、石块应及时清除，弃土下方和滚石危及范围内的道路，应设警示标志。作业时下方严禁通行。

1.3.4　质量管控要点

高边坡应按设计要求进行检测，其观测点埋设、检测项目、频率应满足设计要求。在雨期、冬期不利施工季节应加大检测频率，发现问题，及时处置。

开挖前路基边坡开口线放样必须复测。

开挖面高度每3~4 m在挖掘机作业高度范围内应对开挖坡面进行一次修整，同时，应对已开挖边坡进行测量，确保开挖面平顺，不欠挖不超挖。

石方路堑边坡坡面不得有松石，坡面应平顺。边坡如过量超挖而影响上部边坡岩体稳定时，应采用浆砌片石衬砌超挖坑槽。

石方路堑的路槽底面标高，应符合设计要求，如过高应辅以人工凿平，过低应以水稳碎石或级配碎石填平碾压密实。

1.3.5　成品保护

边坡防护宜在雨期前完成。雨期未能完成防护工程宜采取覆盖措施，防止边坡外露面被雨水冲刷及长时间暴露，避免出现边坡滑塌、失稳等现象。

根据现场岩层走向、节理发育情况等综合确定，开挖一级，防护一级，下级爆破开挖应避免对上级已完成的防护造成损坏。

已成型路床应做好路拱排水，完善并及时清理路基排水系统，同时应进行交通管制，禁止车辆随意碾压。

1.4　填方路基

1.4.1　填土路基

1.4.1.1　一般规定

路基填筑应按"三阶段""四区段""八流程"的施工工艺组织施工，每段

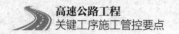
长度根据使用的机械能力、数量确定，一般宜在200 m以上或以结构物为界。

"三阶段"包括施工准备阶段、施工阶段和整修阶段；"四区段"包括填筑区段、整平区段、碾压区段和检测区段；"八流程"包括施工准备、基底处理、分层填筑、摊铺平整、洒水晾晒、碾压夯实、检验签证和路基整修。

施工前，应结合设计图纸进行详细的现场水系调查，合理规划，保持原有水系在施工过程中和项目完工后通畅，以保障农田灌溉及排水不受影响。

应优先组织小型结构物施工，并尽快完成结构物两侧台背回填。

应提前安排路基软基处理施工。

应尽量避免冬期、雨期施工。

正式施工前应完成路基试验段工作，检验最佳施工设备组合，确定松铺厚度、土的最佳含水量、碾压遍数等。

临时排水工程应在雨期来临前完成。

1.4.1.2 施工工艺管控要点

1. 路基清理

认真清除地表植被、杂物、淤泥和表土，挖除树根，处理坑塘，并对基底进行处理和压实，达到设计要求。

填方路段应严格控制清理厚度，填前压实后高程与原地面高程相差不应超过30 cm。

2. 路基填筑

路基填筑应按"三阶段""四区段""八流程"施工，如图1-3、图1-4、图1-5所示。

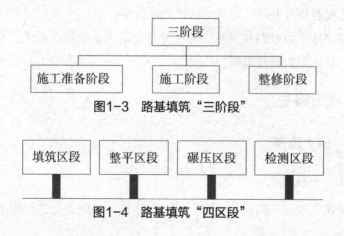

图1-3 路基填筑"三阶段"

图1-4 路基填筑"四区段"

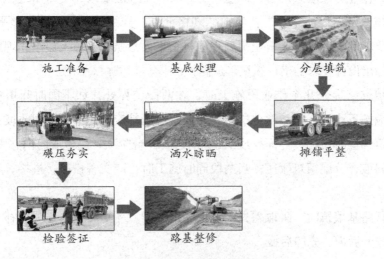

施工准备　　　　　　基底处理　　　　　　分层填筑

碾压夯实　　　　　　洒水晾晒　　　　　　摊铺平整

检验签证　　　　　　路基整修

图1-5　路基填筑"八流程"

土方路堤应分层填筑压实，应控制其含水率在最佳压实含水率±2%之内。含水量过大，翻开晾晒。

路堤填筑时，须分层填筑、分层碾压、分层检测；如原地面不平，应由最低处分层填起；同一水平层路基的全宽，应采用同一种填料，不得混合填筑。每种填料的填筑层压实后的连续厚度不宜小于500 mm。基底为自然地面坡面，且自然地面坡度较大（≥1∶5）时，应将坡面做成台阶形式，一般台阶宽度不小于2 m，而且台阶顶面应向堤内倾斜4%~6%。

路堤填土宽度每侧不宜小于设计宽度50 cm，压实宽度不得小于设计宽度，以保证修整路基边坡后的路堤边缘有足够的压实度，如图1-6所示。

超宽填筑50 cm

图1-6　路基超填

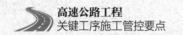
填方作业分层填筑的各层间应平整，符合平纵坡要求，不得出现积水，以免影响填筑及碾压质量。严格实行"划格上土，挂线施工，平地机整平"。运输车按要求卸料后先推土机粗平后平地机精平，参照在测量人员事先埋好的桩位准确铺出设计要求的横、纵坡形成路拱。

当填方路堤分几个作业段施工时，在两段交界处，如不同时间填筑，则先填段应按不小于1∶1坡度分层填筑，每层碾压都应到边缘，逐层收坡，待后填段填筑到位时再把交界面挖成2 m宽的台阶，台阶顶一般做成向内并大于4%的内倾斜坡，分层填筑碾压；当两段同时施工时，应交替搭接，搭接长度不小于2 m。

进行路基填筑时，采取六先六后：先堆后推、先平后控、先测后补、先轻后重、先外后内、先静后振。

路基表面平整，边线直顺，曲线圆滑，控制好"五度"（宽度、高度、平整度、横坡度、压实度）。

1.4.1.3　安全管控要点

明确施工边界线，施工机械必须在指定区域内作业。

清除的丛草、树木严禁焚烧，清表土应集中堆放，统一管理，供土地复耕和绿化使用。

施工生产区域宜进行封闭管理。主要进出口应设有明显的施工警示标志和安全文明生产规定、禁令；与施工无关的人员，设备不得进入施工区；重要交通路口应设专人指挥。

设备操作人员必须持证上岗。

压路机、推土机、平地机等工作中前后不得站人，指挥人员要站在设备前方的左（右）侧，人员指挥时应站在安全距离以外（一般不少于10 m），不能靠近机械指挥。

施工机械应注意临边安全行驶，倒车时应有专人指挥。压路机不得紧靠边坡进行强振作业，距离边缘不少于50 cm。

1.4.1.4　质量管控要点

路基填料应严格按规范条件选用，淤泥、有机土、含草皮土、生活垃圾、树根和含有腐殖物质的土不得使用。

填料的松铺厚度不得超过路基试验段确定的松铺厚度。

严格控制填料含水量，应在最佳含水量±2%之内开始土方压实作业，压实度经检验合格后方可进行上一层填筑。

路基填筑停滞10 d以上，在填筑上一层时应进行复压并重新检测压实度。

施工便道与主线衔接处，填筑前必须将便道施工时填料彻底清除，再挖台阶分层填筑压实，不得在便道上直接填土。

两侧坡脚应做好临时排水沟，并保持排水沟的畅通，防止积水浸泡路基。

1.4.1.5　雨期施工质量管控要点

a）低洼地段、工程地质不良地段及沿河路段不得进行雨期施工；

b）填料应选用碎（卵）石土、砂砾、石方碎渣和砂类土等透水性材料；

c）密切关注天气变化情况，各道工序应连续作业，做到随挖、随运、随摊、随平、随压，当天填筑的土层应在当天（或雨前）完成压实；

d）每层填土表面应确保2%~4%的横向排水坡；

e）雨后应组织人员及时排除路基表面积水，表面干燥后应重新碾压，经检测合格后进行上一层填筑。

1.4.1.6　冬期施工质量控制要点

a）黏性土路基不得进行冬期施工，冬休期应对成品进行覆盖保护；

b）填料应选择不易冻结的砂类土、碎（卵）石等透水性好的材料；

c）每层松铺厚度应较正常施工减少20%~30%，当天应及时完成碾压；

d）冬期过后须对路基进行补压，压实度须满足规范要求。

1.4.1.7　成品保护

严格禁止非施工车辆通行。

设置临时挡水埝、急流槽，防止路基冲刷。

冬休期成品保护措施：

a）停止填筑时，应整平填层和边坡并进行覆盖防冻，恢复施工时应将表层冰雪清除，并补充压实；

b）当填筑标高距路床底面1 m时，碾压密实后应停止填筑，在顶面覆盖防冻保温层，待冬期过后整理复压，再分层填至设计标高。

1.4.2　填石路基

1.4.2.1　一般规定

填石路堤不适用于路床区。

膨胀性岩石、易溶性岩石不宜用于路基填筑，强风化石料、崩解性岩石和盐化岩石不得直接用于路堤填筑。

填料粒径按标准化要求应不大于25 cm，并不宜超过层厚的2/3，不均匀系数宜为15~20。整个路床80 cm范围内应填筑符合路床要求的碎石土，填石路基顶面（路床底以下）应设置级配碎石过渡层。

填石路基须配备大功率重型压实机具（冲击夯、压路机重量≥22 t）及一定数量的现场破碎设备。

1.4.2.2　工艺流程图

填石路基工艺流程如图1-7所示。

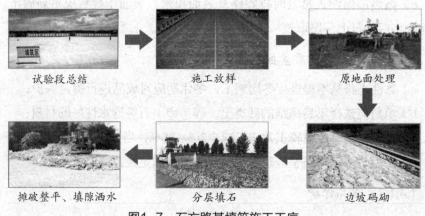

图1-7　石方路基填筑施工工序

1.4.2.3　施工工艺管控要点

认真清除地表植被、杂物、淤泥和表土，处理坑塘，并对基底进行处理和压实，承载力应满足设计要求。

基底为自然地面坡面，且自然地面坡度较大（≥1：5）时，应将坡面做成台阶形式，一般台阶宽度不小于2 m，而且台阶顶面应向堤内倾斜4%~6%。

应按照石方（土石混填）路基试验段取得的技术、工艺参数组织施工。

土石混填路基，石料含量超过70%应按填石路基要求施工；石料含量低于30%应按填土路基要求施工。

石方路基：

a）应采用分层填筑逐层压实的填筑方法。当原地面有纵坡时，应先从低处开始分层填筑。如填料岩性相差较大，特别是岩石强度相差较大时，应将不同岩性的填料分层或分段填筑。

b）宜采用渐进式"卸上推下"摊铺法铺料，即运料车在新填的松料上先两侧后中央逐渐向前卸料，大型推土机随时摊铺整平。

c）石方路基在压实前，超出最大粒径的填料应予以剔除或解小，局部不平整处由人工配合机械以细石块、细石屑找平。

d）当级配较差、料径较大、石块间存在明显空隙时，应在空隙中填入石渣、石屑或中粗砂。

e）碾压设备宜采用大吨位凸块振动压路机。碾压时直线段应由两边向中间，小半径曲线由内侧向外侧纵向进退式进行，前后相邻区段纵向应重叠不小于5 m碾压。

f）随填随码：石方路堤边线难以成型、难以压实，应在分层填筑过程中进行同步人工边坡码砌，按照先码后填顺序进行，每层码砌高出填料面约20 cm。边坡码砌石块强度应不低于30 MPa，最小尺寸不小于30 cm。

g）码砌尺寸：边坡码砌断面采用直坡式直角梯形，其厚度与路堤填高成正比，当填高小于5 m时，厚度不少于1 m；填高5~12 m，厚度不少于1.5 m；填高大于12 m时，厚度不少于2 m。

h）填石路堤的质量检测应采用施工参数和水袋法、沉降法联合控制。路堤表面不得有明显孔洞，大粒径石料不松动；边坡码砌紧贴、密实，无明显孔洞、松动，砌块间承接面向内倾斜，如图1-8所示。

（a）　　　　　　　　　　　　　　（b）

图1-8　边坡码砌

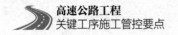
土石混填路基：

a）应采用分层填筑逐层压实的填筑方法。

b）土石混填材料的最大粒径不得大于15 cm；路面底面以下80 cm范围内粒径不得大于10 cm。材料粒径必须在料源处轧碎至符合规范要求，严禁运到填筑地点后用人工敲小。

c）摊铺应尽量保证填料的均匀性，碾压前应使大粒径石料均匀分散在填料中，石料间孔隙应填充小粒径石料、土和石渣，避免出现硬质石块集中现象。

d）渗水性差异较大的土石混合填料应分层或分段填筑，不宜纵向分幅填筑。

e）岩性或土石混合比相差较大时，应将不同岩性的填料分层或分段填筑。

f）填料由土石混合材料变化为其他填料时，土石混合材料最后一层的压实厚度应小于300 mm，该层填料最大粒径宜小于100 mm，压实后，该层表面应无孔洞。

1.4.2.4　安全管控要点

同1.4.1.3。

1.4.2.5　质量管控要点

填料强度应满足规范要求，强风化石料、崩解性岩石不宜用于路堤填筑。

填料的松铺厚度不得超过路基试验段确定的松铺厚度。填料的最大粒径不得超过压实层厚的2/3。

填石路堤的质量检测宜采用施工参数与压实质量检测联合控制。

石方（土石混填）路基拟进行雨期施工时，应在雨期来临前完成基底处理，并完成两层以上路基填筑。

1.4.2.6　成品保护

路基整形以后，在未经允许进入下道施工前应进行封闭，不得停靠大型车辆，边坡不得走人。

雨期做好临时排水和防护措施，避免雨水冲刷路基。

如路基成型后长时间无法进入下道工序，有需要时应开临时通道，并适时对路基进行洒水养护，保证路面长时间被碾压后不起尘扬灰，并用压路机进行碾压维护保养。

1.4.3　高填方路基

1.4.3.1　一般规定

高填方路基宜优先安排施工，为后期的预压及沉降留下足够的时间，预压期不少于规范及设计要求，并根据沉降观测结果确定预压期是否延长。路基填土速率应满足沉降要求。

高填方路段路基填筑施工工艺同一般路段。应加强高填方路基的沉降控制，高填方路基宜采用强夯、冲碾或堆载预压等方式增强补压，并宜预留一个雨期或6个月以上的沉降期，减少工后沉降。

高填方路堤控制要点除具有一般路堤的共性外，还应把填挖结合部的台阶处理、路堤地基处理、边坡质量作为重要环节来控制。

1.4.3.2　施工工艺管控要点

应对基底承载力进行现场检测，承载力不足的地基必须按设计进行处理。覆盖层较浅的岩石地基宜清除覆盖层。

应按设计要求预留路基高度和宽度，并进行动态监控。

大于8 m的高填方路基宜采用冲击式压路机进行冲击补强，但应避开涵洞和挡墙位置。

路基防护工程、排水工程等应及时修筑。

高填方路基设置沉降与位移监测。沉降和位移观测要遵循"五固定"原则：依据的基准点、工作基点和被观测点点位要固定；仪器、设备要固定；观测人员要固定；观测时的环境条件基本固定；观测路线、镜位、程序和方法要固定。

1.4.3.3　安全管控要点

整修边坡时，严禁在边坡下方作业、休息和存放机具。

发现边坡有滑动、崩坍迹象危及施工安全时，应暂停施工，撤出人员。

应以控制高填方路基沉降与位移为核心，加强高填方路基施工各环节系统组织管理。

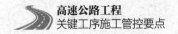
1.4.3.4 质量管控要点

应优先采用强度高、水稳性好的材料。受水浸淹部分，应采用水稳性高及渗水性好的填料。

施工中必须根据沉降观测结果，按照设计要求控制填筑速率。

地面自然横坡陡于1：2.5时，应验算路堤整体沿基底下软弱层滑动的稳定性。

冲击碾压不得代替常规压实，路基冲击碾压前必须经检验合格。

砂性土及含水量高的黏性土不宜采用冲击碾压补强。

冲击碾压应避免对涵洞或其他构造物造成损坏。

1.4.3.5 成品保护

确保路基范围内纵横向排水设施畅通，发现水毁地段应及时加固修补，避免路基遭遇水的浸泡。

1.4.4 半填半挖路基

1.4.4.1 施工工艺管控要点

半填半挖路基须从填方坡脚开始挖成2%~4%内倾台阶，逐台填筑，台阶宽度不小于2 m。

应根据地下水出露情况和岩石性质，设置完善的地下水排水系统，填方区应在每层填挖交界处设置临时排水沟。

填料按照设计及试验段的厚度、含水率等进行摊铺、碾压直至压实度检测达到设计及规范要求。填挖交界处5 m范围内，每填筑2.5 m采用高速液压夯进行补强处理。

路基填筑应从低处往高处分层摊铺碾压，填挖交界处做到密实无拼痕。

在填挖交界处设置土工格栅时，应遵循以下要求：

a）应将土工格栅强度高的方向垂直于填挖交界的轴线方向布置（如图1-9所示）。

b）两幅土工格栅之间应连接牢固，锚固钢筋长度和间距应符合设计要求。

c）土工格栅铺设后应及时填方作业（如图1-10所示）。

d）填筑土层填料时应采用倒卸法，禁止运料车及其他施工机械在土工格栅上直接碾压。

图1-9　铺设土工格栅　　　图1-10　土工格栅及时回填

液压冲击夯补强：

a）路基在夯击前必须按设计和规范要求检测路基的压实度、平整度等指标，检测合格后方可进行液压高速夯实点的布设，然后才能进行压实补强。

b）在路床顶面不得使用冲击夯实机进行路基冲击夯实，每一填方区域或填挖交界区域使用液压冲击夯机的夯实顺序"先两边、后中间"，夯点位置、夯机功率以工艺性试验参数为准，夯实遍数以满足压实度要求为准（如图1-11所示）。

（a）　　　　　　　　　　（b）

图1-11　液压夯补强

1.4.4.2　质量控制

挖方区为土质时，填方区应优先采用渗水性好的材料填筑；挖方区为坚硬岩石时，填方区宜采用填石路堤。

半填半挖路段挖方区开挖，必须待填方区地面处理完成并经检验合格后方可进行。对挖方中非适用材料必须废弃。

半填半挖路基挖方一侧，其上路床范围之内的原状土应予以挖除，并按上路床填方要求进行施工。

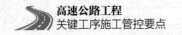

石方山坡应清除原地面松散风化层，按设计开凿台阶。

施工过程中必须详细查看半挖基底和坡面是否有渗水，并根据渗水情况采取可靠的疏导措施进行处理。

路基碾压应不留死角，个别碾压空白区应采用小型夯实设备进行补压。

应加强填挖交界处施工质量控制，严格处理横向、纵向、原地面等结合面，确保路基的整体性，防止裂缝产生。

做好临时排水，确保排水畅通。施工中必须加强对结合面地下水、地基渗水、坡面渗水的检查，及时采取有效的截、排水措施。

1.4.5 路基冲击碾压

1.4.5.1 一般规定

在设计图纸要求的区段进行冲击碾压。填石路堤、土石路基、陡坡路基、高填方路基或填挖交界处路基、拓宽路基等路段宜采用冲击碾压补强。

冲击碾压地基的场地清理彻底，地基平整度、宽度、中线偏位等符合设计要求；冲击碾压路基的下承层压实度、平整度、宽度、中线偏位等符合设计要求。

路基冲压遍数不少于20遍，具体冲击压实遍数应根据不同压实区域试验段确定。

1.4.5.2 施工工艺管控要点

冲击压实应达到无漏压、无死角、确保碾压均匀。若工作面起伏较大，应停止冲压，整平后振动压路机静压一遍后再继续施工，整平时注意沉降观测检测点的保护，距检测点20 cm范围内不得扰动。及时洒水防止扬尘，当土的含水量较低时，宜于前一天洒水湿润。

施工场地宽度大于冲击压路机转弯半径的4倍时，以施工中心线对称地将场地分成两半，压实行驶路线按图1-12（a）方式冲压；施工场地宽度小于冲击压路机转弯半径的4倍时，可按图1-12（b）所示方式冲压，根据实际情况在施工场地两端设置所需的转弯场地。压实行驶路线应设置易于机械手辨识的临时标志物，便于按相应的标线冲击碾压。

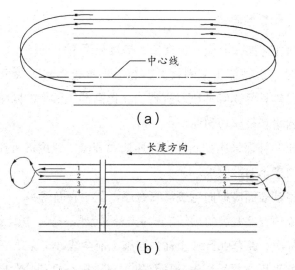

图1-12 冲击碾压路线

大面积施工时，每冲击5遍，应进行整平，压路机静压一遍，改变冲压方向再行冲压，冲压时应注意冲击波峰，错峰压实。根据试验段确定施工参数，冲击碾压至规定遍后结束。冲击碾压合格后应整平路基基底，以消除冲击碾压后路基基底形成的凹凸不平，振动压路机微振使路基基底表面土与下面土层紧密结合。检测压实度、沉降量及其他施工参数。

冲击碾压过程中，一旦发现有"弹簧"现象，则应停止冲击碾压进行检查确认，应将相关"弹簧"土予以挖除、换填或晾晒等处理。

路基冲击压实补强采用控制冲击碾压遍数和碾压速度进行控制，应不得少于试验段确定的最小遍数要求。

当小型结构物较多致使碾压段过短时，可暂不施工小型结构物，待冲击碾压填筑至适宜高度后再反开挖施工小型结构物，以延长碾压段长度。

1.4.5.3 安全管控要点

冲压作业范围内的出入口应设置醒目的安全标志和交通指示标志，禁止无关车辆与人员出入。

冲击碾压距路肩外边缘宜保持1 m的安全间距。

距离桥涵结构物10 m内或涵洞顶填土厚度小于3 m时，不得冲击，应起升冲击轮驶过。冲压施工场地附近有构造物时，应注意观察，发现异常情况时，立即中断施工，以避免构造物损伤。

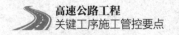

1.4.5.4 质量管控要点

冲击压实两相邻路段时应有效搭接，搭接长度不小于15 m。

冲击碾压时，机械掉头范围较大，容易出现过多接头及衔接不好，应尽可能在路基形成较长的连续冲压段进行，在提高冲压效率的同时，避免因过多"接头"而影响路基整体均匀性。

路基冲击压实补强采用控制冲击碾压遍数和碾压速度进行控制，应不得少于试验段确定的最小遍数要求。

冲压后的路基表面应横向轮迹清晰有序不乱，表面密实。

土石路基或填石路基宜每填筑2 m冲击补强碾压一次，填土路基每填筑2 m冲击补强碾压一次，路基96区灰土补强层施工前全线冲击碾压一次。

冲击完成整平后，再采用振动压路机、三轮压路机和胶轮压路机组合碾压至符合规范的压实度。

1.4.6 台背回填

1.4.6.1 一般规定

台背回填执行"五专"管理（专业队伍、专门设备、专业负责人、专门材料及专项施工工艺）。台背回填前，张贴台背回填质量责任卡，刻画左、中、右三条红白相间层厚标注线。

结构物达到设计或规范规定的强度，隐蔽工程验收合格；混凝土防腐处理后才能进行台背回填施工，防腐采用涂刷乳化沥青两道，每道厚度1.5 mm，涵顶加铺一层复合土。

1.4.6.2 施工工艺管控要点

张贴台背回填责任卡，明确桩号、结构形式、回填层厚、压实度及相关责任人姓名（如图1-13所示）。

台背回填的范围必须严格按照设计文件执行，做好过渡段，过渡段路堤压实度不小于96%，同时纵向和横向防排水系统应连接通畅。

台背回填与相邻路堤同步填筑，否则，与路堤交界处必须开挖坡率不大于1∶5斜坡。填筑时必须开台阶，台阶高度与台背填筑厚度应一致，宽度不小于2 m。

严格控制每层填筑最大压实厚度不大于15 cm（如图1-14所示）。

图1-13　质量责任卡

图1-14　15 cm红白相间标线

台背回填的顺序必须符合设计要求。柱式和肋板式桥台先施工承台和肋板，宜先采用填土至台帽底，再进行台帽的施工顺序，回填采用压路机环形碾压，确保肋板之间、台前填土密实；扶壁式桥台及薄壁式桥台台后填土宜在架梁完成后进行，且两侧平衡地进行。

涵洞两侧回填应在盖板安装或浇筑八字墙、一字墙以及支撑梁完成后进行，在洞身两侧对称分层回填压实，且两侧高差不超过50 cm，以免对构造物产生偏压影响稳定性；涵洞顶顶面填土压实厚度大于50 cm时，方可通过筑路机械和汽车。在涵洞两侧缺口填土未完成前，不得进行涵顶标高以上的填方施工。

盖板涵、箱涵采用反开挖施工时，开挖范围必须满足设计图纸对台背回填纵向长度的要求。与路堤交界处应预留台阶，台阶宽度不小于2 m，台高不大于1 m、内倾2%~4%。

桥台背和锥坡的回填施工应同步进行，并保证压实度及整修后能达到设计宽度。台背回填部分的路床应与路堤路床同步填筑。

采用天然砂砾回填台背的，填料的压实宜采用水撼法：

a）砂砾为天然级配砂砾，含泥量小于3%，砂砾中不应混有棱角的碎石。

b）撼实工具为振捣棒，虚铺厚度为40 cm。撼点间距为30~40 cm，按梅花式进行振捣，撼实深度要达到40 cm以上。撼前在背墙用醒目标记划分出每层填砂厚度，便于控制厚度。

c）施工应集中灌水、集中撼实，确保水量充足。撼筑过程中，水面须高于砂砾表面，振至水面不再产生气泡后，对下一点施振。振捣由一侧开始向另一侧推进，避免漏振。振实后及时将水排出路基之外。

d）水撼法施工所用水可循环利用。具体做法是，每撼实一层后，将水排到低处蓄水池，待上层砂砾摊铺开后，用水泵或水车将水抽回再利用。

e）填筑下一层砂砾前，应清除上一层表面的浮泥等杂物。

f）撼实强度检验方法：先在平整的路基上填筑长30 m、厚40 cm，与台背回填材料相同的砂砾，用22 t振动压路机压实后，在采用高差法检测前后高差不超过2 mm后，使用轻型触探仪对压实表面进行贯入试验，试验前须将探头事先插入砂砾表面10 cm，以10次/点的频率进行击实，共击10个点，计算贯入深度的平均值，作为台背撼实程度的标准。当实际检测数值大于该平均值时，须重新撼实。

肋板式台背回填采用"环形碾压法"（如图1-15所示）：围绕填筑物进行"环向碾压"，碾压由外向内进行碾压，直至无明显轮迹、压实度合格。压实时尽可能用压路机碾压，在台身侧对称、平衡碾压。碾压时在结构物附近保持1 m安全距离，在安全距离内采用小型夯实机具夯实并注意防止任何可能对结构物的损坏，应做到无漏压、无死角，确保碾压均匀，直到压实度满足设计要求为止。

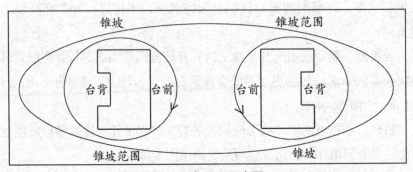

图1-15　环向碾压示意图

1.4.6.3　质量管控要点

回填应采用透水性材料（即砂质土、砂砾土、碎石、碎石土等材料），不得采用含有淤泥、杂草、腐殖物的土。当采用非透水性材料时，应添加外掺剂如石灰、水泥等进行改良。

回填施工应在结构物两侧对称同步进行，严禁单侧回填。必须严格控制分层厚度和密实度。

做好施工现场防、排水工作。

1.4.6.4　成品保护

边部采用三钢轮压路机碾压，碾压过程中为防止压路机对墙身造成碰损，增加竹胶板采取隔离保护措施，如图1-16所示。

在回填过程中，应防止水的浸害，回填结束后，顶部应及时封闭。

（a）　　　　　　　　　　　（b）

图1-16　压路机碾压增加竹胶板防护墙身

严禁回填不对称施工。

1.4.7　液态粉煤灰台背回填施工工艺管控要点

1.4.7.1　测量放样

根据台后填土高度、边坡坡率测量出台背回填的施工范围，并予以明显的标识，标识出液态粉煤灰和包边土的施工范围。

1.4.7.2　台阶粗开挖

台背填筑范围标识后，按图纸设计的尺寸对台后填土进行台阶粗开挖，但原地面的台阶平面尺寸要满足图纸3 m宽的要求，以便于对基底松软土进行开挖回填。台阶粗开挖既能保证现场有足够的施工工作面，也能避免发生坍塌等不安全状况。

1.4.7.3　基坑作业

开挖清理基坑：挖除原基坑内的松散土层，直至基底原状土。并开挖成相对规整的形状，既美观亦便于回填和夯实。基坑开挖宽度尽量能够满足20 t以上压路机碾压的程度。局部受场地或空间的限制必须用冲击夯进行夯实。

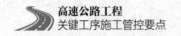

基坑验收：基坑开挖清理夯实完成后，须对基底压实度等指标进行验收，满足要求后方可进行回填工序。

基坑回填：择砂或砂砾对基坑进行分层回填，直至高于基础顶和原地面3~5 cm。用人工对表面进行修整，使表面平整，无硬块和突出物。回填至基础顶以后用20 t以上压路机对原地面3 m范围进行补强碾压，直至达到97%的压实度要求。对压路机碾压不到的部位用小夯机进行夯实。

1.4.7.4 台阶精细开挖

基坑处理完成后，根据当前填土高度和图纸设计的台阶开挖尺寸（宽1.5 m×高1.0 m）进行台阶地开挖，如图1-17所示。开挖形成的台阶表面必须平整，质地要坚实。无松散，且棱角分明。如已开挖到设计尺寸后，台阶压实度仍不满足要求，须继续向后开挖，直至合格为止。

图1-17　台阶开挖

1.4.7.5 包边土施工

包边土不仅是锥坡的重要组成部分，而且还起到支挡液态粉煤灰的作用，因此压实度至关重要。包边土施工参见图1-18、图1-19。其压实标准不小于路基压实标准。包边土分层填筑，用20 t以上压路机碾压其厚度不大于25 cm，用小夯机夯实时厚度不大于15 cm。包边土内壁采用人工进行精细修整，确保内壁竖直，表观密实。包边土尽量选择塑性指数大于12的黏性土。

图 1-18　包边土碾压

图 1-19　包边土削切

1.4.7.6　浇筑液态粉煤灰

灌注槽成型之后（如图1-20所示），浇筑之前，须对基槽四周进行检查。确保密实，无缝隙或敞口现场，避免出现渗流现象，并对内壁进行润湿。

图1-20　灌注槽成型

混合料运输就位后通过自制溜槽注入基槽内，混合料拌和运输能力应保证现场浇筑过程连续。混合料自由倾落高度不宜大于2 m。混合料浇筑完成后用人工对表面进行整平。

每次浇筑完成，待初凝后，用土工布进行覆盖养生2~3 d，一直保持表面湿润。强度增长过程中会出现表面开裂现象，可用1：2的水泥浆进行灌缝处理。

气温低于5℃时，应停止浇筑。

施工过程中每天至少做2组试件，检测现场强度，7 d强度不小于0.4 MPa，28 d强度不小于0.6 MPa。必要时可进行取芯检测。

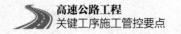
1.4.7.7 安全管控要点

开挖过程按既定的开挖程序施工，开挖好的台背周围进行可靠维护，立醒目的警示牌。

1.4.7.8 质量管控要点

液态粉煤灰的拌和必须选用混凝土拌和站进行集中拌和，严禁使用滚筒式拌和机在现场直接拌和使用。

必须保证基底及原地面处理压实度达到规范和设计指标的要求，否则依然会发生沉降或变形。

回填盖板涵、盖板通道、箱涵等小型结构物台背必须两侧同时进行。对于装配式面板的轻型桥台必须在梁板安装完成后才能回填。

液态粉煤灰的保水能力较差，比较容易泌水。为尽可能地获得较高的强度，必须及时将积水清除，并进行2~3 d的晾晒，使水分尽量蒸发。

要严格控制周边填土的压实度，四周界面必须倒硬茬。

强度指标满足设计要求。

1.4.7.9 成品保护

浇筑完成后，养生期间严禁车辆行人通行。

1.4.8 涵洞工程

1.4.8.1 一般规定

涵洞所需地基承载力容许值不得低于涵洞基底应力值。

挖基应安排在枯水或少雨季节进行。

高度重视图纸审核和现场复核工作，特别是设计的涵洞进出口标高与现场原有排水系统、道路的顺接情况，避免通道、涵洞积水或排水不畅。

通道、涵洞施工影响排水、地方道路通行的，应修建临时排水设施及临时便道。施工完成后应及时与地方原有排水系统、道路顺接。

1.4.8.2 基坑施工工艺管控要点

基坑开挖应采用机械开挖，人工配合成型，机械基底开挖后的标高应比设计高出10~20 cm，采用人工开挖整修。

应按要求做好边坡支护及相应监测工作。

雨期施工时，基坑开挖后，应同时做好周边临时排水，并设置集水井。

基坑开挖后，应检测基底承载力，符合设计要求方可进行下道工序的施工，如不能符合要求，则应上报有关部门采用合适的方法处理至达到要求为止。基底承载力采用触探方法检测，检测频率一般情况下每10~20 m布置一个断面，每个涵洞不少于三个断面，每个断面不少于三个检测点，地质条件复杂时适当加密。

基坑应保持干燥并尽快进行垫层或基座混凝土施工。施工过程中应防止雨水浸泡。

1.4.8.3　圆管涵施工

管节安装应采用吊车安装，从下游开始，使接头面向上游，每节涵管应紧贴于垫层或基座上，并保持管内清洁无杂物。

沉降缝宜设在路基中部和行车道外侧。沉降缝设置如图1-21所示。

管节接头处水泥砂浆抹带应采用土工布覆盖洒水养生，避免脱落及裂缝。

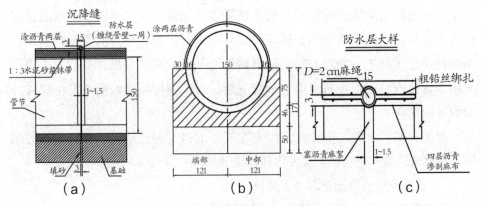

图1-21　沉降缝设置及沉降缝防水层

1.4.8.4　现浇箱涵施工

1. 基础施工

地基处理完成后，测量放线定出基础各项尺寸的点位。按要求搭设模板，基础沉降缝、不同涵节流水面等设计内容检查合格后方可进行基础砼施工。

箱涵中间节框混凝土的浇筑采用跳节浇筑的方式。每节框施工顺序为：绑扎底板钢筋→支立箱身底板模板→灌注底板混凝土→绑扎边墙钢筋→支立边墙、顶板模板→绑扎顶板钢筋→浇筑边墙、顶板混凝土→覆膜或洒水养护。

2. 钢筋绑扎

钢筋绑扎如图1-22所示。钢筋安装分两次进行，第一次安装底板至倒角上10 cm位置的全部钢筋及涵身竖向主筋，第二次安装剩余全部钢筋。安装钢筋时，钢筋位置、保护层的厚度应符合设计的要求。

（a） （b）

图1-22 钢筋绑扎

涵身竖向主筋绑扎前在顶、底部设置定位钢筋，在定位钢筋上标明钢筋位置来保证钢筋间距或采用钢筋定位模具来进行定位。涵身的竖向钢筋须在基础钢筋施工时进行预埋安装，涵身钢筋与基础的钢筋采用焊接的方式进行固定，焊接安装过程中搭设简易钢管支架，用于固定涵身钢筋不发生位移、偏位等问题。

钢筋骨架应采用三角铁齿板固定在模板上口，绑扎结实，并有足够的刚度，在浇筑混凝土过程中不应发生任何松动。

3. 底板及第一层涵身混凝土浇筑

箱节分两次浇筑完成，第一次连同底板一起浇筑至底板以上30 cm，第二次浇筑剩余部分，箱涵全长从沉降缝处隔段分块施工。

两次浇筑的接缝处，保证有良好的衔接面（粗糙、干净并不得有堆落的混凝土、砂浆等），进行凿毛处理。

4. 模板安装

侧墙、顶板模板架设支架采用盘扣式支架搭设，必须保证有足够的强度和刚度。模板安装必须牢固可靠，必须做到不跑模，不胀模，接缝严密，板面清洁。模板接缝采用双面胶带填塞严密，侧墙内外模板采用等壁厚PVC管套对拉螺杆进行加固，拆模后将螺杆抽出，套管内以微膨胀水泥砂浆封堵密实。模板内设钢筋支撑定位。

5. 涵身、涵顶混凝土浇筑

在砼浇筑前，应清理模板内杂物及垃圾，并冲洗干净。墙身砼应分层浇筑，分层振捣，每段墙身和顶板应连续浇筑，中途不得间断形成施工冷缝。

混凝土初凝后，对箱涵顶面进行二次收浆、压光，覆盖土工布，同时在土工布上面覆盖厚塑料薄膜，进行洒水养生，保持混凝土面潮湿。箱内采用雾炮喷雾养生（如图1-23所示）。

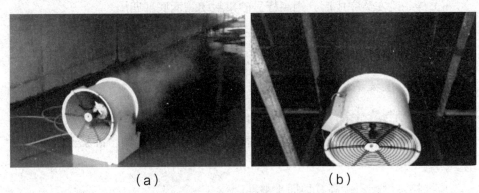

（a）　　　　　　　　　　　　　（b）

图1-23　箱室内超声波喷雾养生

1.4.8.5　预制箱涵施工

涵节集中预制，现场拼装。钢筋绑扎在具有定位功能的胎架上进行（如图1-24所示）。

图1-24　钢筋胎架绑扎

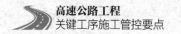
模板和混凝土施工见现浇箱涵。

预制涵节运输：预制节段的运输车辆应满足节段尺寸和载重要求，装卸节段时应考虑车体平衡，运输时应采取绑扎固定措施，防止节段移动或倾倒，对节段边角部或链索接触的混凝土，采用垫衬加以保护。

预制涵节安装：

a）箱涵安装前应对混凝土基础平整度进行检查，安装时采用专用吊具吊装，基础顶面提前放好涵身中线、边线及沉降缝位置线，同时在预制节段上应标出中心线、标高等控制尺寸。

b）待一段安装完成后，用高标号砂浆封闭箱涵底部四周。

c）拼接缝处理：箱涵拼装应确保拼缝密闭、均匀，将涵节外侧预留吊装孔用高标号砂浆填塞。

1.4.8.6 盖板涵施工

应在基础与墙身结合处预留接茬石或锚筋，并进行凿毛处理。

墙身模板安装应保证尺寸准确，稳定、顺直，支撑牢固。混凝土浇筑应连续、振捣密实。

应严格控制帽石标高及顶面平整度。

预制盖板应采用预制厂统一预制加工。

现浇盖板支架应稳固，待混凝土强度达到设计强度后方可拆除。

砌体圬工应据设计和规范要求选择石料，砂浆严格按照配合比集中拌制，采用挤浆法砌筑。

1.4.8.7 沉降缝与防水施工

沉降缝贯穿整个涵洞（通道）断面，方向与涵长方向垂直，缝宽2 cm，采用涂沥青膏木板，缝内填塞沥青麻絮，深度5 cm。填塞前在沉降缝两侧粘贴胶带，防止在填塞过程中墙身被沥青污染，沉降缝内沥青麻筋要填塞密实。

涵洞外层防水处理措施：在涵洞与填土接触面均涂热沥青两道，每道厚约1.5 mm，从涵顶向下端涂刷，涂后不再另抹砂浆。进行涵洞外层防水层施工后才可进行下一步施工工序，即沥青涂抹须在回填之前进行。

1.4.8.8 安全管控要点

基坑开挖必须按规定设置安全围挡。

开挖时应注意观察边坡稳定情况，沟槽作业前应检查边坡确认安全。

起重作业应听从信号，统一指挥，起重机回转半径内严禁站人。遇有六级及以上大风时，应停止露天起重作业。

混凝土浇筑前及浇筑过程中应设专人检查模板、支架的稳定、变形情况，发现异常及时处理。

现场机械设备严格按安全技术操作规程作业，严禁违章作业。

防水层作业时应佩戴必要的防护用品，剩余材料不得随意处理。

现场设置的照明灯具、安全围栏、警告标志等应保持其正常使用功能，并在有危险地点悬挂规定的安全警示标牌。

1.4.8.9　质量管控要点

管节进场应按规范进行质量验收，分类存放。管节端面应平整并与其轴线垂直，斜交管节进出水口外端面，应按斜交角度进行处理。

管节装卸、运输、安装过程中应采取防碰撞措施，避免管节损坏或产生裂纹。

基底开挖完成应进行承载力检测，符合设计要求方可进行下一道工序的施工。

应按设计要求与现场实际设置沉降缝，沉降缝处的两端面应竖直、平整，不得上下交错。

防水层施工应避开大风、高温天气，雨天严禁施工。

防水层应与结构物表面密贴，不得出现起鼓、打皱等现象。

做好施工现场防、排水工作。

1.4.8.10　成品保护

模板拆除严禁损坏成品。

临近施工便道的结构物应设必要的防护及警示标识。

涵洞顶上填土厚度 1 m 以内应采取静压，并禁止机械通行。

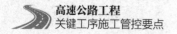

1.5　软土路基

1.5.1　强夯法

1.5.1.1　一般规定

每台夯机必须配备累计式计数器，以自动记录每工作台班的夯击次数。每套设备应满足夯击能的要求。

强夯施工前应在代表性路段选取试夯区进行试夯。

不宜冬期施工。

最后两击的沉降量控制，单击夯击能2000 kN时，不大于5 cm；4000 kN时，不大于10 cm；8000 kN时，不大于20 cm。

1.5.1.2　施工工艺管控要点

强夯流程参见图1-25，强夯前应对起重机、滑轮组及脱钩器等进行全面检查。

图1-25　强夯流程

测夯锤直径和夯锤称重，如图1-26所示。

（a）　　　　　　　　　　　（b）

图1-26　测夯锤直径和夯锤称重

恢复中桩和路基坡脚线后再布设夯点。用白灰或竹签标出第一遍夯点位置。强夯施工场地地面进行高程测量，根据第一遍点夯施工图，以夯击点中心为圆心，以夯锤直径为圆直径，分别标出每一个夯点（如图1-27所示）。

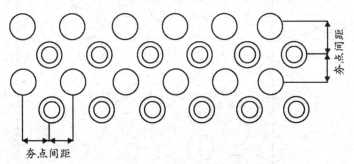

夯点间距

图1-27 夯击点位置示意图

强夯前对夯击点位置、处理范围等进行放样，并设置明显的标记。严禁边夯击边测量放样。夯点定位允许偏差 ± 5 cm；夯锤就位允许偏差 ± 15 cm，满夯后场地整平，平整度允许偏差 ± 5 cm。

按照试夯确定的夯击能、夯击遍数、夯点的夯击次数、间歇时间等参数施工。落锤应保持平稳，夯位应准确，夯击坑内积水应及时排除。若错位或坑底倾斜过大，宜将坑底整平；雨季施工时，夯坑内或夯击过的场地如有积水，应及时排除，坑底含水量过大时，可铺砂石后再进行夯击。夯坑回填土时，宜稍加压实，并稍高于附近地面，防止坑内填土吸水过多，夯击出现橡皮土现象。

点夯施工时，第一遍点夯与第二遍点夯的间隔时间一般不少于3 d，两遍夯击间应有一定的时间间隔，间隔时间取决于加固土层中孔隙水压力消散所需要的时间，以超孔隙水压力消散75%以上所需时间为两遍夯击的间歇时间；规定时间后，按上述步骤逐次完成全部夯击遍数，将场地表层夯实，如图1-28所示。

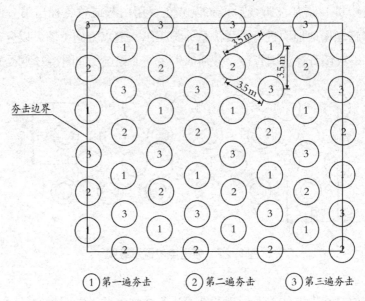

① 第一遍夯击　　② 第二遍夯击　　③ 第三遍夯击

图1-28　夯击遍数示意图

两遍点夯结束一般7 d后进行满夯，满夯采用夯印彼此搭接直径的1/4。满夯结束后整平、静压。

强夯夯点的布置图如图1-29所示。强夯法的加固顺序是：先深后浅，即先加固深层土，其次加固中层土，最后加固表层土，再以低能量满夯一遍，配合满夯对隆起部位处理，满夯夯点的布置图如图1-30所示。

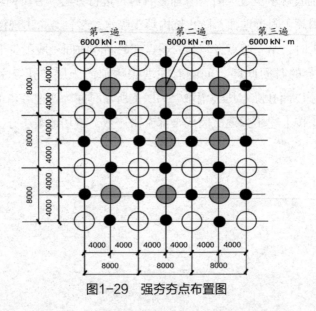

图1-29　强夯夯点布置图

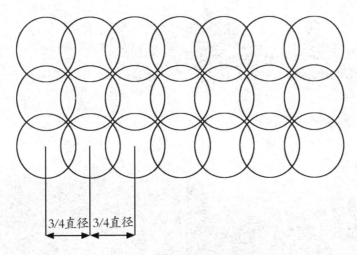

3/4直径 3/4直径

图1-30 满夯夯点布置图

须强夯置换时，铺设硬质粗骨料垫层。高水位地基强夯时，地下水位以上必须保持2.5 m以上的覆盖层，当不满足要求时，铺设硬质粗骨料垫层或采取降水措施。强夯置换材料采用建筑粒料或块（片）石、碎石、矿渣等坚硬的粗颗粒材料，粒径不大于夯锤底面直径的0.2倍，含泥量不大于10%，粒径大于300 mm的颗粒含量不大于总质量的30%。

在每一遍夯击前，对夯点进行复核，夯完后检查夯坑位置；按设计要求检查每个夯点的夯沉量。要在夯锤顶测量，严禁在坑内测量。

夯击时要注意安全：驾驶室加设防护罩，以防夯击施工中飞石伤人；起锤后现场人员远离10 m以上并戴好安全帽，严禁在吊臂前站立。

强夯时施工单位必须设专人进行监测，并执行现场监理旁站制度。

检测、记录每个夯点的夯沉量，以最后两击平均夯沉量不大于设计值，夯坑周围地面不发生过大的隆起，不因夯坑过深而发生起锤困难，且地基承载力满足设计要求为止夯条件。强夯施工完成后，应通过标准贯入、静力触探等原位测试法，测量地基的夯后承载能力是否达到设计要求。

夯击现场作业施工如图1-31所示。

（a）起吊夯击　　　　　　　　（b）复核夯点位置

（c）量测沉降量　　　　　　　　（d）检测夯击下沉量

图1-31　夯击现场作业施工

1.5.1.3　安全管控要点

强夯作业应设立明显的安全警戒线，非施工人员不得入内。

吊车司机应持证上岗，严格遵守安全操作规程。

强夯作业须由专人指挥。起吊夯锤应保持匀速，不得高空长时间停留，严禁急升猛降防锤脱落。

停止作业时应将夯锤落至地面。夯锤起吊后，臂杆和夯锤下及附近15m范围内严禁站人。

强夯施工所引起的振动和侧向挤压对邻近建筑物产生不利影响时，应设置监测点，并采取挖隔振沟等隔振或防振措施。

夯击场地应视情况适当洒水，防止石、水四溅，尘土飞扬。

风力大于六级以上，应停止强夯作业。

1.5.1.4　质量管控要点

强夯施工前应检查锤重和落距，单击夯击能量应符合设计要求。

强夯处理范围应超出路堤坡脚，每边超出坡脚的宽度不应小于3 m。

在每一遍夯击前，应对夯点放样并进行复核，夯完后检查夯坑位置，防止偏夯或漏夯。

施工过程中应对各项施工参数及施工情况进行详细记录，原始记录应完整、齐全。

强夯施工结束后，应通过标准贯入、静力触探等原位测试评判强夯效果。

强夯加固地基的承载力和有效加固深度应满足设计要求。

1.5.1.5　成品保护

强夯施工结束后，应做好场地防排水，避免地表水流入夯坑。

1.5.2　CFG桩

1.5.2.1　一般规定

核查地质资料，结合设计参数，选择合适的施工机械和施工方法。

测量放样，平整场地，清除障碍物。

选用的水泥、粉煤灰、碎石及外加剂等原材料应符合设计要求，并按相关规定进行检验。

按设计要求进行室内配合比试验，选定合适的配合比。

施工前进行成桩工艺试验，确定施工工艺和参数，试桩数量应符合设计要求且不得少于2根。

1.5.2.2　施工工艺管控要点

CFG桩振动沉管法施工工艺管控要点：混合料应严格按照成桩试验确定的配合比拌制，并搅拌均匀，拌和时间应按试验确定的参数进行控制；振动沉管至设计深度后应尽快投料，投放量按试桩时确定的数量进行，投料后宜留振5~10 s；投料后应边振动，边拔管，拔管速率按试桩确定参数进行控制，拔管过程中不允许反插，均匀拔管至桩顶。

CFG桩长螺旋钻孔管内泵压混合料施工工艺管控要点：成孔时应先慢后快，达到设计深度后空转清土，在灌注前不得提钻；钻至设计深度后应控制提拔钻杆时间，当钻杆芯管充满混合料后开始拔管，严禁先拔管后泵料；混合料泵送量应与拔管速度相协调，钻机提拔速度宜控制在2~3 m/min，根据提拔速度进行泵送量的匹配，严禁产生超拔；CFG桩施工桩顶标高宜高出设计桩顶标高不少于0.5 m。

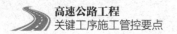

当桩养护期满28 d后，进行桩间土开挖，开挖以小型作业机械为主，人工配合。机械开挖时，桩周围预留30~50 cm保护层，然后人工清除。

桩间土清除后，抄平在每个桩身上用红铅油标出桩顶标高准确位置；使用手执切割机沿标高线上2 cm位置将桩身四周锯缝，锯缝深度5 cm，使CFG桩沿切割线处形成预裂面；将钢钎插入切缝处，然后轻锤钢钎使之继续钎入造成切割面断裂而截断桩头；然后用人工修凿桩面，将桩顶从四周向中间修平至设计标高，再将顶端浮浆清除干净，直至露出新鲜混凝土面。清除浮浆后桩的有效长度满足设计要求，桩顶误差0~+20 mm内。截桩过程中严禁使用挖机直接截断桩头或采用电镐或钢钎凿桩，不得用锤头大力敲击桩头。截桩时设专人负责指挥。

桩基检测主要检测桩身的完整性、单桩承载力、桩径等。

CFG桩现场作业施工如图1-32所示。

（a）CFG桩施工　　　　（b）桩间土开挖

（c）CFG桩布点　　　　（d）桩头环切位置标识

（e）桩间土碾压　　　　（f）桩头切除

（g）桩基检测　　　　　　（h）单桩承载力检测

图1-32　CFG桩现场作业施工

1.5.2.3　安全管控要点

施工中钻机应置于平整坚实的地面上，钻机移位时应保持平稳、钻杆垂直，防止倾斜倒塌。

必须设专人进行指挥。警示施工作业机械，施工过程中要特别注意高压线、光缆等横穿高速的管线设施。

施钻时，应先将钻杆缓慢放下，使钻头对准孔位，当电流表指针偏向无负荷状态时即可下钻。在钻孔过程中，当电流表超过额定电流时，应放慢下钻速度。

钻机发出下钻限位报警信号时，应停钻，并将钻杆稍稍提升，待解除报警信号后，方可继续下钻。

作业后，应将钻杆及钻头全部提升至孔外，先清除钻杆和螺旋叶片上的泥土，再将钻头按下接触地面，各部制动住，操纵杆放到空挡位置，切断电源。

1.5.2.4　质量管控要点

加强进场原材料质量控制，严格按规定进行检测，确保满足设计和施工要求。

桩的数量、布置形式、间距及桩长、桩径应符合设计要求。

桩体应连续密实，不得有断桩、缩径、夹砂等缺陷。

CFG桩体强度应符合设计要求，混合料灌注须在初凝前完成。

CFG桩施工应防止桩口土块混入砼中。

施工过程中，应随时检查施工记录，对每根桩的质量进行评定，不合格桩应采取加桩处理。

桩身达到一定的强度后（一般为3~7 d），开槽截除桩头，宜采用机械切割方法进行桩头处理。

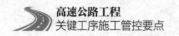

1.5.2.5 成品保护

施工过程中和施工完后不得有重型车辆通过，以免破坏桩头。

清运弃土时不可对设计桩顶标高以下的桩体造成破坏；不可扰动桩间土。

采用挖掘机清运弃土时，应防止CFG桩浅层断桩。

1.5.3 灰土挤密桩

1.5.3.1 灰土挤密桩施工工艺管控要点

工艺参数：施工前进行挤密桩试验，根据试验确定挤密桩施工参数。

场地平整：采用挖机配合推土机进行场地平整。

施工放样：为确保桩位准确无误，施工时先放出边线后，按设计要求，用石灰粉撒好每一个桩的准确位置、桩位呈等边三角形布置，桩位施工布置如图1-33所示。

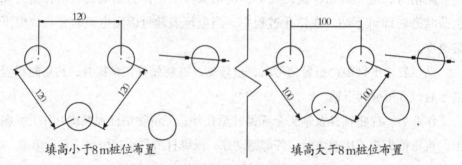

填高小于8m桩位布置　　　　填高大于8m桩位布置

图1-33　灰土挤密桩桩位施工布置图

桩机就位：机械按布置好的桩位就位，沉管做刻度标识，桩机保持垂直，用吊锤检查垂直度，垂直度符合要求。

成孔工艺：锤击成孔按隔排跳打或根据成孔情况采用隔桩法进行，采用沉桩机将与桩孔同直径钢管打入土中拔管成孔。开始成孔阶段要轻击慢沉，打入设计深度后，立即关闭油门，桩管停滞1 min后开始缓慢均速地拔锤。成孔后清底夯实、夯平，夯实次数不小于8击，若孔底含水量较大时应先填筑10~20 cm混合料后再进行底夯，已成孔后进行孔中心位移、垂直度、孔径、孔深检查，合格后进行下道工序施工或用盖板盖住孔口防止杂物落入。夯锤不宜在土中搁置时间过长，以免摩阻力增大后提拔困难。

灰土混合料拌和：灰土混合料采用稳定土拌和设备集中拌和，混合料粒径、含水率、灰剂量等各项参数符合要求，拌和均匀。拌和应在灌桩前提前进行，原状土测定实际含水量确定施工配合比，混合料含水量接近最佳含水量。

灰土回填夯实成桩：成孔后及时夯填，夯填前测量成孔深度、孔径，做好记录；在向孔内填料前先夯实孔底，夯击次数一般不少于8次。灰土分层回填夯实，逐层定量向桩孔内下料，每层回填厚度每次填料厚度为300~400 mm。采用夹杆式夯填机分层夯实。

1.5.3.2　安全管控要点

桩机操作时，应安放平稳，防止成孔时，突然倾倒或锤头突然下落，造成人员伤亡或设备损坏。

成孔时距桩锤6 m范围内不得有人进行其他作业。

已成好的孔尚未回填时，应加盖板，以免人员或物件掉入孔内。

1.5.3.3　质量管控要点

施工前进行工艺性试验，通过工艺性试验确定合理的施工参数，在挤密桩施工过程中严格按照工艺性试验参数进行操作。

拔管成孔后，由专人检查桩孔的质量，观测孔径、深度是否符合要求，如发现缩颈、回淤等情况，可用洛阳铲扩桩至设计值，如情况严重甚至无法成孔时在局部地段可采用桩管内灌入砂砾的方法成孔。

必须遵守成孔挤密的顺序，采用隔排跳打的方式成孔，应打一孔，填一孔，应防止受水浸湿且必须当天回填夯实。为避免夯打造成缩颈堵塞，可隔几个桩位跳打夯实。

击实、灰剂量、含水量、桩间土挤密系数、地基承载力符合要求。

1.5.3.4　成品保护

灰土挤密桩完成后应避免铲车等大型车辆碾压，避免造成断桩及桩间土的扰动。清土时应采用人工清除，手推车清运，不可用铲车清运。

雨期或冬期施工，应采取防雨或防冻措施。

1.5.4　粉（浆）喷桩

1.5.4.1　粉喷桩施工工艺管控要点

严格控制喷粉标高和停粉标高，不得中断喷粉，确保桩体长度和桩身完

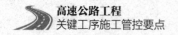

整性。

严格控制粉喷时间、停粉时间和喷入量。应采取措施防止出现桩体上下喷粉不匀、下部剂量不足、上下部强度差异大等问题。

应根据设计要求，对桩身从地面开始1/3~1/2桩长并在不小于5 m的范围内进行复搅，使固化剂与地基土均匀拌和。

当钻头提升到地面以下小于500 mm时，送灰器停止送灰，用同剂量的混合土回填。

1.5.4.2　安全管控要点

场地要平整密实，确保机械安放平稳牢固。

施工机械、电气设备、仪表仪器及机具等在确认完好后方准使用。

施工场地内一切电源、电路的安装和拆除，应由持证电工负责，电器必须严格接地。接零和设置漏电保护器，现场电线、电缆必须按规定架空，严禁拖地和乱拉、乱搭。

雨期施工应采取防洪排涝措施，加强施工用电设备的检查，防止漏电伤人。

1.5.4.3　质量管控要点

浆喷桩施工，当发现喷浆量不足时，应整桩复打。当施工中因故停浆时，应使搅拌头下沉至停浆面以下0.5 m，待恢复供浆后再喷浆提升。

施工设备必须配有自动记录的计量系统。

钻头直径的磨损量不得大于10 mm。

桩径、桩长、桩距、垂直度、单桩每延米喷浆量应符合设计及规范要求。

成桩后应进行钻探取芯，采用载荷试验、动力触探以及反射波、瑞利波等物理勘探方法，对桩的承载力、均匀性和完整性进行检查，抽检方法及频率符合规范要求。

1.5.4.4　成品保护

粉喷桩或浆喷桩施工完成后，不允许在其附近随意堆放重物及避免重载碾压，防止桩体变形。

开挖时，宜采用人工开挖，保护桩头质量。

剔除上部桩头时，采用人工开凿。

路基排水（截水沟、边沟、排水沟）。

1.6 路基排水（截水沟、边沟、排水沟）

1.6.1 一般规定

边沟、排水沟混凝土砌块应采用集中预制。

砌筑砂浆采用集中拌和。

截水沟施工应在路基开挖前完成。

1.6.2 施工工艺管控要点

1.6.2.1 预制块安装

施工放样：使用全站仪对平台排水沟进行平面和高程放样，现场施工班组根据放样点进行挂线施工，确保线性顺直美观。

沟槽开挖：使用定制的挖斗进行开挖，排水沟断面一次成形，减少人工修坡，施工时，可根据实际情况合理调整沟底标高，保证水流顺畅，如图1-34所示。

|（a）| （b）|

图1-34 沟槽开挖

清底报验及垫层浇筑，如图1-35所示。

|（a）| （b）|

图1-35 清底报验及垫层浇筑

预制块安装：采用定型模架定位安装混凝土预制块，预制块安装时要保留

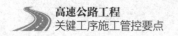

1 cm的接缝，安装时使用卡缝器，确保安装精度。最后再用M10砂浆勾缝，如图1-36所示。

（a）定型模架定位安装施工　　　　　（b）自制拼缝控制器

图1-36　预制块安装

沉降缝的设置：排水沟预制块每10 m设一道沉降缝，现浇C20混凝土压顶每5 m设一道沉降缝，缝宽2 cm，沉降缝采用沥青水泥砂，如图1-37所示。

（a）有效控制拼缝和断面尺寸　　（b）水泥砂浆勾缝　　（c）覆盖洒水养生

图1-37　沉降缝的设置

1.6.2.2　浆砌片石

片石的最小断面尺寸应不小于20 cm。

浆砌片石采用坐浆、挤浆法，砌体咬口紧密，浆砌缝隙砂浆应饱满，槽内抹面应平整、直顺。

勾缝前应冲洗，砂浆应嵌入缝中与石料牢固结合，宜采用凹缝，做到牢固、美观。

1.6.3　安全管控要点

应按规定做好沟槽临边防护。

大型排水沟基坑开挖，现场应有专人指挥，并注意检查坑壁安全，发现异常情况及时处理。

砌筑时坡面上禁止堆放过多的混凝土砌块或片石，要随砌随向上搬运，防止滑落。

雨期施工应及时排除施工现场积水，斜坡道上应采取防滑措施。

截水沟施工应做好高空作业防护措施。

1.6.4　质量管控要点

排水沟、边沟、截水沟的测量放样应适当加密，确保沟体线形顺适、圆滑，并按设计要求设置沉降缝。

加强各排水设施衔接处的施工处置，防止漏、渗水。截水沟基础必须认真做好夯实和防渗处理，避免将截水沟做成渗水沟。

砌筑砂浆应采用能够准确计量的强制式拌和机，应随拌随用，砂浆必须在初凝前使用，已初凝的砂浆必须废弃。

片石应符合设计规定的类别和强度，石质应均匀、不易风化、无裂纹，不得采用风化石。

边沟采用浆砌片石铺筑时，砌缝应做成真缝，砌缝砂浆强度应符合设计要求，砌缝砂浆应饱满，沟身不漏水，勾缝严密平顺，统一美观。

排水沟、边沟应与路基通道、涵洞进出口顺接。

砌体顶面抹面应平整、压光、顺直，不得有裂缝、空鼓现象。

1.6.5　成品保护

截水沟、排水沟、边沟砌筑完后应及时进行养护，以保持砂浆湿润为准。

确保截水沟、排水沟、边沟与原地面排水系统形成完善的排水系统。

应采取措施防止路基施工设备碾压碰撞。

1.7　路基防护与支挡工程

1.7.1　边坡植物防护

1.7.1.1　一般规定

.植物选择应满足"稳定边坡，保持水土，融合自然"的原则，按地区选用

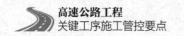

根系发达、易成活、易生长、抗病虫的乡土植物。

应根据植物的特性，适时种植，避免在暴雨季节及大风、高温条件下施工。

完成对坡面浮石、危石、浮根、杂草、污淤泥和杂物清理，对坡面转角处及坡顶的棱角进行修整。

对存在渗水的坡面设置引排措施。

对网格骨架、土工格室绿化防护，应先完成浆砌圬工施工。

1.7.1.2　施工工艺管控要点

喷植前修整坡面，嵌补凹槽、坑洼，坡面应平整、密实且稳定，不得有松石、危石。

喷播植草应按设计要求施工，喷射混合物由黏土、谷壳、锯末及复合肥等拌和，喷混材料应随拌随喷。黏土要先放在搅拌机中预拌，粉碎成粉状达到要求后，再加草籽和化肥，拌和均匀。

清理好的坡面应提前湿润，喷洒应自下而上进行，喷到坡面上的泥浆光泽而不下流。喷射枪尽量垂直坡面，反复喷射数次达设计厚度，喷射厚度为0.08~0.1 m。

植物播种前应进行种子发芽率试验，或植株移植试验，根据试验结果确定种植密度和种植时间，确保在雨季来临之前形成一定防护能力。在防护未形成一定能力时，宜采取排水和覆盖等临时保护措施。

网片应由坡顶沿坡面从上到下进行铺设，网片应铺展平顺、拉紧，合理搭接，锚固到位，紧贴坡面。坡面凹凸不平处，应根据现场情况适当加密锚固点。

护坡喷植后，进行不少于20 d的喷（洒）水养护，使喷植护坡始终具有足够养护水分，促使草籽发芽、生长。

1.7.1.3　安全管控要点

施工人员进入施工现场，必须按规定佩戴安全防护用品。索、缆、保险绳等应固定在坡面上部，确保稳定、牢固、安全后方可使用。

做好现场围护（栏）及警示标志。高边坡、陡边坡应加强高空施工安全防护措施，配备安全带、防护栏、安全网等防护设施。

作业时要确保作业点上方无安全隐患,严禁上下交叉作业。

脚手架搭设前必须先对现有边坡的稳定情况进行观察,确定安全后再搭设脚手架。钢管支架立柱应置于坚硬稳定的基础上,不得置于浮渣上。

1.7.1.4　质量管控要点

植物种子应有国家法定种子检验机构出具的检验合格报告,外地调入的种子应有符合国家种子调拨规定的检疫报告。

培养基、喷播种子应严格按设计配合比拌和。

边坡植物防护的种类、数量、防护范围应符合设计要求,并应沿坡面连续覆盖。

应根据现场坡面平整度和地质情况,适当增加锚钉密度或长度,保证挂网与坡面牢固结合。

边坡植物防护覆盖率、成活率应符合设计及规范要求。

应根据季节、气候和种植物的需要采取遮阳、浇水、保温等措施。气温低于12℃不宜进行喷播作业。

1.7.1.5　成品保护

植物防护施工后,应安排专人巡视,避免其他工序施工造成地被植物破坏。

喷播后应及时覆盖无纺布,防止雨水冲刷造成植被破坏。

植物防护施工后,应设置警示标志,严禁在上面堆放杂物,人员踩踏。

当杂草对边坡植被生长产生较大影响时,应及时采取除草措施。

1.7.2　拱形骨架植物防护

1.7.2.1　一般规定

高边坡防护施工时,物料运输宜采用机械化提升装置。

软弱地基段路堤边坡防护骨架施工须在路基沉降稳定后进行。

骨架的高度应根据边坡高度实际情况进行适当调整并征得设计人员认可,确保整体线形美观、顺畅。

骨架防护砌筑完成后,应及时进行坡面植被防护施工。

1.7.2.2　施工工艺管控要点

拱形骨架安装前,须将坡面整形、拍实,保证坡面填土饱满,不得有凹凸现象或在低洼处用小石子垫平等情况，边坡拍实采用边坡夯实机进行夯实，如图1-38所示。

图1-38　坡面平板液压夯补强

刷边坡：坡面成型后，用坡度尺检验边坡的坡率，符合设计及规范要求后进行下道工序施工，如图1-39所示。

骨架应严格按设计要求嵌入坡面一定深度。骨架基槽应采用人工从上往下开挖，不得欠挖，且基槽暴露时间不宜太长。

图1-39　刷边坡、坡度尺检查成型边坡

预制块安装：

a）安装前仔细检查构件的完整性及榫口的完整性，及时剔除不符合要求的构件。

b）在进行构件安装过程中，要带三条基本线，坡面两条竖线控制流水槽的线形，纵向一条线起到两个作用：一是控制拱顶的位置；二是控制骨架在一个坡面上。如果在圆曲线或缓和曲线上，纵向带线不宜超过20 m，要分段带

线，每一个单元拱架时刻保持带线施工，带线是施工控制的关键点（如图1-40
所示）。

c）安装顺序采取先条后拱，自下而上施工。板缝采用缝宽卡缝器控制
（缝宽1 cm）（如图1-41所示），每板不少于2个；流水槽水平间距采用平面间
距卡矩控制；拱圈尺寸采用拱圈卡矩控制，如图1-42所示。

图1-40 挂线安装　　　　　　图1-41 卡缝器调缝

（a）　　　　　　　　　　　（b）

图1-42 水平宽度卡矩及拱圈卡矩

d）预制块铺砌时，垫层应与铺砌层配合铺砌，随铺随砌。

浆砌片石：

a）砌筑时石料的大面朝下，坡脚坡顶等外露面应选用较大的石块，并加
以修整。

b）砌筑时砂浆应饱满密实，采用坐浆挤密施工，接缝交错、坡面平整、
勾缝严密、养护及时；骨架砌筑应先施工衔接处，再砌筑其他部分骨架，两骨
架衔接处应处于同一高度（如图1-43所示）。

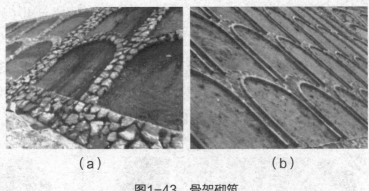

（a）　　　　　　　　（b）

图1-43　骨架砌筑

采用细砂勾缝，勾缝为凹缝以确保不易脱落。勾缝前先清理浮浆、湿润勾缝区域，勾缝洒水养生至7 d。

骨架防护砌筑完成后，应及时种草或铺种草皮，种草或铺种草皮前，必须再次修整骨架内边坡，保证骨架内填土平整、饱满，骨架流水面应与草皮表面平顺。种草或铺种草皮要做到满喷满植（如图1-44所示）。

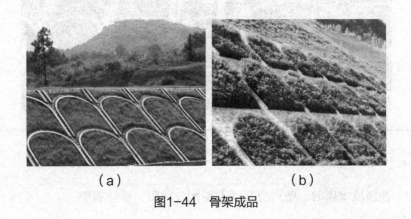

（a）　　　　　　　　（b）

图1-44　骨架成品

1.7.2.3　安全管控要点

作业时边坡上、下不得同时作业，上、下作业应距离5 m以上，防止预制块或石块落下伤人。

进行砌筑时应检查和注意边坡土质情况的变化，材料堆放应距离边坡1 m以外。

1.7.2.4　质量管控要点

骨架施工前应准确放样，进行挂线施工。骨架应按设计形状和尺寸嵌入边坡内，其底部顶部和两端均应做镶边加固。

护坡砌筑前须将坡面整平拍实。

使用的砂浆强度、石料强度及混凝土预制块必须符合设计及规范要求。砌筑石料表面应干净、无风化、无裂缝和其他缺陷。

砌体砂浆应随拌随用，保持适宜的和易性与流动性，已初凝的砂浆严禁使用。

骨架间客土回填厚度及植物防护的种类和数量应符合设计要求。

1.7.2.5　成品保护

骨架完成后应及时覆盖并洒水养护保持湿润，避免碰撞振动或承重。

砌筑完成后，区段端部设置警示牌，严禁非工作人员、机械入内，避免踩踏、破坏骨架。

砌筑完成后，应确保排水设施畅通，避免积水造成坡体沉降，骨架开裂、脱空、滑移、坍塌。

1.7.3　坡面砌筑防护

1.7.3.1　施工工艺管控要点

对易风化的岩层，坡面清理后应立即进行坡面砌筑防护施工。

砌筑防护基础应设置在稳定的地基上，地基承载能力应满足设计要求。

施工时应采用立杆挂线或样板控制，确保保持线形顺直，砌体平整。

砌筑应采用坐浆挤密法分层、分段施工，分段位置宜设在沉降缝处（如图1-45所示）。

严格按设计要求设置沉降缝、泄水孔。当有潜水露出且边坡流水较多时，应在墙后设置反滤层引水并适当加密泄水孔。当基础修筑在不同岩层上时，应在变化处设置沉降缝。

（a）　　　　　　　　　　（b）

图1-45　沉降缝、泄水孔设置

砂浆初凝后应及时进行养生，养护时间满足设计及规范要求。

勾缝前应冲洗，砂浆应嵌入缝中与石料牢固结合，宜采用凹缝，做到牢固、美观（如图1-46所示）。

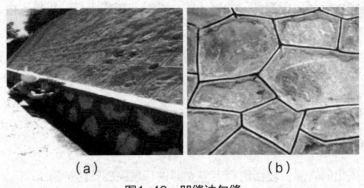

（a）　　　　　　　　　　（b）

图1-46　凹缝法勾缝

1.7.3.2　安全管理要点

人员上下必须用爬梯。

脚手架上作业时，架子下不得有人操作或停留。

1.7.3.3　质量管控要点

砌筑前坡面应平整密实，线形顺直。局部有凹陷、低洼处，应采用与砌体相同的圬工找平，不得回填土石或干砌片石。

坡面防护层应与坡面密贴，不得留有空隙。

砂浆应饱满密实，做到接缝交错、坡面平整顺适、勾缝严密平顺、养护及时。

沉降缝两侧壁应顺直、齐平、无搭接。

1.7.3.4 成品保护

砌筑防护顶面与边坡间的缝隙须及时封闭。

应确保排水设施畅通，避免积水造成坡体沉降，防止坡面开裂、脱空、滑移、坍塌。

1.7.4 锚索（杆）框架边坡锚固防护

1.7.4.1 一般规定

应避免在雨期施工。

锚索（杆）施工钻进深度应加强设计施工动态管理。

修整边坡，将松散的浮石及时清除，用浆砌片石填补空洞，对坡面缝隙进行封闭处理。

1.7.4.2 锚索（杆）施工工艺管控要点

应根据锚固地层类型、锚孔孔径、深度及施工场地条件选择钻孔设备，采用潜孔钻机或锚杆钻机冲击成孔，对易于塌缩孔或卡钻埋钻地层中应采用跟管钻进技术。

根据设计图将锚孔位置准确测放在坡面上，孔位误差不得超过 ±50 mm。

钻进施工搭设施工平台须满足承载能力和稳固条件要求，准确安装固定钻机。锚孔开钻就位纵横误差 ≤ ±50 mm，高程误差 ≤ ±100 mm，钻孔倾角和方向符合设计要求，倾角误差 ≤ ±1.0°，方位误差 ≤ ±2.0°。

钻孔应采用无水干钻，禁止开水钻进，以防钻孔施工恶化坡体地质条件，确保孔壁的黏结性能。

根据钻机性能和锚固地层情况严格控制钻孔速度，以防钻孔扭曲和变径，造成下锚困难或其他意外事故。

钻进过程：钻进过程中应对每个孔的地层变化，钻进状态（钻压、钻速）、地下水及一些特殊情况做好现场施工记录。如遇塌孔缩孔等不良钻进现象时，应立即停钻，及时进行固壁灌浆处理（灌浆压力为0.1~0.2 MPa），待水泥砂浆初凝后，重新扫孔钻进。

孔径孔深：钻孔孔径、孔深要求满足设计值。为确保锚孔直径，要求实际使用钻头直径不得小于设计孔径。为确保锚孔深度，要求实际钻孔深度大于设计深度0.2 m。

钻孔成孔检验合格后，宜在24 h内安装锚筋体并及时注浆，注浆饱满、密实。锚孔中有承压水流出时，应等水压、水量变小后方可下安锚筋与注浆，必要时应在周围适当部位设置排水孔处理。

注浆过程中应排出孔内的气、水，注浆作业应连续紧凑，不得中断。浆体终凝前不得扰动锚筋体。

锚杆加工及锚索编束宜采用工厂化作业。锚索按设计要求进行防腐处理应随制随用，不宜长期存放。

同一结构单元上的锚索张拉宜同步进行，确保结构受力均匀。

在锚索锁定前必须按规定进行验收试验。锚索锁定后，在48 h内若发现有明显的预应力松弛时，应进行补偿张拉。

1.7.4.3　框架梁施工工艺管控要点

框架梁应嵌入坡面，采用人工或风镐开挖刻槽，超挖部分应采用混凝土回填，确保框架梁线形贯通、顺直（如图1-47所示）。

（a）　　　　　　　　　　　（b）

图1-47　框架梁基槽开挖

坑槽检验合格后根据施工图纸设计要求的钢筋规格、间距、布置、焊接方式等进行框架梁钢筋绑扎作业。施工框架梁绑扎钢筋前，先清除底部浮土，保证基底密实。先施工竖肋钢筋，并于节点处预留横梁钢筋，竖肋形成后，再施工横梁钢筋。钢筋用垫块垫起，与坡面保持一定的距离，并和锚杆连接牢固。框架梁竖肋上下顺直，横梁左右平齐，竖向肋柱定位必须准确。

　　框架梁模板拼装应平整、严密、牢固，净空尺寸符合设计要求（如图1-48所示）。安装完成后使用通线检查，线形平顺度不得大于5 mm。

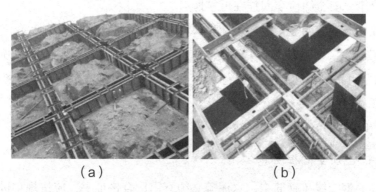

（a）　　　　　　　　　　（b）

图1-48　框架梁模板拼装

　　混凝土浇筑与养生。框架梁采用封闭式支模方法，两侧和顶面全部用模板封闭，不易直接用振捣器全面振捣。支模时须隔一段预留一块活动模板，便于用振捣器直接伸入模板内进行振捣，砼浇筑时，对浇筑部位采用锤击模板表面的方式保证砼浇筑的密实性及表面质量。当框架梁混凝土达到2.5 MPa时，即可拆除模板，拆除模板后应立即用土工布和塑料薄膜将混凝土覆盖并洒水养护，养护时间应不少于7 d。框架效果如图1-49所示。

（a）　　　　　　　　　　（b）

图1-49　框架效果图

1.7.4.4　安全管控要点

　　进入作业区人员必须戴安全帽，高空作业人员须系安全带，穿防滑鞋，钻孔、注浆操作人员须戴防护口罩、风镜、耳塞等防护用品，特种作业人员必须

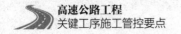

持证上岗。

施工前须对作业区岩土边坡围岩稳定性进行检查，发现隐患及时处理。

安全带、安全绳应牢固挂在可靠地点。

作业区应设置明显警示标志和防护设施，非作业人员严禁进入。

施工脚手架承载能力及稳固条件应满足使用要求。脚手架拆除须指定专人警戒，拆除必须自上而下进行，严禁上下同时拆除，拆除的材料不得从高处扔下。

张拉时，张拉端后方严禁站人。

1.7.4.5　质量管控要点

进场的钢绞线（钢筋）、水泥等必须有出厂合格证书，应按规定进行抽样检验，确保各项力学性能指标符合要求。

严禁使用有损伤、电弧烧伤和严重锈蚀的锚杆、预应力筋。

锚索制作后，应对其外观质量、根数、长度、牢固程度、防腐密封性、注浆管路畅通性等进行检查。

张拉设备必须按标定时的千斤顶、油表组合配套使用。拆卸检修张拉设备或压力表经受强烈撞击必须重新标定。

施工过程中严禁采用电弧切割锚索（杆）。

锚孔孔位、倾角、孔径、孔深应满足设计和规范要求。

注浆浆液应严格按照配合比搅拌均匀，随搅随用，须在初凝前完成注浆作业。

注浆强度和现浇混凝土框架梁强度必须达到设计强度80%以上方可进行锚索张拉。

预应力张拉施工时应进行变形观测，出现异常及时处理。

气温低于5℃、雨天或大风应暂停施工。

1.7.4.6　成品保护

锚杆、锚索的非锚固端及锚头部分应及时作防腐处理。

在锚杆砂浆凝固前，应防止敲击、碰撞、拉拔杆体。

锚杆安装3 d内端部不得悬挂重物。

及时对喷射混凝土（砂浆）顶部进行封闭处理。

1.7.5 抗滑桩

1.7.5.1 一般规定

抗滑桩施工前应进行施工安全风险评估，并制定应急预案，专项施工方案组织专家论证，设置滑坡变形、移动观测设施。

抗滑桩施工宜在旱季进行。

挖孔桩孔口护壁应高出地面50 cm以上，井口硬化宽度不小于60 cm。孔口应设置防护栏杆和临时排水沟，夜间应悬挂示警红灯。孔口应设置三面围护的防护栏杆。

同排桩施工应跳槽开挖，相邻桩孔不得同时开挖，相邻两孔中的一孔浇筑混凝土，另一孔内不得有作业人员。

抗滑桩施工前，应采取卸载、反压、排水等措施使滑坡体保持基本稳定，严禁在滑坡急剧变形阶段进行抗滑桩施工。

傍山地段进行挖孔桩作业前，应仔细检查和清除陡坡上的危石和浮土，必要时须设置防滚石措施，雨后应检查边坡的稳定情况，并完善截排水措施。

1.7.5.2 施工工艺管控要点

1. 矩形桩人工挖孔

人工挖孔时应在滑坡体稳定后进行孔壁支护不得占用桩径尺寸。

开挖桩群应从两端沿滑坡主轴间隔开挖，施工时隔2挖1分节开挖。

护壁混凝土应紧贴围岩灌注，灌注前应清除孔壁上的松动石块、浮土。

爆破开挖采用浅眼松动爆破，应进行爆破设计，严格控制炸药用量，并在炮眼附近加强支撑和保护，防止震塌孔壁。

抗滑桩分节开挖，每节高度宜为0.6~1.0 m，分节不宜过长，不得在土石层变化处和滑动面处分节，开挖一节应立即支护一节。当天挖的孔桩当天浇筑完护壁砼。挖掘和支撑护壁两道工序必须连续作业，不得中途停顿。

开挖应在上一节护壁混凝土终凝后进行，护壁混凝土模板的支撑应在混凝土强度达到能保持护壁结构不变形后方可拆除。

在围岩松软、破碎和有滑动面的节段，应在护壁内顺滑动方向用临时横撑加强支护，并经常观察其受力情况，及时进行加固。

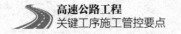

2. 矩形桩机械成孔

旋挖钻钻进取土：利用旋挖钻机，按顺序进行四角和中心圆孔钻进，四角采用圆孔Φ600 mm钻头、中心采用Φ1800 mm钻头。钻进过程中匀速，减少塌孔风险。

自制矩形钻头修边：核心土开挖完成后，此时利用锁口内侧作为导向墙，矩形钻头可以轻松进行修边（如图1-50所示）。矩形钻头是基于旋挖机配套钻头改造加工，其连接处可以完全与旋挖机连接处结合，使用时调整角度让矩形钻头与桩孔吻合，旋挖机用切削模式（关闭旋转）将桩孔边缘土切除。当切削阻力较大时，说明桩孔内土已过多，旋挖机更换1.8 m旋挖钻头进行取土作业，而后再换回矩形钻头切削边缘。为避免成孔过深造成塌孔，每6~8 m为一段进行成孔。每段成孔施工流程：Φ600 mm钻头四角钻进→Φ1800 mm钻头中心钻进→矩形钻头修边。

钢筋笼搭接接头不得设在土石分界和滑动面处，钢筋笼在钢筋厂集中加工，整体运输、吊装或分节安装。

混凝土灌注必须连续进行，浇筑混凝土时孔底积水不得超过5 cm，应使用串筒保证混凝土自由倾落高度不超过2 m，分层振捣厚度不能超过30 cm。

图1-50　矩形钻头修边

1.7.5.3　安全管控要点

抗滑桩挖孔应采用轮班制，孔下工作人员不超过2人，必须佩戴安全防护用品，安全绳必须系在孔口。严禁工人疲劳作业，夜间不宜挖孔作业。

抗滑桩作业时孔口位置应进行三面围护。暂停作业时，应对孔口进行遮蔽防护，并在周边进行四面围护，并设明显的警示标志，夜间应悬挂示警红灯。

施工作业区域应设置警戒区，孔口四周5 m范围内不得堆积余土杂物，禁止任何车辆在桩孔边5 m内行驶。孔口地面平整后宜对周围1 m范围内的区域及运渣通道进行硬化。

应设置人员上下爬梯，严禁作业人员利用提升设备上下孔内。

孔内电缆应为防水绝缘电缆，并应设置漏电保护器。照明用电必须使用36 V以下的安全电压，使用具有防水性能的照明灯具。

料斗应使用软质材料制成，设置防脱钩措施，同时还应设置防坠落保险措施。装渣高度严禁超出料斗高度。

挖孔桩作业时，应始终保持孔内空气质量。根据规范和现场实际进行有毒有害气体和含氧量监测，采取机械、强制通风措施。

挖孔作业人员的中央顶部应设置护盖。弃渣吊斗不得装满，出渣时，孔内作业人员应位于护盖下。

混凝土护壁应随挖随浇，每节开挖深度应符合专项施工方案要求，且不得超过1 m。

爆破开挖时应做好爆破预告、现场封闭、爆破解除等工作。爆破施工时应在孔口进行覆盖，防止飞石伤人。爆破后用高压风管吹风排烟，喷水降尘，15 min后方可人员下井作业。

非爆破开挖的挖孔桩雨期施工，孔口应设置防雨棚，雨天孔内不得施工。

抗滑桩应进行桩顶、坡面位移监测，监测点要布置在滑坡稳定性差、工程施工扰动大的部位，随时监测滑坡体的变形。

抗滑桩施工时应严格按技术、安全方案要求设置各项围挡及安全设施，加强孔内空气质量检测及通风管理。

应对抗滑桩上边坡面稳定性进行评估，施工过程中应随时核对滑动面情况并设置专人对坡体进行连续观测，制定风险监控方案及相应的应急预案。

观测坡体有滑移倾向时，应立即撤离施工人员。

1.7.5.4　质量管控要点

抗滑桩桩长、嵌岩锚固深度必须满足设计及规范要求。

桩身混凝土强度和完整性必须满足设计要求。

挖孔过程中应对桩孔的孔位、尺寸、倾斜度、护壁质量进行检测。

终孔时应进行孔底处理，做到平整、无松渣。孔底承载力应满足设计要求。

宜选择有代表性的抗滑桩进行桩顶位移、土压力、钢筋内力、混凝土应变监测，通过监测掌握滑坡体的整体变形特性及抗滑桩质量。

桩间支挡结构及与桩相邻的挡土、排水设施等，应按设计要求与抗滑桩正确连接，配套完成。

1.7.5.5 成品保护

桩基混凝土浇筑24 h内，桩身强度小于75%时，禁止相邻孔桩爆破开挖。

桩身混凝土浇筑完毕后应及时对桩头进行蓄水养护，防止长期暴露于自然环境下对桩头混凝土产生不利影响。

1.8 小型构件预制

1.8.1 一般规定

小型构件应采取集中预制，按照"工厂化、专业化、集约化"的要求组织生产。

小型构件模具宜选用塑钢模具，其强度、刚度和耐久性应满足施工要求，并应按照小型预制构件设计尺寸及要求，由专业生产厂家统一加工制作。

厂站内按构件生产区、存放区、养护区、废料处理区、成品展示区等科学合理设置，功能明确，标识清晰，生产区根据设计图纸确定的预制构件种类设置生产线。

1.8.2 施工工艺管控要点

1.8.2.1 模具清洗

模具必须清洗干净，严把模具清洗的"五个环节"（一敲、二泡、三洗、四冲、五蘸）。其中，"敲、洗"这两个环节要注意保护模具，防止用力过猛造成模具划伤，影响脱模后构件表面的光洁度（如图1-51所示）。

一敲：用橡胶锤将附着在模具上的较大块混凝土敲掉

二泡：将经过敲击后的模具放在清洗液里浸泡5分钟

三洗：模具经过浸泡后用软毛刷进行清洗，以模具表面没有混凝土等污染物为准

五蘸：在混凝土入模前，将干净的模具放在皂液里全面湿润

四冲：用清水进一步进行模具冲洗，堆码以备构件预制使用

图1-51 磨具清洗"五个环节"

1.8.2.2 混凝土浇筑

振动台应安装在牢固的基础上，使用前应进行检查和试运转。振动台面应保持清洁平整。

混凝土入模采用全自动计量分料料斗，混凝土在振捣时一般分为两次振捣，第一次添加混凝土至模板高度以下，采用振动台振捣，振动至混凝土表面平坦、泛浆后停止振动；然后添加混凝土至略高于模板边沿，再次振捣至混凝土表面平坦、泛浆（振动过程中，混凝土下落后要人工随时填满）砼振捣密实后采用抹子对预制块顶面进行抹平。严格控制振捣时间和频率，振动台振动时间宜为30~60 s。混凝土采用两次入模两次振捣的方式，有利于混凝土内空气排出，减少脱模后构件表面的气泡、蜂窝现象，以便使混凝土更加密实（过程如图1-52所示）。

（a）全自动计量分料料斗　　　　（b）自动台车运送

（c）填补混凝土　　　　（d）混凝土收光抹面

图1-52　混凝土浇筑过程

1.8.2.3　构件养生

小构件由生产区预制完成，自动台车运送至相应养生区，构件养生采用自动喷淋养生（如图1-53所示）。

（a）养护车间　　　　（b）喷淋养生

（c）养护区　　　　　　（d）一次性包裹塑料薄膜养生

图1-53　构件养生

1.8.2.4　脱模

小构件采用人工脱模，要做到一翻转（构件整体翻转至垫木上）、二敲击（橡皮锤轻轻敲打模板背部，使模具与小构件分离）、三提模（移除分离模具）（如图1-54所示）。

图1-54　人工脱模

1.8.3　安全管控要点

应在场内醒目位置设置工程公示牌、施工平面布置图、安全生产牌、消防保卫牌、管理人员名单及监督电话牌、文明施工牌等明示标识。

特种作业人员应持证上岗，严格按操作规程操作。

应在设备醒目位置悬挂安全操作规程，易发生机械伤害的场所、施工现场出入口应设置禁止和警示标志，并应进行定期检查。

施工临时用电应符合现行《施工现场临时用电安全技术规范》的有关规定，并应制定专职电工例行巡查制度，对线路的老化、裸露、绝缘品、违章等进行重点巡查。

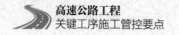

加强构件运输管理，严禁超载运输。

1.8.4　质量管控要点

进场的原材料必须根据相关规范、规程进行检查验收。

模具清理应做到表面光滑、无杂物，涂刷脱模剂，涂刷时应均匀、全面，不留死角。

模具在周转间隙应有覆盖措施，防止雨淋、生锈、被污染。

入模前应对模具进行拼缝检查，对拼缝达不到要求的，应予以修复或禁止使用。

预制块混凝土浇筑完成后，应在收浆后尽快采取覆盖和洒水养护等保温保湿措施。

混凝土强度达到75%后，方能进行拆模，拆模应根据构件特点选择合适方法，避免硬伤及掉角。

养护期内的构件不得进行堆码存放，以防损伤。

1.8.5　成品保护及运输

成品小型预制构件，必须分类、分层进行码放，堆码要求横平竖直，避免倾斜，构件码放整齐后做好标志、标识（如图1-55所示）。

成品预制构件的码放必须做到下垫上盖，做好支撑，防止倾覆，损坏构件。

成品区应设置防撞装置，防止车辆或设备通行时剐蹭小型构件成品。

小型预制构件出厂宜采用专用打包带捆扎后放置于木质底座上，采用叉车装卸。

使用机械搬运应做好保护措施，轻拿轻放，避免机械和构件之间由于摩擦产生刮痕。

（a）小型预制构件打包

（b）小型预制构件码垛

（c）小型预制构件运输

图1-55　小型预制构件保护及运输

1.9　改扩建路基工程

1.9.1　一般规定

对结构物及路面标高进行拟合，并把拟合数据上报建设管理单位，由设计单位进行数据拟合调整。

对设计图纸进行审核，结合图纸施工内容对既有高速公路沿线的路基工程内容等进行核实，并调查周边建筑物、地下管线、旧路结构物等，合理规划施工便道、运输线路等。

进行老路路基填筑材料核查，根据老路路基填料确定老路边坡台阶开挖高度等指标，满足拼宽施工需要。一般情况下，拼宽路基填筑材料与老路路基填筑材料保持一致。

1.9.2　路基拼接部位边沟处理管控要点

老路边沟经常汇水，且位于新路基中，为新拼宽路基的薄弱点，拆除老路边沟圬工防护并清表开挖台阶后分层填筑，边沟开完后如图1-56所示。

对含水率高、压缩性大、强度低的边沟基底进行换填，换填厚度根据设计要求确定。利用临时排水措施排除基底积水，然后彻底挖除沟底因长期渗漏形成的过湿土，保证基底处理达到要求。换填后再进行分区压实，如图1-57

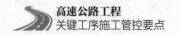
所示。

边沟回填石渣材料，石渣材料最大粒径不超过30 cm，含泥量不超过5%。

边沟回填石渣压实应采用18 t以上的重型振动压路机，压实时应用石屑等细料填隙，保证石料稳定、无下沉、无水平移动、表面平整，压实指标达到孔隙率≤24%，压实沉降差满足试验段确定的数值。

边沟填平后应再冲压一次，可使用超重型压路机进行补强碾压，碾压遍数根据现场试验确定。

图1-56　边沟开完后

图1-57　老边沟反挖换填后分区压实

1.9.3　老路路基边坡台阶开挖管控要点

改扩建拼宽路基填筑施工的主要控制点在于老路边坡台阶的开挖、回填、压实。

1.9.3.1　老路土质路基的边坡台阶开挖

新老路基结合处采用自下而上挖台阶（横坡内倾4%）的方式。台阶开挖尺寸根据填土高度按照设计数据确定，由底至上开挖，开挖一级填筑一级。开挖拼接至路床底面的台阶时，根据路基填高确定其台阶高度和宽度，台阶面距离路床底面小于100 cm时应将其作为一个台阶开挖回填；距离路床底面大于100 cm时应分成50 cm和≥50 cm两个台阶高度开挖回填；路床部位作为单独一个台阶开挖处理。

台阶的开挖采用挖掘机结合人工的方式进行。对台阶处的原老路填土进行含水量和力学性能的检验。

路基填筑时，应加强与原老路台阶结合处的碾压，人工清理台阶结合处的虚土，然后碾压到边。对与老路基的结合部位应作为重点进行施工。老路边坡开挖台阶范围、结构物边角部位必须采用连续液压夯补强压实。

台阶开挖时若老路堤出现渗水，处理后才可继续施工。

尽量避免老路基开挖断面长时间的暴露，当路基填筑完成一层时方可开挖上一层台阶，降雨时及时对已开挖的老路基台阶采用防水布进行覆盖。

1.9.3.2　老路碎石土土路基边坡台阶

老路碎石土路基台阶开挖不易成型，应由下向上分层填筑。新旧路基结合部位，每填筑一层，应用推土机按分层填筑厚度的 2 倍宽度向旧路基内侧推进搭接。

在施工时应清除原路基搭接部位超粒径的填料。

对于碎石土填筑段老路基渗水问题应首先采用"疏"的方法，开挖明沟，设置临时排水通道，及时保证渗水外排，防止渗水浸泡新路基。同时采用"堵"的方法，对立面进行喷浆处理固结台阶立面。对于已出现空洞的部位应及时进行压浆补强。若台阶局部因雨水冲刷而造成坍塌，应清除松散脱落层，按设计要求开挖出台阶。

1.9.4　土工合成材料铺设管控要点

新旧路基衔接时，为改善新老路基的不均匀变形，增加路基的整体稳定性，减少不均匀沉降，在地基表层铺设高强土工格室以及路床底，或在某些特殊段落特定位置铺设土工格栅。土工格室、格栅各项性能指标应满足图纸及规范要求，施工中注意下承层表面平整，上层填料粒径符合要求，避免对土工材料造成损伤。

1.9.4.1　土工格室

在土工格室铺设的始端，将准备好的"U"形钉打入回填土路基，"U"形钉露出部分不高于格室高度，单行锚固，锚固纵向间距 1.5 m，将土工格室按格固定在"U"形钉上。

土工格室铺设时，应拉直平顺，紧贴下层回填土，应均匀张拉至正菱形。

土工合成材料铺设完毕未填料前，严禁机械设备在其上行驶，铺设土工格室的层面应平整，严禁有碎、块石等坚硬凸出物。

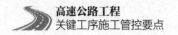
1.9.4.2　土工格栅

新旧路基衔接台阶处应铺设土工合成材料，路堤高度小于4 m时，在路床顶面以下40 cm铺一层聚丙烯土工格栅；路堤高度大于4 m时，在路床顶面以下40 cm、120 cm各铺设一层聚丙烯土工格栅（如图1–58所示）。土工格栅采用双向聚丙烯土工格栅，极限抗拉强度≥50 kN/m，2%伸长率时的抗拉强度≥20 kN/m。

（a）开挖台阶　　　　　　　（b）边坡处理及土工格室安装

图1–58　土工格（室）栅的铺设

在平整好的下承层上全断面铺设土工格栅，土工格栅的方向铺设时应与线路走向垂直。

土工格栅搭接宽度不得小于20 cm，为防止格栅在压实时错动，应采用Φ10钢筋固定，间距为100 cm。土工格栅应拉直平顺，紧贴下承层，不得出现扭曲、折皱、重叠。

土工格（室）栅铺设完成后，填筑土层采用倒卸法。

1.9.5　拼宽路基填筑管控要点

填方路基分层填筑、分层压实。土方路堤分层填筑最大松铺厚度不超过30 cm，最小压实厚度不得小于10 cm。性质不同的填料分段填筑，同一水平层路基的全宽采用同一种填料，不得混填。每种填料的填筑层压实后的连续厚度不小于50 cm。

填方施工时，采用分层画格网填筑压实，在台背及不连续段设置搭接台阶，台阶先压实后开挖（如图1–59所示）。边坡设置临时排水沟，并采用机械收面，对土方填筑路基加宽50 cm，石方填筑段加宽100 cm（如图1–60所示）。

（a）　　　　　　　　　　　（b）

图1-59　液压夯对新老路基结合处夯实

（a）　　　　　　　　　　　（b）

图1-60　临时排水设施

1.9.6　挖方路堑拼宽施工工艺管控要点

路基挖方拼宽施工的土质路堑、石质路堑的开挖方法、施工流程、验收标准均可参照新建路堑开挖的相关内容。

改扩建路段路堑开挖时当开挖至旧路面顶标高下30 cm后应停止施工，在下道工序未准备就绪前，不得继续开挖，以免新、旧道路因高差悬空时间过长造成潜在的质量隐患。

1.9.7　路床改良土施工工艺管控要点

开挖台阶后，用开槽机把内侧搭接部位切边找齐，布土时内侧预留20 cm先不填土，拌和均匀后平地机找平刮土回填，回填土高出外侧3~4 cm，正常压实后用三轮压路机对新旧路搭接部位压实2遍，过程如图1-61所示。

（a）开挖台阶　　　　（b）内侧搭接部位开槽机切边找齐

（c）20 cm内侧搭接部位预留拌和后回填　　　（d）撒布车撒布水泥

（e）拌和机拌和　　　　（f）拌和深度挖验

（g）稳压　　　　（h）平地机刮平

（ i ）振动压路机压实 　　　　　（ j ）三轮内侧边部压实

（ k ）胶轮压路机覆压收面 　　　　（ l ）覆盖洒水养生

图1-61　路床改良土施工过程

1.9.8　雨期路基拼接施工措施

雨期中的晴好天气土方路基施工，应做到随挖、随运、随铺，及时压实，并应整平。

老路基边坡上的挖台阶作业应采用分段分层的开挖方法，严禁一次性完成对老路上边坡台阶作业，以防止新挖台阶受到雨水冲刷及施工后坍塌。每层台阶开挖后及时铺筑新路基，碾压完及时将上一层的填料堆放在已开挖的边坡处形成反压荷载，以稳定老路基。

为避免老路边坡开挖面长时间暴露地段受到雨水冲刷，雨期时对暴露地段进行覆盖；对雨水冲刷的拼宽路基边坡及时修复、完善。

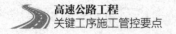
1.10 特殊路基施工

1.10.1 黄土路基

1.10.1.1 一般规定

湿陷性黄土地区路基施工，应做好路基边坡防护工程，完善防水及排水措施，注意路基与路面排水工程的结合，遵循高接远送原则，加强各种构造物之间的衔接及构造物洞口排水，确保排水系统完善，发挥排水系统的总体功能，保证路基的安全与稳定。

在填挖交界处引出边沟时，应做好出水口的加固，排水设施接缝处应坚固不渗漏。

黄土路堤边坡应拍实，并及时予以防护，防止路表水冲刷。

在施工中对黄土的湿陷性应采取一定的措施来处理，以减少路基的工后沉降，避免路基出现裂缝、滑坡等病害，保证路基的安全与稳定。

1.10.1.2 施工工艺管控要点

黄土冲沟沟壁底土体开挖：

a）堆积黄土具有较大的湿陷性，填筑时应清除沟壁的不稳定土体及沟底的堆积土，开挖至密实土体后，再开挖台阶，夯实基底，沟底夯实后要求对基底的压实度及地基承载力进行检测，达到规范及设计要求后再填筑路堤。

b）施工时应沿沟壁挖台阶，台阶宽度不应小于1 m，高度不应大于3 m。

开挖填挖结合槽：应在高填土路堤沿路基中线开挖填挖结合槽。若有滑塌体及陡立沟壁，应待其开挖后再开挖填挖结合槽，结合槽宽4 m，深2 m，以抵抗路堤整体下滑。同时在高填土路堤与路堑交界处开挖结合槽，其沿挖方路基开挖长度20 m，深2 m，宽度与路基宽度棚。

黄土陷穴的处理：

a）对于离沟壁较近的黄土陷穴，尽量在开挖沟壁的过程中予以挖出；对于离沟壁较远的黄土陷穴，应逐个进行处理。明陷穴及埋藏较浅的暗陷穴，采用开挖回填的方法进行处理，要求逐层检测，压实度达到94%以上；竖井状及深陷穴，由于不好开挖，采用灌泥浆或砂浆的方法来处理，加强监理人员的旁站工作，并要求做好灌浆旁站记录，使陷穴处理到位。

b）挖方边坡坡顶以外50 m范围内、路堤坡脚以外20 m范围内的黄土陷穴宜进行处理。挖方边坡坡顶以外的陷穴，若倾向路基，应作适当处理。对串珠状陷穴应彻底进行处置。

c）路基范围内的陷穴，应在其发源地点对陷穴口进行封填，并截排周围地表水。

d）陷穴表面的防渗处理层厚度不宜小于300 mm，并将流向陷穴的附近地面水引离。

强夯法消除黄土湿陷性，对于高填土路堤采用普通压实和强夯相结合的措施加固路基。

地下排水构造物与地面排水沟渠必须采取防渗措施，路侧严禁积水。

路堤两侧汇水面积较大时，宜在一侧或两侧坡脚处设置阻水或排水设施，边坡上设置急流槽或跌水，及时将路面水引排至路基范围以外。

冲击碾压消除黄土的湿陷性，对于大面积的黄土路基宜选择冲击碾压法来消除黄土的湿陷性。

高路堤预留沉降为保证路基工后沉降后的平顺，宜对高填路堤按填土高度的1%的厚度来预留沉降。

1.10.1.3　质量管控要点

应正确判别湿陷性等级，严格按设计要求进行路基地基处理。

路床填料应使用新黄土，不得使用老黄土。填料CBR值不满足要求时应进行掺灰处理。

基底为一般湿陷性黄土时，应采取疏干措施，必要时进行换填处理。基底黄土具有强湿陷性或较高的压缩性时，应按设计要求进行处理。

对现有的陷穴、暗穴，应采用灌砂、灌浆、开挖回填、导洞和竖井等措施进行填充。连续塌陷的陷穴群、串珠状陷穴，宜采用全断面开挖回填处理。对串珠状陷穴应彻底进行处理。

应采取拦截、排出地表水的措施，防止地表水下渗，做到"远接远送"。

防护工程应与路基施工紧密结合，合理衔接，防止降水、风蚀对坡面的破坏。

合理设置永久及施工临时排水设施，特别防止集中暴雨径流给路基带来的强烈侵蚀。

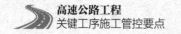
1.10.2 季节性冻土地区路基

1.10.2.1 一般规定

冻胀路基施工，应根据设计要求和现场调查、核对情况，合理选择施工方法，采取合理有效的抗冻措施。冻胀路基施工过程中，应经常检查冻害状况，发现冻胀、软弹、变形、纵向横向裂缝及翻浆等病害时应及时处理。

1.10.2.2 施工工艺管控要点

填料宜选用非冻胀和弱冻胀性材料，并保证路基填料的均匀性。冻土、非透水性过湿土不得直接填筑下路堤。

当路基填料不能满足抗冻等级要求时，应采取换填非冻胀性材料、提高路基高度、阻断地下毛细水上升及降低地下水位等措施。

非全冻路堤在冻深范围内的填土严禁混杂，冻胀性质不同的土应分层填筑分层压实；同一类土的填筑，总厚度不宜小于600 mm。

全冻路堤施工前，应在路堤两侧先完成排水沟或边沟，应结合永久排水设计完成渗沟、渗井等地下排水设施的施工。

应合理安排地下排水设施和路基施工的工序衔接，避免扰动已压实路基。应及时排出地下渗水，在冻前疏干路基。

春融期，宜在地表土层融化厚度大于500 mm后开始路基施工。

1.10.2.3 质量管控要点

路基填挖交界过渡段基底，根据填、挖段不同的冻胀进行处理，使挖方终点的冻胀量和填方段的冻胀量基本一致。

边沟铺砌应在冰冻来临前完成，未完成的地下排水设施应设临时出水口，并采取保温措施，避免冻结。

越冬后路基压实度应满足规范要求，否则应进行复压或换填处理。

施工期间临时性排水设施施工质量应满足抗冻融破坏的要求。

第2章　路面工程

2.1　总则

2.1.1　编制目的

为规范高速公路路面现场施工管理，强化标准化建设，确保项目安全、质量合格，提升工程管理水平，应根据项目路面工程关键工序编制的指导性管理要点进行施工。

2.1.2　适用范围

适用于本项目的路面工程。

2.1.3　编制原则

依据国家及行业现行法律法规、标准、规范、规程，结合山东高速集团现行管理办法、制度、标准、指南等，结合项目特点，以路面施工管理为主线，以问题为导向，注重可操作性和实施性。

2.1.4　编制依据

a）《中华人民共和国安全生产法》；

b）《中华人民共和国环境保护法》；

c）《公路沥青路面施工技术规范》（JTG F 40—2004）；

d）《公路路面基层施工技术细则》（JTG F 20—2015）；

e）《公路工程施工安全技术规范》（JTG F 90—2015）；

f）《公路工程质量检验评定标准　第一册　土建工程》（JTG F 80/1—2017）；

g）山东高速集团《高速公路施工标准化技术指南》；

h）国家及行业颁布的其他标准、规范、规程、指南等与路基建设有关的

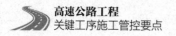

要求。

2.2 工作面交验

2.2.1 一般规定

工作面交验主要包括路基交验、桥梁（含通道等）交验。路基交验完成后，应由交工质量检测单位进行抽检，抽检合格方可进行路面施工。

加强工作面交验管理，应确保软基沉降及路基顶面、桥面的平整度、标高、中线偏位、路基弯沉值等指标满足交验要求。

对工作面交验检测过程中发现的问题，应按相关要求处理并检测合格。

2.2.2 路基交验

应对填方路基的上路床、挖方路基换填部分的填筑质量进行检查。

路基压实度、弯沉、纵断高程、中线偏位、宽度、平整度、横坡、边坡等技术指标以及外观质量应符合设计及规范要求。

2.2.3 桥梁（含通道）交验

桥面铺装层强度、厚度、平整度、横坡等技术指标以及外观质量应符合设计及规范规定，并应符合下列要求。

清理：桥面验收前应清除外露的钢筋头、混凝土结块、浮浆等杂物。

纵断高程：应检测搭板及桥面的纵断高程。

横坡：应对水泥混凝土桥面的横坡，弯道桥、互通区匝道桥进行重点检测。

粗糙度：检查混凝土铺装层表面是否精铣刨处理，并应采用粗糙度对照卡对粗糙度进行检验。

桥面排水：检查桥面排水系统变坡点、伸缩缝位置是否符合设计要求，竖向排水孔顶标高是否略低于水泥混凝土铺装层，横向排水孔底标高是否低于水泥混凝土铺装层。

伸缩缝预留槽：应对伸缩缝预埋钢筋位置、间距、高度、数量、规格进行全面检查，伸缩缝槽区部位及板缝内的杂物应清理干净。

2.3　试验路段

2.3.1　一般规定

水泥稳定底基层及基层、下封层、沥青路面（表面层、中面层、下面层）开工前，应先进行试验路段施工。试验路段应选择在经验收合格的下承层上，宜选在主线直线段上进行铺筑。

试验路段开始前，施工单位应按施工组织设计要求，制定试验路段施工方案，包括施工工艺、施工组织、质量通病预防措施等，并报监理单位批准。

试验路段施工应由有关各方共同参加，及时商定有关事项，明确试验结论。试验路段完成，并经检测各项技术指标均符合规定后，施工单位应编制《试验路段总结报告》，相关单位对试验路段的全过程进行综合评定，经监理单位审核和建设单位批复后方可正式施工。

《试验路段总结报告》经批准后，混合料级配、沥青用量不得随意更改。

试验路段抽检项目与正常路段相同，抽检频率宜不少于正常施工路段的两倍。

2.3.2　水泥稳定碎石底基层、基层试验路段

水泥稳定底基层、基层试验路段施工长度不宜小于300 m。

用于试验路段的目标配合比和生产配合比应经过建设单位或监理单位审批。生产配合比经试验路段验证，符合要求后才允许进行大面积施工。

水泥稳定碎石底基层、基层试验路段铺筑分试拌及试铺两个阶段。

试拌阶段应确定以下工作内容：

a）试拌和设备，分别称出拌缸中不同规格的集料、水泥、水的重量，检查各种材料计量装置的可信度；

b）定拌和设备的工作参数，保证混合料均匀性的拌和工艺等，确定拌和设备合理的生产能力；

c）检查混合料含水量、集料级配、水泥剂量、7 d无侧限抗压强度，验证实际拌和的混合料与试验室拌和的混合料的矿料级配、水泥剂量等指标是否一致，并进一步优化生产配合比，验证试验检测仪器是否满足工程质量控制的要求。

试铺阶段确定以下工作内容：

a）确定混合料摊铺工作参数、摊铺方法和适用机具，包括摊铺机的振幅、频率、供料流量、料位高度是否合理，自动找平系统的工作是否满足结构层平整度的要求，摊铺机的行进速度、摊铺厚度的控制方式、梯队作业时摊铺机的间隔距离是否合理等。

b）确定松铺厚度和松铺系数。

c）确定满足碾压质量要求的压路机类型组合、压路机型号与吨位、压路机振幅、频率与行走速度的组合、压实的顺序、速度和遍数，至少应选择两种确保能达到压实标准的碾压方案，对碾压方案进行比较，并确定正式施工用的碾压工艺。

d）检验运输车辆、摊铺、压实等各种施工机械的类型、数量及组合方式是否匹配。确定每一碾压作业段的合适长度（宜为50~80 m），修订施工工艺和施工组织计划。

e）通过试铺验证混合料生产配合比，提出生产用的标准配合比和含水量控制方法，确定施工方案。

f）通过试验路段确定标准的施工方案、施工组织、质量、安全、环保等管理体系，确定人员、机械设备、检测设备等资源配备是否可行。

g）应采用钢丝引导的高程控制方式控制高程和平整度，平整度不符合要求的，应重新进行试铺。

2.3.3 下封层试验路段

下封层试验路段试铺，长度不小于300 m。

试验路段试铺应确定以下工作内容：

a）确定基层表面浮灰清除方法。

b）确定改性乳化沥青喷洒方法及用量，控制洒布车起步、终止距离，以及横向及工作面搭接的工艺等。

c）确定下封层集料撒布方法及用量控制等。

d）确定碾压工艺。

e）确定施工控制数量及作业段长度。

f）全面检查材料质量及试铺层的施工质量是否满足要求。

g）确定施工组织及管理体系、质量、安全、环保等保证体系，以及人员、机械设备、检测设备等。

下封层经试验路段验证，符合要求后才允许大面积施工。

2.3.4　沥青路面面层试验路段

沥青面层试验路段施工长度宜不小于300 m。

用于试验路段的目标配合比和生产配合比应经过相关部门审批，生产配合比经试验路段验证，符合要求后才允许进行大面积施工。

沥青面层试验路段铺筑分试拌及试铺两个阶段。

试拌阶段应确定以下工作内容：

a）确定拌和设备的工作参数，包括各冷料仓的供料流量、各筛网的筛孔尺寸、热料仓的供料比例、拌和时间（干拌和湿拌），集料、沥青的加热温度与成品料的拌和温度等，并确定拌和设备合理的生产能力。

b）通过对拌和设备生产数据的采集，分析集料、矿粉、沥青的称量控制值的误差和变异性是否在规定要求的范围内，检查各种材料计量装置的可信度。

c）通过热料取样筛分和成品料的抽提分析与马歇尔试验，验证实际拌和的混合料与实验室拌和的混合料的矿料级配与油石比是否一致，并进一步调整生产配合比，检查试验检测仪器是否满足工程质量控制的要求。

d）确定SMA路面木质素纤维添加方式和计量检验方式。

e）确定抗剥落剂添加方式和计量检验方式。

试铺阶段应确定以下工作内容：

a）确定混合料摊铺工作参数、摊铺方法和适用机具，包括摊铺机的振幅、频率、供料流量、料位高度是否合理，自动找平系统的工作是否满足结构层平整度的要求，摊铺温度、摊铺机的行进速度、摊铺厚度的控制方式、梯队作业时摊铺机的间隔距离等。

b）确定松铺厚度和松铺系数。

c）确定满足碾压质量要求的压路机类型组合、压路机型号与吨位、压路机振幅、频率与行走速度的组合、压实的顺序、碾压温度、速度和遍数，至少应选择两种确保能达到压实标准的碾压方案，对不同的碾压方案进行比较，并确定正式施工用的碾压工艺。

d）通过试验路段检验运输车辆、摊铺、压实等施工机械的类型、数量及组合方式是否匹配。通过试验路段确定每一碾压作业段的合适长度（宜为50~80 m），修订施工工艺和施工组织计划。

e）通过试铺验证沥青混合料生产配合比设计，提出生产用的标准配合比和最佳沥青用量，确定保证沥青路面质量稳定的施工方案。

f）通过试验路段确定标准的施工方案、施工组织、质量、安全、环保等管理体系，确定人员、机械设备、检测设备等资源配备是否可行。

g）各面层应采用钢丝引导的高程控制方式控制高程和平整度，平整度不符合要求的，应重新进行试铺。

2.3.5　试验路段总结

编写要求见山东高速集团《高速公路施工标准化技术指南》第三分册《路面工程》附录A。

2.4　水泥稳定碎石底基层、基层

2.4.1　一般规定

水泥稳定碎石底基层、基层应按经批准的试验路段的设备组合、施工工艺组织生产。

水泥稳定碎石基层宜在气温较高季节组织施工。施工期的日最低气温为5 ℃。

应在下承层施工质量检测合格后，开始摊铺上层结构层。每一层基层施工前，应检查下一结构层施工质量（高程、中线偏位、宽度、横坡度、平整度、反射裂缝、压实度），对于存在松散、严重离析等情况的路段，应进行返工处理。对于一般裂缝应作相应封闭处理，裂缝严重路段应作返工处理。

下层水泥稳定碎石底基层（基层）施工结束至少7 d并达到设计强度后，方可进行上层水泥稳定碎石基层的施工。两层水泥稳定碎石结构层施工间隔不宜长于30 d。特殊情况下，同一结构层两层可连续施工，但上层施工应在下层初凝前进行。

施工前，应根据《试验路段总结报告》和生产规模编制施工计划、合理安排施工顺序，同一路段左右幅施工时间应尽可能错开，养生期内禁止车辆通行。养生完成的路段也应对施工车辆的车速、载重进行有效控制。

正常路段的底基层、基层每天应连续施工，桥头施工应一次成型，减少施工接缝。

基层摊铺应采用钢丝引导的高程控制方式。

2.4.2 施工工艺管控要点

2.4.2.1 拌和注意事项

a）应通过试拌确定拌和参数。

b）应按规定频次检测原材料含水量、混合料级配。

c）早晚与中午的含水量要按气温变化及时加以调整。

d）应动态监控配料仓集料及出料口状态，不得出现混仓或断料现象；从料堆和皮带运输机随时目测各种材料的质量和均匀性，检查泥块及超粒径碎石，检查料仓有无窜仓。目测混合料拌和是否均匀、有无花白料、含水量是否合理，检查集料和混合料的离析情况。

2.4.2.2 运输注意事项

装料前应将车厢清理干净。

运输车辆数量应满足连续生产需求，减少运输时间，正常连续施工时要求每台摊铺机前有5辆车等待。

混合料装车时车辆以前—后—中—前—后方式移动分五次装料，以避免混合料离析（如图2-1所示）。

图2-1 成品仓根据"五步装料法"装料

混合料装车完毕，篷布应覆盖严实，直至卸料结束。

实行收、发料单制度，准确登记出厂、到场时间，出现延误造成混合料不能在初凝时间内碾压完成时，必须予以废弃。

运输车辆在下承层上来往运输混合料时，其速度控制在30 km/h以内，以减少对下承层的破坏。运输车掉头要尽量安排在结构物顶面或从另一侧路基上掉头后倒入，禁止急转弯和急刹车，避免损坏下承层。

现场应设置停车区和掉头区，并放置标识牌。

2.4.2.3 摊铺注意事项

摊铺前应将下承层适当洒水湿润。当基层不采用两层连续摊铺工艺时，对于基层下层表面，应在摊铺上层之前喷洒水泥净浆，按水泥质量计，宜不少于1.5 kg/m²。水泥净浆稠度以能洒布均匀为度，洒布长度以不大于摊铺机前30 m为宜。采用两层连续摊铺施工时，层间可不喷洒水泥浆。

摊铺应采用钢丝引导式控制高程，钢丝的拉力应不小于1 000 N。严格控制底基层、基层的松铺厚度，并保证高程、路拱横坡度满足要求。采用两层基层同时摊铺时，两层施工段落长度应根据水泥初终凝时间、摊铺碾压时间、天气温度等情况综合确定，一般情况下为60~120 m。

水稳混合料施工时两侧采用钢模板。为保证路面结构层有效宽度范围压实效果及线性直顺，模板采用槽钢，高度应低于结构层厚度1~2 cm（利于边部的压实），且具有相应的牢固支护的配套设施，严禁采用已扭曲变形的模板。模板数量应满足当天工作长度的要求；单层施工时支立长度超前施工点100 m。为保证边部的压实质量，钢模板处在摊铺过程中应洒水泥浆（如图2-2所示）。

图2-2 边部注浆

摊铺宜连续匀速摊铺，摊铺速度宜控制在1~3 m/min。

摊铺前调整摊铺机夯锤频率，确保初始密实度不小于85%。

混合料摊铺可采用一台大功率摊铺机全幅摊铺或两台摊铺机梯队作业。两台摊铺机梯队作业时，一前一后相隔5~10 m同步向前摊铺，且两个施工段面纵向应有300~400 mm的重叠，一般路段外侧摊铺机在前，超高路段内侧摊铺机在前。

为减少混合料离析，摊铺机螺旋布料器安装有反向叶片，搅龙距地面高度为10~15 cm，搅龙叶片有2/3埋入混合料中，均匀低速输料，并在前挡板下部加装铁链或橡胶挡板（橡胶挡板底部距下承层距离不大于100 mm），防止粗集料向前滚落，造成底部离析。

在摊铺机后面安排专人消除混合料离析现象，铲除局部粗集料"窝"及翻浆部位。对于两台摊铺机的纵向结合部位应设专人进行处理，消除离析，以平顺衔接。

雨期摊铺作业时，应适时注意气候变化，降雨时应立即停止摊铺，已经摊铺的混合料应及时碾压密实，并进行覆盖。

2.4.2.4 碾压注意事项

摊铺机后面，应紧跟振动压路机和轮胎压路机进行碾压，一次碾压长度一般为30~50 m。碾压段必须层次分明，设置明显的分界标志（如图2-3所示）。

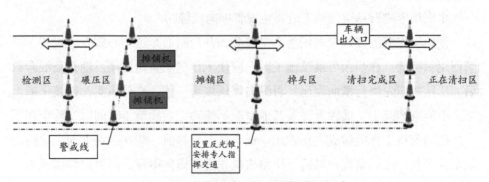

图2-3 水稳摊铺设置明显的分界标志

碾压应遵循"先轻后重、先静后振、先边后中、先低后高、轮迹重叠"的原则。

应遵循试验路段确定的碾压工艺；压实时，遵循初压→复压→终压的程序，压至无轮迹为止。

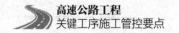

碾压时驱动轮朝向摊铺机方向，依据由低向高、先轻后重、先下部密实后上部密实、低速匀速行驶碾压的原则，碾压时应重叠1/2轮宽，不应出现推移、起皮和漏压的现象。

压路机倒车应自然停车，不得在刚完成的或正在碾压的路段上掉头和急刹车。换挡要轻且平顺，不得拉动基层。在第一遍初步稳压时，倒车后应原路返回，换挡位置应在已压好的段落上，在未碾压的路段换挡倒车，位置应错开，呈齿状，出现个别拥包时，应进行铲平处理。

压路机停车应错开，相隔间距不小于3 m，应停在已碾压好的路段上。

碾压过程中应设专人检测压实度、标高、宽度、横坡度和平整度。

边角部和桥涵结合部位应采用小型压路机碾压或小型机具夯实。

2.4.2.5 接缝注意事项

水泥稳定碎石底基层、基层混合料摊铺时应连续作业，如因故中断时间超过2 h，应设横向工作缝；第二天施工的接头断面也要设置横缝；应保证桥头搭板前水泥稳定碎石的碾压质量。

水泥稳定碎石基层的施工应接缝紧密、连接平顺，不得产生明显的接缝离析。上、下基层的纵缝应错开20 cm以上。接缝施工应用3 m直尺检查，确保平整度符合要求。

水泥稳定碎石基层的施工应避免设置纵向接缝。

横向工作缝的处理应采用垂直平接缝，并与路面车道中心线垂直设置，严禁使用斜接缝。在当天可继续施工时，应使工作缝成直角连接。铺筑新混合料后，压路机应先进行横向碾压，再纵向碾压成为一体，充分压实，连接平顺。当天不能继续施工，或因天气及其他情况不能确定后续施工时间时，均应在下一次摊铺前将工作缝做成直角连接。铺筑新混合料前，应在接茬立面上涂刷少量水泥净浆；铺筑新混合料后，压路机应先进行横向碾压，再纵向碾压成为一体，充分压实，连接平顺。

2.4.2.6 养生与开放交通

每一段碾压完成应立即进行质量检查，并开始养生。

洒水车洒水养生时，洒水车的喷头应采用喷雾式，不得用高压式喷管，整个养生期间应始终保持基层表面处于湿润状态。

水泥稳定碎石基层（底基层）养生期不应少于7 d。

在养生期间应采取硬隔离措施封闭交通，严格禁止车辆通行。对于水泥稳定碎石上基层、下基层，养护期结束后，安排一定次数的洒水作业，不得长期暴晒。

水泥稳定碎石基层（底基层）开放交通后，对表面出现的松散颗粒应及时进行清理。

养护完成的水泥稳定碎石基层（底基层）上禁止一切超载、超速车辆通行。

2.4.3　改扩建水泥稳定碎石底基层、基层

2.4.3.1　既有路台阶检查、病害处理

台阶立面（边线）顺直，台面平顺，便于压实机械的边部压实，对局部突出部位，应人工予以凿除。

台阶立面和台面应坚硬、密实、粗糙，对局部的光滑面应人工进行修凿，对破损、裂缝、夹层、杂物等进行清理、剔除。

由于老路水稳结构层处于干燥状态，为减少新铺水泥稳定类混合料的水分损失而造成混合料离析，影响拼接部位成型质量，施工前对老路面拼接部位及台阶处用土工布（或麻袋片等）进行覆盖洒水保湿，保证老路面拼接部位及台阶处于湿润状态（直至洒布水泥浆），老台阶为水稳基层时应提前24 h。

2.4.3.2　拼接部位台阶处处理

1. 台阶补洒水泥浆

摊铺前用台阶喷洒水泥浆设备（如图2-4所示）在对应的台阶的台面和立面上洒布水泥净浆（喷涂的水泥净浆不宜过稀或过浓，以能涂刷均匀为宜。经试验，水灰比1∶1效果较理想）。洒布宜在摊铺作业面前5~10 m。

（a）　　　　　　　　　　（b）

图2-4　台阶喷洒水泥浆设备

　　洒布水泥净浆后安排专人在摊铺机前提前用均匀混合料将台阶三角带填筑，减少摊铺机边部粗集料集中造成拼接部位连接效果差的问题（如图2-5所示）。

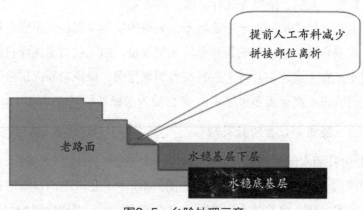

图2-5　台阶处理示意

2. 开"V"形槽、灌浆处治

　　结构层摊铺后，人工用风镐、铁锹等工具在拼缝部位开"V"形槽，以方便拼缝部位灌浆。"V"形槽槽深约为5 cm，过程如图2-6、图2-7所示。
"V"形槽开好后，将水泥净浆（水灰比1∶1）灌入"V"形槽并用钢钎等工具沿缝隙前后扰动（间隔20 cm），便于水泥净浆下渗。灌浆的标准为"V"底部的水泥净浆不再下沉为宜。

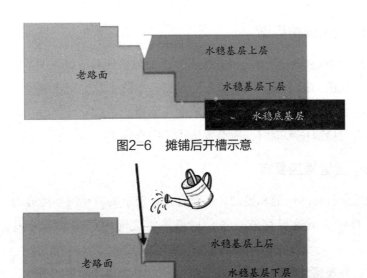

图2-6　摊铺后开槽示意

图2-7　接缝处浇灌水泥浆示意

2.4.3.3　拼接部位压实、拼缝整修

先将离拼缝30 cm以外的结构层初步压实，然后用压路机以每次10 cm的方式对拼接部位压实、将混合料挤向台阶立面。

水稳底基层或水稳基层下层拼接时，对台阶部位的压实须采用静压方式，不得采用振动方式。

拼缝部位宜用三钢轮压路机进行贴缝补充压实（双钢轮压路机不易压到相应的台阶上），确保拼缝部位密实（如图2-8所示）。

（a）　　　　　　　　　　　（b）

图2-8　拼缝部位补充压实

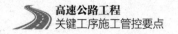

2.4.4 安全管控要点

底基层、基层应在封闭区域内施工。施工段落前后应设置明显的导向、限速、禁行等标识，标识牌应紧跟施工面设置，以防止发生交通事故。

平地机、压路机应安装倒车雷达或倒车影像。

试验人员检测压实度时，应设置围挡和安全标识。

2.4.5 质量管控要点

应加强原材料的检测和控制，不符合设计要求的原材料不得进场。

粗集料应分类逐层存放，各种规格集料之间应采用隔墙分离，严禁窜料、混料。

应对各种规格集料进行含水量测定，并对混合料随时抽检级配、含水量及灰剂量。

现场应设专人指挥压路机，分段碾压。

应及时对碾压成型段进行压实度和摊铺厚度检测，对于不符合规定值的区域应立即进行处理。

每天施工结束后应对材料实际用量与设计用量进行对比分析，根据每天混合料拌和总量和现场摊铺面积，对厚度、灰剂量进行对比分析，发现问题、找出原因并予以纠正。

2.4.6 成品保护

底基层、基层养生期内应封闭交通；养生期后应实施交通管制。

2.5 透层、封层、黏层

2.5.1 透层

2.5.1.1 一般规定

透层油应采用智能沥青洒布车进行洒布，局部可采用人工补洒。

在沥青面层施工前1~2 d内，清理基层表面。

透层宜在中央分隔带、路缘石施工完成后进行喷洒作业。

气温低于10℃、在遭遇大风或即将降雨时不得施工。

应对下承层质量进行检验，并对缺陷进行处理，验收合格后方可施工。对下承层表面浮浆进行清理，保持清洁、干燥。

对路缘石或其他附属设施进行覆盖。

2.5.1.2　施工要点

选用慢裂渗透性好的阳离子乳化沥青渗透性好的透层油，本项目采用PC-2乳化沥青，洒布量一般为1.0~1.5 kg/m²或通过试洒确定，以不形成径流为洒布量标准。

在基层表面干燥的状态下，洒布透层油。

透层油应一次喷洒均匀，加强控制搭接宽度、洒布量。

沥青洒布车喷嘴的轴线应与路面垂直，应调整所有喷嘴的角度一致，保证喷布管的高度，一次洒布均匀。

沥青洒布必须呈雾状。在路面全宽度内均匀分布成一薄层，不得有洒花漏空或成条状，也不得有堆积。喷洒不足的要补洒，喷洒过量处应予刮除。

2.5.1.3　安全管控要点

洒布作业应临时封闭交通，设置明显警示标识。

透层油现场加热时应注意防火。

施工人员采取措施防止烫伤及机械伤害。

2.5.1.4　质量管控要点

透层油质量、渗入基层深度应满足设计和规范要求，透层油渗透深度不小于5 mm，喷洒后应通过钻孔或开挖确认透层油透入基层的深度≥5 mm。

应由高侧向低侧逐车道喷洒，车道间重叠范围不宜超过一个油嘴的半个覆盖面。

每车道洒布完成后，应立即用油槽接收喷油管道剩余的透层油。

透层油应洒布均匀，有花白、遗漏时应人工补洒。

2.5.1.5　成品保护

透层油洒布完成后，应封闭交通，严禁一切车辆通行，直至上层施工。

透层完全干燥后，应尽早进行下道工序施工。

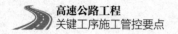
2.5.2 封层

2.5.2.1 一般规定

采用分离式的施工设备；沥青洒布车的容量宜不少于10 t，1台沥青洒布车应配备2台碎石撒布车。

撒布的碎石宜选择洁净、干燥、单一粒径的石灰岩石料，超粒径含量应不大于10%，粒径范围宜为13.2~19.0 mm。

宜在路面干燥、气温高于10℃时施工，雨天、大风天气不得施工。

应对下承层表面清扫，确保干燥、无杂物，并具备一定的粗糙度。

沥青洒布车和碎石撒布车应配备撒布量自动控制系统。

2.5.2.2 施工要点

沥青洒布车、碎石撒布车应由低侧向高侧施工。

施工过程中，应保证沥青、碎石均匀洒（撒）铺。

加强纵向接缝和横向接缝的质量控制，严防多洒（撒）、漏洒（撒）。沥青洒布量宜控制在1.2~1.6 kg/m^2；碎石覆盖率要求60%~80%，一般控制在6~8 kg/1000 m^2，以不粘轮、不重叠、不产生松动层为原则。

用轻型轮胎压路机碾压1~2遍，碾压重叠1/3轮宽。

下封层应在沥青碎石基层施工前一天完成，不宜过早施工，避免造成下封层的二次污染。

2.5.2.3 质量控制

应对原材料进行检测，不合格原材料不得使用。

封层的厚度应满足设计要求，且做到完全密水，所用的预拌碎石油石比为0.2%~0.4%，加热温度应不低于140℃，碎石撒布到路面前的温度应不低于80℃。

施工过程中应对沥青温度进行严格控制，道路石油沥青洒布温度应控制在155~165℃。洒布应均匀、不流淌，保证洒布的连续性。

2.5.2.4 成品保护

封层施工结束后应控制交通。

避免附属工程和封层施工交叉污染。

宜尽早施工沥青下面层。

2.5.3　黏层

2.5.3.1　一般规定

黏层油应在上覆层施工前1 d进行，不宜过早施工。

结构物与沥青层接触部位，必须均匀涂刷黏层油，同时对桥头、涵顶及路面两侧的结构物进行覆盖，以不受污染。

设置下封层或已洒黏层油，表面污染、清理后的路面表面必须洒黏层油。

黏层材料宜采用快裂型阳离子改性乳化沥青，本项目采用PCR改性乳化沥青。

2.5.3.2　施工与质量管控要点

黏层油喷洒采用智能沥青洒布车施工，洒布量为0.3~0.6 kg/m^2，具体洒布量根据试洒确定；洒布车以8~10 km/h的速度行驶。洒布作业应由高向低，洒布方向始终一致，不得回旋洒布。

路面有杂物尘土时应清除干净，采用水冲方式时应提前冲洗，确保路面不残留水分。气温低于10℃时或路面潮湿时，不得洒布黏层沥青。黏层油要在摊铺沥青混合料当天喷洒，待乳化沥青破乳、水分蒸发完成，紧跟着摊铺沥青路面，确保黏层不受污染。

黏层洒布强调"薄"和"遍"，喷洒的黏层油必须呈均匀雾状，在路面全宽度内均匀分布成一薄层，不得有洒花漏空或呈条状，也不得有堆积。对于局部喷量过多的段落应刮除，对于漏洒的应人工补洒。在路缘石、雨水进水口、检查井等局部位置采用人工涂刷。

沥青洒布车喷嘴的轴线应与路面垂直，并保证所有喷嘴的角度一致，同时保证洒布管的高度，尽量使同一地点能够接收到两个或三个喷洒嘴喷洒的沥青。

2.6　桥面防水层

2.6.1　一般规定

水泥混凝土桥面板搭板等表面应进行精铣刨处理。

桥头搭板防水层应与桥面防水层同步施工，技术要求同桥面防水层。

在正式施工前，应在引桥或匝道桥施工试验段，经试验段确定施工参数、施工工艺。

桥面防水层应按设计要求的工艺施工，在气温低于10℃、大风天气、桥面潮湿状态、即将降雨时不得洒布桥面防水层。

桥面铺装层的平整度、高程等指标应逐断面检测，经验收合格后，方可进行桥面防水层施工。

施工前应采取必要的防护措施，避免污染桥梁结构其他部位或周围环境。

2.6.2 施工工艺管控要点

桥面混凝土铺装层表面糙化处理应注意以下事项：

a）糙化方式选用精铣刨处理，精铣刨施工后，桥面应粗糙平整，有较大的构造深度，且石子的棱角性不能被破坏。

b）桥面混凝土铺装层粗糙面处理过程中出现的脱空、破损、开裂、严重龟裂等缺陷，应按照设计单位出具的方案及时进行修复，验收合格后进行下道工序。

c）糙化处理产生的浮渣，应及时清理，逐段冲洗。

d）桥面糙化处理验收合格后应尽快进行防水黏结层施工。

洒布要点见2.5.2节封层施工要求，喷洒时应对桥梁内外侧护栏做好保护工作，避免污染桥梁结构。

施工操作现场及施工效果如图2-9所示。

（a）界面处理均匀、洁净　　（b）洒布均匀、不污染结构物、结构物侧面人工划线涂抹　　（c）防撞护栏底部沥青涂刷

（d）维特根W205或W195　　　　（e）山猫清扫机吹净
型铣刨机进行精铣刨

图2-9　施工操作现场及施工效果

2.6.3　质量管控要点

应加强沥青及碎石的检测和控制，不符合设计及规范要求的材料不得进场。

水泥混凝土桥面应处理洁净、干燥并具有一定粗糙度，验收合格后方可进行防水层的洒布。

施工期间，应随时进行表观检查，发现防水材料和集料洒（撒）布有露白、堵孔、洒（撒）布不均匀情况出现时，应立即停止施工，查找原因、采取措施后再恢复施工，对不符合要求的路段应及时补洒（撒）。

桥面防水黏结层施工过程中对防水材料和集料的洒（撒）布量应按设计或规范要求进行现场检测。

2.6.4　成品保护

施工后不得大量开放交通，禁止重型车辆行驶，限制行车速度不超过5 km/h，以防跑松散并遭受破坏。

碾压完毕2 h后可铺装沥青路面下面层，以防污染。

开放交通以及施工沥青路面时，严禁车辆掉头、急转弯、紧急制动。

2.7　热拌沥青混合料面层

2.7.1　一般规定

铺筑沥青面层前，应检查基层或下承层的质量，当其质量满足要求后方可铺筑沥青面层。

应检查下封层的完整性与基层表面的黏结性，对基层局部外露和下封层两侧宽度不足部分，应按下封层施工质量要求进行补铺。

已成型的封层与基层表面相黏结，用硬物刺破表面后整层应不被撕开。

下封层表面浮动矿料、浮尘等杂物应清理干净。

应对基层反射裂缝情况进行检查，如发现反射裂缝，处理合格后方可进行下面层施工。

中面层、表面层施工前应检查下一结构层的工程质量情况，对下一结构层局部的质量缺陷（例如严重离析和开裂以及油污造成松散等）应按规定进行处理。应对下一结构层表面进行彻底清扫，风吹干净，不应层间污染，确保下一结构层表面清洁干燥后，再均匀喷洒黏层沥青。

沥青面层应在不低于10℃气温下进行施工，同时严禁雨天、路面潮湿的情况下施工。施工期间，应注意天气变化，已摊铺的沥青层因遇雨未进行压实的应予以铲除。雨天过后，等下卧层完全干燥后方可进行沥青面层的施工。

沥青路面施工前，应完成边坡防护、路缘石安装、中央分隔带填土等附属工程，应合理安排施工计划，减少交叉施工污染。

各类机械设备应符合下列要求：拌和设备应确保除尘装置完好，并配置回收粉湿排装置；拌和设备应具备自动计量、打印、数据储存及传输功能，计量及温控系统应定期检查和标定；热拌沥青混合料运输车辆车厢四周应加装保温层，覆盖苫布并用棉被等保温材料；同类型压路机应机型一致，磨损程度相同；轮胎压路机自重25 t以上，压路机轮胎气压应进行标定，并与要求的气压保持一致，轮胎压路机应具备防粘轮装置；双钢轮振动压路机应配备雾化效果较好且自动喷洒隔离剂的装置；自卸车应与摊铺机受料斗相匹配。

2.7.2 施工工艺管控要点

2.7.2.1 拌和应注意事项

应通过试拌确定拌和参数；拌料时冷料进料速度应与拌和速度相匹配。

应严格按照生产配合比进行生产，严格控制拌和温度，应按规定检查混合料温度及均匀性，合格后方可出场。

拌和过程应实时监控冷料仓、热料仓、溢料仓的平衡情况和出料口状态。

沥青混合料拌和时间应根据具体情况经试拌确定，以沥青均匀裹覆集料为宜。间歇式拌和机每盘的生产周期不宜少于45 s（其中干拌时间不少于10 s）；改性沥青和SMA混合料的拌和时间应适当延长，每盘拌和周期不小于60 s。

拌和添加纤维的沥青混合料时，纤维必须在混合料中充分分散，拌和均匀；拌和机应配备同步加料装置，松散的絮状纤维可在喷入沥青的同时或稍后采用风送设备喷入搅拌缸，拌和时间宜延长5 s以上；颗粒纤维可在粗集料投入的同时自动加入，经5~10 s的干拌后，再投入矿粉。

2.7.2.2　运输应注意事项

车辆装料前，应逐车清理车厢，运料车应采用厚棉毯或棉被覆盖严密，车厢板两侧也应全部包裹保温，卸料过程中宜继续覆盖直到卸料结束，运料车车厢侧面应加装保温层，确保混合料温度稳定。

每日开工前，混合料运输车辆底板和侧板应均匀涂抹隔离剂，严禁使用汽油、柴油作隔离剂。

拌和楼向运料车放料时，运料车应前后移动，宜采用"五步装料法"，避免混合料在装车滚动过程中产生离析。

采用数字显示插入式热电偶温度计检测沥青混合料的出厂温度和运到现场温度，插入深度要大于150 mm。在运料卡车侧面中部设专用检测孔，孔口距车厢底面约300 mm。

随车携带混合料出场单，出场单应注明拌和场名称、车号、料重、混合料类型、出场时间、使用地点、出场温度。

车辆运输能力应略大于拌和能力、摊铺能力，开始摊铺时现场等候卸料的车辆数量宜不少于5辆，先拌和的第1车料不允许立即摊铺，先用第2或第3车料进行摊铺。

运输车辆进入摊铺现场时，应专人指挥；严禁在下封层及桥面防水层上急刹、转弯、掉头。

混合料运输车应在摊铺机前方10~30 cm处停车，不应撞击摊铺机，卸料过程中运料车应挂空挡，靠摊铺机推动前进。

2.7.2.3　摊铺应注意事项

下面层摊铺厚度应采用钢丝引导的高程控制方式。钢丝拉力大于1 000 N。

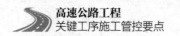
中面层和上面层，应采用接触式或非接触式自动找平方式进行摊铺。

开始摊铺前，应提前0.5~1 h预热熨平板，温度不低于100℃，并调整摊铺机夯锤频率和振幅，确保路面初始密实度不小于85%，熨平板连接应紧密，避免摊铺的混合料出现划痕。

摊铺机作业方向应与路面车辆行驶方向一致，摊铺速度应控制在2~6 m/min，根据拌和机的产量、施工机械配套情况及摊铺厚度、摊铺宽度予以调整，做到缓慢、均匀、连续摊铺，并做到每天仅在收工时停机一次。普通沥青混合料宜按2~4 m/min（改性沥青混合料及SMA混合料的摊铺速度宜放慢至1~3 m/min），具体摊铺速度应按试验路段确定的操作。

沥青混合料摊铺时应单幅一次性摊铺，可采用两台摊铺机梯队同时摊铺作业，也可采用一台大功率摊铺机摊铺。两台摊铺机摊铺时，摊铺机必须为同一机型，新旧程度和性能相近，以保证铺筑均匀一致。为防止出现离析现象，应采取在摊铺机下部悬挂防离析全宽铁链、侧挡板缝宽不大于15 cm、安装反向叶片、两台摊铺机接缝部位用摊铺机牵引的压缝辊等措施。当采用两台摊铺机摊铺时，应调整熨平板的振捣或夯锤压实装置采用同样的振动频率和振幅，两台摊铺机初始压实度应一致；两台摊铺机的熨平板初始仰角应一致。

摊铺机料门开度、链板送料器的速度和螺旋布料器的转速要相匹配。螺旋布料器内混合料表面应高于螺旋布料器2/3，熨平板挡板前混合料的高度在全宽范围内保持一致。

摊铺机集料斗应在刮板尚未露出，尚有约10 cm厚的热拌料时，下一辆运料车开始卸料，供料应连续，拢料时摊铺机输送应停止，下车混合料倒入后再进行摊铺；不采用拢料时，摊铺机料斗两侧余料应予以废弃。尽量减少摊铺机料斗在摊铺过程中收斗拢料，以防止温度散失和级配离析，控制收斗限位，收斗角度不大于30°。

摊铺的混合料未压实前，施工人员不应进入踩踏（摊铺机前未摊铺路面也不应随意踩踏），一般不宜人工不断地整修，如局部出现离析情况，应在现场主管人员指导下，才能用人工找补或更换混合料，缺陷较严重时应予铲除，并调整摊铺机或改进摊铺工艺。

在路面狭窄和加宽部分、平曲线半径过小的匝道、斜交桥头等摊铺机不能摊铺的部位可辅用人工摊铺混合料。人工摊铺应严格控制操作时间、松铺厚度、平整度等。

摊铺遇雨时，应立即停止施工，并清除未压成型的混合料。遭受雨淋的混合料应废弃，不应卸入摊铺机摊铺。

2.7.2.4 碾压应注意事项

根据试验路段确定的压路机组合方式及碾压步骤，高速公路铺筑双车道沥青路面的压路机数量应满足现场施工要求；初压应在混合料不产生推移、开裂等情况下进行。

密级配（AC）沥青混合料应采用双钢轮振动压路机和轮胎压路机组合碾压，复压宜优先采用重型的轮胎压路机进行搓揉碾压，以增加密水性。碾压速度见表2-1。

改性沥青SMA沥青混合料碾压宜采用钢轮压路机，在高温下进行碾压。碾压速度见表2-2。

混合料摊铺后压路机应紧跟摊铺机开始碾压，不应等候；不应在低温状态下反复碾压；碾压段的长度初压控制在20~30 m、复压及终压控制在50~80 m为宜。碾压时，应遵循"紧跟、慢压、高频、低幅、少水"的原则。

碾压时压路机轮应朝向摊铺机，从外侧向中心碾压，在超高路段则由低向高碾压，在坡道上应将驱动轮从低处向高处碾压。碾压路线及方向不应突然改变；压路机启动、停止应减速缓行，不准刹车制动。压路机折回不应处在同一横断面上。压路机碾压不到的部位可采用小型压路机进行碾压。

表2-1 AC混合料面层碾压速度

压路机类型	初压速度 /（km/h）		复压速度 /（km/h）		终压速度 /（km/h）	
	适宜	最大	适宜	最大	适宜	最大
双钢轮振动压路机	1.5~2	3	2.5~3.5	5	2.5~3.5	5
轮胎压路机	—	—	3.5~4.5	6	—	—
双钢轮振动压路机	1.5~2	5	4~5	6	2~3	5
	（前静后振）	（前静后振）	（振动）	（振动）	（静压）	（静压）

表2-2　SMA混合料面层碾压速度

压路机类型	初压速度 / (km/h)	复压速度 / (km/h)	终压速度 / (km/h)
振动压路机	2~3	2.5~5	2.5~5
静载压路机	2~4	4~5	—

未冷却的沥青混凝土层面上，不应停放压路机或其他车辆，禁止矿料、油料和杂物散落在沥青层面上。

在初压、复压、终压段设置明显标志。压路机可安装定位装置和远红外检测装置以实时监测记录混合料碾压遍数、混合料碾压温度、压路机的碾压轨迹、混合料压实状况等，杜绝漏压，保证压实质量，以提高信息化管理水平。

压路机碾压时，不得损坏附属工程设施。使用大型压路机有困难的部位，应采用小型振动压路机或振动夯板压实，在不能采用压实机具的地方，可采用人工夯实。

2.7.2.5　接缝应注意事项

纵向施工缝用两台摊铺机组成的梯队联合摊铺时，应采用斜接缝。在前部已摊铺混合料部分留下10~20 cm宽暂不碾压作为后高程基准面，并有5~10 cm的摊铺层重叠，以热接缝形式进行跨接缝碾压，消除接缝痕迹。如果两台摊铺机相隔距离较短，可做一次碾压。上下层纵缝热接缝时应错开15 cm以上，采用冷接缝时，上下结构层宜错开40 cm以上；应避开车道轮迹带。

横向施工缝全部采用平接缝。在铺设当天混合料冷却但尚未结硬时，用6 m直尺沿纵向放置，在摊铺段端部的直尺呈悬臂状，以摊铺层与直尺脱离接触处定出接缝位置，用凿岩机或人工用镐垂直刨除端部层厚不足的部分，使接缝能成直角连接，并涂抹改性乳化沥青；继续摊铺时，刨除的断面应保持干燥，摊铺机熨平板从接缝处起步摊铺；碾压时用钢轮压路机进行横向压实，从先铺面层上跨缝逐渐移向新铺面层。接缝碾压完毕再纵向碾压新铺面层。上、下层横缝应错开1 m以上。

已压实路面新铺部分的脱离点、面层、切除线示意图如图2-10所示。

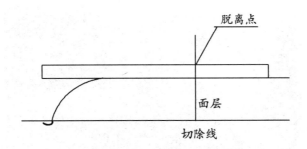

图2-10　已压实路面新铺部分的脱离点、面层、切除线示意图

当天碾压完毕应将压路机开向未铺新面层的下卧层上过夜，第二天压路机开回新施工面层上后，再按要求铲除接缝处斜坡层继续摊铺沥青混合料。

中、上面层横向施工缝应远离桥梁伸缩缝20 m以外，以确保伸缩缝两边铺装层表面的平顺。

2.7.2.6　桥面铺装应注意事项

宜微调沥青混合料配合比，降低空隙率。

宜提高沥青混合料出料温度，以保证初始碾压的混合料温度。

宜降低摊铺速度，加大摊铺机夯锤频率，提高摊铺初始密实度。

宜减小碾压段长度，增加碾压遍数。

宜增加压路机数量，宜采用振荡压路机进行碾压。

2.7.2.7　改扩建拼接部位压实、拼缝整修应注意事项

沥青下面层的拼接同水稳基层的拼接工艺大致相同，只是将水泥净浆换为热沥青（或乳化沥青）。

拼接立面（边线）要保证顺直，便于压实机械的边部压实，对局部突出部位，应人工予以凿除。摊铺前，在拼接立面提前涂刷乳化沥青，拼接位置碾压从外侧向内侧进行，对混合料进行挤压，保证与老路的黏结。压路机不得跨过拼缝（特别是预留台阶或老路面偏高时），避免影响拼接部位压实效果。

新老拼接立面的热沥青涂抹及三角带的提前预处理如图2-11所示。

图2-11　新老拼接立面的热沥青涂抹及三角带的提前预处理

2.7.3　安全管控要点

沥青混凝土面层应在封闭区域内施工。施工段前后应设置明显的导向、限速、禁行等标识，标识牌应紧跟施工面设置，以防止发生交通事故。

防火：拌和场储油罐应远离生活区，建立完善的防火报警系统，并配备足够的消防设施；应指派专人负责油品防火管理工作。

拌和设备上下楼梯设置防滑垫和防护护栏等安全防护措施，设置必要的警示标识。

摊铺施工现场车辆倒车、压路机碾压过程严防机械伤害。

匝道横坡较大时，严防运输车辆卸料倾覆。

2.7.4　质量管控要点

所有原材料进场前应按规范进行质量检测，合格后方可进场；对于沥青、改性剂、抗剥落剂、木质素纤维等主要材料应按规范要求留样并签名封存。

当施工气温低、风速大、摊铺层薄时，应增加压路机数量，紧跟摊铺机碾压。

应按规定检测沥青混合料油石比及矿料级配。

应严格控制沥青混合料拌和、出场、摊铺、初压、终压温度。沥青混凝土施工温度参见表2-3。

表2-3 沥青混凝土施工温度表

温度控制	普通沥青混合料	改性沥青混合料
矿料温度	165~185℃	190~200℃
沥青温度	155~165℃	165~175℃
混合料出料温度	155~165℃	170~185℃
运输至现场温度	不低于155℃	不低于160℃
摊铺温度	不低于150℃	不低于160℃
初碾温度（内部温度）	不低于145℃	不低于150℃
终压温度	钢轮压路机不低于90℃ 轮胎压路机不低于100℃	钢轮压路机不低于120℃
废料温度	出料温度高于185℃	出料温度高于195℃
摊铺上层或开放交通	低于50℃	

热拌沥青施工过程中，应采取有效措施防范每个施工环节的机械离析、级配离析和温度离析。

在摊铺过程中，应随时检测松铺厚度，发现异常，应立即调整；派专人随时检查混合料的摊铺平整度和密实性，发现离析等问题，应立即人工处理。

碾压过程中若出现沥青混合料异常推移现象，应立刻检查混合料级配、油石比、温度是否符合要求。在碾压过程中应设专人检测平整度、横坡度，不合格时应及时处理。

施工期间，应密切关注天气变化，已摊铺的沥青混合料因遇雨未达到压实标准的应予以铲除。

钢渣部分替代碎石路面：

a）原材料处理。钢渣的空隙率较高，因此需要更长的加热时间以确保水分的蒸发。

b）钢渣在淬冷成型时各部位的收缩率不同，在其表面存在一些较深的孔隙，在进行混合料拌和时，沥青短时间内难以充分浸润，应适当延长湿拌时间，以使沥青裹覆均匀。

c）钢渣的多孔隙结构更易吸附沥青，因此在拟定混合料初始油石比时应定义相同体积下钢渣集料的沥青用量，SMA级配较常规可提高0.6%~0.8%。

d）钢渣的导热性良好，使得钢渣沥青混合料在运输过程中温度下降较快，因此要更加重视混合料运输过程的保温工作。

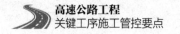

e）钢渣沥青混合料相比常规集料的沥青混合料更难压实，须提高压路机吨位或增加复压次数。

路面钻芯取样应遵循下列原则：

a）路面取芯时，应在钻头周围垫一海绵，减少取芯时产生的浆液对沥青路面造成污染；宜选择在标线位置，表面层取芯应避开行车道轮迹带，宜在紧急停车带取芯，防止产生路面坑槽病害；取芯结束后，应对取芯部位周围的沥青路面进行冲洗。

b）填补孔洞前，孔壁和孔底应洁净、干燥，孔壁和孔底涂刷黏层油。

c）应采用同级配热拌沥青混合料分层填、分层击实。

2.7.5 成品保护

2.7.5.1 交通管制

全施工段应统筹交通管制，设置专职交管人员，应严格控制进出车辆，减少道路进出口数量，规范设置警示、减速、限速、禁行等标识，严防"抛、洒、滴、漏"污染和破坏路面。

各结构层完成后应及时交通管制，设置禁止通行标识、转向标识及车道分流标识，严禁大型车辆、重型车辆在已完工的、未冷却的工作面上掉头、急转弯、紧急制动。

在施工作业面位置应设置交通管制措施及警示标识，并安排专人值守。

混合料表面温度低于50℃后，方可开放交通。

2.7.5.2 防止污染措施

施工段应对污染源进行统筹管理；应尽早完成跨线桥、通道的施工，使其达到通行条件；应及时封闭路口，减少合同段内的进出路口数量，严格控制上路车辆。

应对所有进入施工路段的路口进行硬化，所有进出口宜设置轮胎冲洗装置或洗车点，严禁将泥土带入施工现场。

当交叉施工不可避免时，应采取有效措施避免污染，协调路基、防护、绿化、机电等工程施工组织，合理规划施工车辆行驶路线。

应严格检查进入施工路段的所有车辆，严禁溢油、漏油车辆上路行驶，严防油渍损坏沥青路面或污染环境。

应随时检查沥青拌和场除尘和燃烧装置的功效性和可靠性。

2.8 路面附属工程

2.8.1 路缘石安装

2.8.1.1 一般规定

路缘石应采用集中预制、现场安装的方式施工。

路缘石宜在柔性基层施工完成后、下面层铺筑前完成安装,路缘石安装后应尽快完成中央分隔带的施工。

2.8.1.2 施工工艺管控要点

安装前应修整、清洁、湿润基层表面。

施工应用砂浆铺底,挂线安装。

应严格控制路缘石顶面高程及线形。

2.8.2 边坡急流槽、拦水带、集水井、纵横向排水

2.8.2.1 一般规定

边坡急流槽宜与水泥混凝土路肩同步完成,路面施工过程中,如有必要可增设临时排水设施。

拦水带采用沥青砂混合料时,应采用沥青混合料拌和设备拌制,专用摊铺机铺筑,铺筑前应完成配合比设计和试拌。

集水井施工宜在上基层铺筑完成后进行。

中央分隔带纵向排水沟的开挖和排水管的铺设应与集水井施工同步。

横向排水管铺设宜在底基层施工前完成,宜采用成品管材。

2.8.2.2 施工工艺管控要点

沟槽或基坑应按照设计图纸确定的平面位置、高程和横坡度,采用人工配合机械的方式进行开挖。

应对沟槽或基坑基底松土夯实处理,按照设计要求的材料进行垫层施工。

沟槽、基坑修整完成后,垂直度或坡度、平面位置和底面高程应符合设计

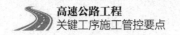

要求，并经检验合格后方可继续施工。

横向排水管混凝土顶面应与路基顶面平齐。

沥青砂拦水带不宜在雨季或低温期施工。

2.8.3　安全管控要点

附属工程施工，应设立醒目的交通标识、标牌、路障及围挡设施，加强交通管制，施工车辆应限载、限速。

沥青砂拦水带施工应防止烫伤，避免皮肤直接接触。

高边坡急流槽、路肩混凝土施工，应设置安全措施。

2.8.4　质量管控要点

所有原材料进场前应按规范进行质量检测，合格后方可进场。

应严格按照配合比拌制水泥混凝土和砂浆。

附属工程施工应测量放样，严格按照基准线施工。

现浇水泥混凝土工程应表面美观密实、顶面平整、线条顺直、色泽一致。预制构件还应安装稳固、缝宽均匀、勾缝密实。

缘石与集水井、拦水带与边坡急流槽相接处应整齐、通畅，无阻水现象。

2.8.5　成品保护

混凝土强度未达到设计要求时，严禁行人、动物、车辆等碾压、踩踏。

铺筑沥青上面层时，应注意保护路肩、路缘石等构件。

底基层施工时应避免损坏预埋的横向排水管。

附属工程施工期间应采取防护措施，严禁污染沥青路面。

第3章 桥梁工程

3.1 总则

3.1.1 编制目的

为规范高速公路现场施工管理，强化标准化建设，确保项目安全、质量，提升工程管理水平，根据项目桥梁工程关键工序编制的指导性管理要点进行施工。

3.1.2 适用范围

适用于高速公路的桥梁工程。

3.1.3 编制原则

依据国家及行业现行法律法规、标准、规范、规程，结合山东高速集团现行管理办法、制度、标准、指南等，结合项目特点，以桥梁施工关键工序管理为主线，以问题为导向，注重可操作性和实施性。

3.1.4 编制依据

a）《中华人民共和国安全生产法》；

b）《中华人民共和国特种设备安全法》；

c）《公路桥涵施工技术规范》（JTG/T 3650—2020）；

d）《公路工程施工安全技术规范》（JTG F 90—2015）；

e）《公路工程质量检验评定标准 第一册 土建工程》（JTG F 80/1—2017）；

f）山东高速集团《高速公路施工标准化技术指南》；

g）国家及行业颁布的其他标准、规范、规程、指南等与桥梁建设有关的要求。

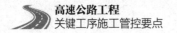

3.2 基础

3.2.1 钻孔桩

3.2.1.1 一般规定

编制钻孔桩专项施工方案，并履行审批手续，超过一定规模、危险性较大的应组织专家论证。

岩溶、采空区和其他特殊地区的钻孔灌注桩施工时，制定相应的漏浆、缩颈和塌孔等预防和应急措施，抢险机具设备和材料准备应到位。

控制好泥浆性能指标及沉淀厚度，混凝土灌注应连续施工；控制好桩顶标高，避免超灌或短桩。

施工放样已完成，且经过检验，精度满足规范要求：

施工技术人员与作业人员已全部到位，并进行技术交底，明确质量、安全、工期、环保等要求；钢筋、水泥、砂、碎石、泥浆等材料均已到场并通过检验。

改扩建钻孔桩施工，一般应遵循以下要求。

a）新拼桥梁桩位放样时必须双控，即按照施工图给定的桩位坐标放出桩位，然后将老桥墩台盖梁的边线延长，边线延长后按施工图以实测桩为中心拟合，误差超过范围必须调整坐标确保新老桥误差在允许范围内。

b）靠近老桥的桩基不宜采用冲击钻成孔工艺，选择回旋钻、旋挖钻等干扰小的成孔工艺。

c）为控制桩基础差异沉降，灌桩前严格控制灌注桩尖沉淀层厚度≤0.2d（d为木桩孔直径）。清孔必须到位，禁止采取超钻的方法来补偿由于清孔不足所造成的沉淀层厚度过大。

3.2.1.2 工艺流程图

钻孔桩施工操作工序流程如图3-1所示。

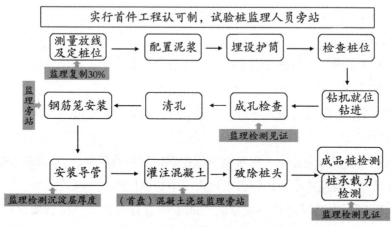

图3-1 钻孔桩施工操作工序流程

3.2.1.3 施工工艺管控要点

1. 钢护筒

钢护筒在普通作业场合及中小孔径条件下，一般使用不小于8 mm厚的钢板制作；在深水、复杂地质及大孔径等条件下，应用厚度不小于12 mm的钢板卷制，为增加刚度，可在护筒上下端和接头外侧焊加劲肋。护筒顶部应设置护筒盖。当护筒长度小于6 m时，有钻杆的正反循环钻护筒内径必须大于桩径20 cm；无钻杆导向的正反潜水电钻和冲抓、冲击锥护筒内径必须大于桩径30 cm；深水或感潮区且无钻杆导向的护筒内径必须比桩径大40 cm。

护筒顶高出地面0.3 m或水面0.5~1.0 m，且高于桩顶设计高程1.0 m；潮水区域应高出最高水位1.5~2 m，并有稳定护筒内水头的措施，而且位于河道内的桩基，其钢护筒应伸到局部冲刷线以下1.0~1.5 m；对于可能产生塌孔风险的桩基要采取必要的措施保证桩基施工质量。

在埋置护筒时，应在底部夯填50 cm厚的黏土，在护筒周围夯填黏土夯实，周围均匀回填，保证护筒稳固和防止地面水的渗入。长护筒可采用振动锤打入。

用全站仪、全球定位系统等方法精准确定出各桩位中心的放样，用十字桩固定位置，用水准仪测量地面高程，确定钻孔深度，测好的桩位必须复测，误

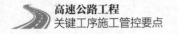

差控制在5 mm以内。

埋设护筒时应注意护筒位置与垂直度准确与否，护筒周围和护筒底脚是否紧密，是否不透水。护筒在埋设定位时，护筒中心与桩中心的平面位置偏差应不大于50 mm，护筒在竖直方向的倾斜度应不大于1%。

2. 泥浆

泥浆的比重应根据钻进方法、土层情况适当控制，一般不超过1.2，冲击钻孔一般不超过1.4，尤其要控制清孔后的泥浆指标。

采用泥水、泥沙分离装置进行泥浆的循环，以减少泥浆的排放量。

3. 钻孔

钻机就位后机身应稳定，回旋钻和旋挖钻保持机身纵向垂直、横向水平，冲击钻应保持机身横向水平，转盘（钻头）中心和桩位中心保持一致。

钻孔过程中应随时对孔内泥浆的性能指标进行检测，不符合要求应及时调整。

开钻后应慢速钻进，待钻头全部进入地层后，方可正常钻进；钻孔过程中钻机如发生位移或沉陷，及时进行调整处理，确保桩孔位置和倾斜度符合要求；施工期间应有稳定孔内水头的保障措施，掏渣或停钻时，应及时补充泥浆。

钻孔深度达到设计高程后进行一次清孔，之后提钻并进行成孔检测。采用超声波成孔检测仪检测，采用超声波成孔检测仪能够在成孔后准确地检测出孔径、孔深、垂直度、沉渣厚度指标数值（如图3-2所示）。

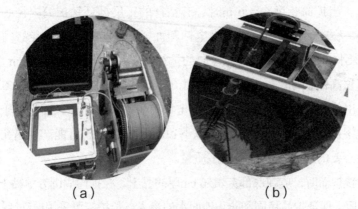

（a）　　　　　　　　　　（b）

图3-2　成孔检测仪

清孔原则采取二次清孔法，即成孔检查合格后立即进行第一次清孔，并清除护筒上的泥皮；钢筋笼下放完成，在浇筑混凝土前再次检查沉淀层厚度，若超过规定值，必须进行二次清孔，二次清孔后立即灌注混凝土。

在钻进过程中注意地层变化，在地层变化处应捞取渣样，判明后记入记录表并与地质剖面图核对，渣样应进行编号、存档，作为施工原始资料。渣样箱如图3-3所示。如遇地质情况与设计变化较大，及时向相关方报告。

图3-3 渣样箱

4. 钢筋笼制作与安装

桩基钢筋笼在钢筋场采用滚焊机、弯圆机等智能设备集中制作，以确保钢筋加工后的精度和准确，主筋采用滚轧直螺纹套筒连接；钢筋笼加工完自检合格后报请监理对钢筋笼进行验收检查，合格后方可出场。钢筋笼加工完成后，用PVC管或珍珠棉套管将桩头钢筋和声测管套上并用扎丝把两端扎死，用钢尺量出桩头的位置再绑扎一道PVC管或圆形珍珠棉套管，方便桩头分离。

钢筋笼加强筋采用检测架检测尺寸，为确保钢筋保护层厚度，要求桩基主筋定位采用强度为M40的圆饼式滚轮砂浆垫块（垫块样式如图3-4所示），整块直径根据桩基钢筋的保护层厚度调整，施工时应确保垫块的牢固定位，每隔2 m设一组垫块，每组4个均匀设于桩基钢筋四周。钢筋笼应每隔2~4 m设置临时十字或三角加劲撑，以防变形。

（a）　　　　　　　（b）　　　　　　　（c）

图3-4 垫块样式

　　钢筋笼分节制作后应试拼装，使钢筋一一对位，并做好明显的标记，钢筋笼出场前悬挂合格证吊牌（如图3-5所示）；利用双喷码机把工序工艺交底、作业流程、作业标准（二维码）、制作人等信息喷码在合格证吊牌上面，底笼（红）、中笼（黄）、顶笼（蓝）采用三色吊牌，便于现场施工人员一眼辨识钢筋笼的安装部位。

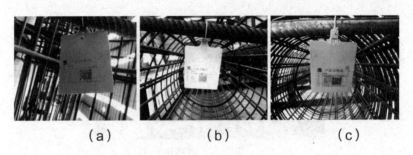

（a）　　　　　　　　（b）　　　　　　　　（c）

图3-5　三色钢筋笼合格证

　　钢筋笼在出场前必须经过验收（如图3-6所示），运输必须使用整体式钢筋笼专用运输车辆运至现场存放至专门存放架（如图3-7所示），须采取上覆盖下支垫措施。

图3-6　钢筋笼出场前验收　　　　　图3-7　钢筋笼存放架

　　钢筋笼在安装过程中必须经过严格检查（如图3-8所示），入孔前须再次量测孔深，用全站仪复核孔位，检查孔口、孔底高程符合要求，方可进行钢筋下放。机械套管连接时利用力矩扳手检查连接质量，每节钢筋笼的连接应经验收后拍照归档。

图3-8　钢筋笼安装过程中检查

为确保钢筋笼准确定位，钢筋笼安装过程中采用导向架，如图3-9所示。

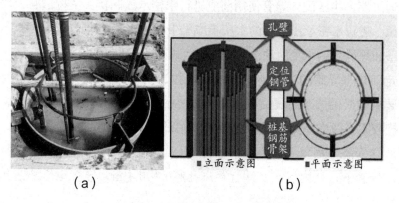

（a）　　　　　　　　　　　（b）

图3-9　导向架及导向架示意图

钢筋笼加强圈检测装置结构简单，检测过程方便，能够实现加强圈圆度及直径尺寸的快速检测，并且能够实现不同规格的加强圈的检测，具有很好的通用性，并且能够适用于临时改变加强圈直径或对多种不同规格加强圈进行检测的场景（如图3-10所示）。

（a）　　　　　　　　　　　（b）

图3-10　加强圈直径检测及扭力扳手拧紧

声测管的连接采用螺纹套管连接，对每根声测管进行注水检查，并在连接接头上下各1 m处用"U"形钢筋将声测管固定并与钢筋笼进行焊接固定，确保声测管顺直牢固。声测管同步延伸至桩底，不得截断，并保证接头密封，管底封闭，管口加盖，防止灰浆进入。

钢筋笼下放到位后要对其顶端定位，固定在作业平台上，防止浇筑混凝土时钢筋笼偏移、上浮。

5. 导管安装

导管材质为钢材，壁厚满足强度和刚度的要求，导管直径的选择应与桩径大小和通过能力相匹配。导管使用前应进行水密承压和接头抗拉试验，严禁用压气试压。进行水密承压试验的水压不应小于孔内水深1.3倍的压力，也不应小于导管壁和焊缝可能承受灌注混凝土时最大内压力的1.3倍。

应定期检查导管的壁厚、连接部位丝扣、内壁光洁等，并作及时处理。导管组装后轴线偏差不超过钻孔深度的0.5%，并不大于10 cm。导管吊装入孔时，将橡胶圈或橡皮垫安放周正、严密，确保密封性良好。

下放导管前，根据孔深配备所需导管，准确测量并记录所用导管的长度与根数。导管下入孔内后，底端宜距离孔底0.3~0.4 m，导管应位于钻孔中心位置。

导管在使用前和使用一个时期后，除应对其规格、质量和拼接构造进行认真检查外，还须做拼接、过球和水密承压、接头抗拉等试验。

6. 混凝土灌注

首批灌注混凝土数量应满足导管初次埋置深度大于1.0 m的要求，在灌注过程中，应经常用测绳探测孔内混凝土面位置，及时调整导管埋深，灌注过程中导管埋深宜为2~6 m，最大埋深应不超过9 m。拆除导管时，应控制在每次只拆除一节（2~2.5 m）。混凝土应连续灌注，不得中间停顿。

灌注前，在孔口检查混凝土的坍落度及和易性，坍落度为160~220 mm，且应充分考虑气温、运距及施工时间的影响导致的坍落度损失。

在进行水下混凝土灌注时，严禁将泵车泵管直接伸入导管内进行灌注，必须经过料斗进行灌注（若将泵管直接伸入导管进行灌注，易产生混凝土离析，同时在导管内易产生高压空气囊，从而形成堵管）。

为防止钢筋骨架上浮，当灌注的混凝土顶面距钢筋骨架底部1 m左右时，应降低混凝土的灌注速度。当混凝土上升到钢筋骨架底口4 m以上时，提升导管，使其底口高于骨架底部2 m以上，即可恢复正常灌注速度。

在混凝土灌注将近结束时，应采取措施（如设置浇筑架）保证料斗内的混凝土与设计桩顶有足够高差，增加桩顶混凝土的顶升能力，最终混凝土灌注的顶面高程应比设计高1.0 m以上。在拔出最后一段导管时，拔管速度应慢，边拔边抖，以防止桩顶沉淀的泥浆挤入导管下形成泥心。

通过混凝土超灌控制仪能够成功解决灌注桩施工中超灌管理问题，当灌注桩浇灌达到设定的标高时，会通过传感器立即报警提醒停止灌注，误差可控制在3%以内，解决了混凝土灌注浪费问题。

7. 桩头凿除

灌注桩混凝土强度达到设计强度的80%以上时方可破除桩头，采用"七步法凿桩头"施工工艺禁止采用以淘代破、软破和爆破破除桩头。

在破桩头过程中，要保护好桩头钢筋和声测管（有声测管时），环切时注意不要伤及钢筋，钢筋弯折不能超过15°，不得随意弯折桩头钢筋（如图3-11所示）。

（a）　　　　　　　　　（b）

图3-11　环切法划线及环切

桩头凿除时应防止损坏桩身，用风钻截断时应预留10 cm，再用人工凿除，混凝土顶面应凿成向上微凸的形状，中心比四周宜高5 cm左右（如图3-12所示）。

桩头凿除完成后应拍照存档。

（a）人工修整　　　　　　（b）液压调直机进行调直

图3-12　环切调整

3.2.1.4　安全管控要点

施工作业区域应设置警戒区。所有制浆池、储浆池和沉淀池周围应设立安全防护栏杆和安全标志（如图3-13所示），夜间应悬挂示警红灯。泥浆池废弃后应及时回填处理，恢复地表原样。

（a）泥浆池围挡　　　　　　　（b）孔口防护

图3-13　设立安全防护栏杆和安全标志

机械设备应在现场悬挂操作规程牌，标明型号种类、操作方法、保养要求、安全注意事项及特殊要求等。

陆地或筑岛平台要保证地基稳定，冲击钻卡钻时应小心操控，防止钻机倾覆。

钢筋笼下放应采用专用吊具。钢筋笼孔口连接时，孔内钢筋笼应固定牢靠。作业人员不得在钢筋笼内作业，安全带不得扣挂在钢筋笼上。

钻孔、下钢筋笼、清孔和灌注等作业中应对桩孔采取可靠的防护措施，防止人员滑入或跌落孔内。

改扩建桩基泥浆池的位置选择应保持与旧桥结构具有一定的安全距离，一般不宜小于5 m，采取措施缩短桩基钢筋笼安装时间，安装完成后及时进行泥浆循环，防止出现塌孔而影响旧桥安全。

3.2.1.5　质量管控要点

陆地或筑岛平台要保证地基稳定，避免钻机位移或沉陷造成桩孔偏位或倾斜度超标；钻孔过程中应及时校核桩位。

钢筋笼半成品运输、吊装过程中，应做好临时加固措施，防止变形。

声测管在加工、安装和施工过程中，易出现变形和堵管问题，须在声测管选材、连接、安装等各道工序上严格把关。

严格进行配合比设计，保证水下混凝土工作性能，尤其要保证流动性，同时坍落度损失满足要求。

成孔后，应加强现场施工组织和工序衔接，控制好钢筋笼下放、二次清孔和混凝土灌注的时间，减少塌孔。

3.2.1.6　成品保护

钻孔灌注后的桩位应确保12 h以内该桩2d（d为桩孔直径）范围不能进行施工。

灌注完毕后，在桩位处做好标识，防止车辆或机械设备碾压，造成桩体破坏。

桩头开挖时，要注意避开外露钢筋；宜采用人工或风镐破桩头，不宜采用破碎锤破桩头，防止对桩体造成损伤；折弯的桩头主筋严禁采用火焰调直。

3.2.2　基坑开挖

3.2.2.1　一般规定

明挖基础宜在枯水期和少雨季节施工，开挖后应连续快速施工。基坑顶面应在开挖前做好防、排水设施，排水措施应有效。深基坑施工宜采用坑外降水、基坑支护，防止邻近建筑物产生沉降。

施工前应编制基坑开挖专项施工方案，危险性较大及超过一定规模的专项施工方案须经专家论证。

深基坑施工过程中应加强对边坡稳定性的监测。

爆破作业钻孔人员应制定预防职业病措施。

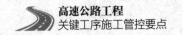
基坑开挖须爆破施工时，应办理相关手续，使爆破作业符合相关规定。

3.2.2.2 施工工艺管控要点

基础开挖前根据前期调查情况制定开挖降水措施及地表截、排水措施。

当深基坑或基坑土体不稳定时，应从安全性、适用性、经济性等方面综合考虑，采用挡板、土钉墙、锚喷等措施边开挖边支护。

土质松软层施工，遵循先支护后开挖。

坑底预留层应采用人工或小型机械开挖，避免超挖；若超挖应将松动部分清除，采用碎石（土质地基）或混凝土（石质地基）回填。

深基坑开挖时应进行基坑支护变形监测；开挖完成后，及时对基底进行承载力测试。

从基坑开挖至基础完成，应连续施工，基础完成后及时回填，防止基底受水浸泡。

3.2.2.3 安全管控要点

基坑施工区域四周必须按规定设置安全围挡防护措施。上下基坑应设置人行通道，通道稳固并按规范设置护栏（如图3-14所示）。

（a）　　　　　　　　　　（b）

图3-14 基坑施工区域四周设置安全围挡防护

开挖时现场应有专人指挥，应边开挖边检查坡度和坑壁安全，发现异常情况，应立即停止开挖作业，及时疏散施工人员及机械，并采取措施处理。

开挖区域内涉及通信光缆、油气管线等地下管线的，必须探明情况，设置醒目警示标志，制定施工保护措施及应急预案，并与产权单位保持良好沟通，严格按照相关安全施工规范执行。

3.2.2.4　质量管控要点

基底软弱层应予挖除，并回填砂、石等粒料至土基标高。

基坑开挖完成后，及时检验基坑底面土质及其均匀性、稳定性，以及尺寸、高程、地基承载力等。

选用合适的基底检验方法，承载力必须达到要求后方可进行下道工序。

采用爆破开挖时，应确定合理的爆破参数，严禁对基底造成扰动。

岩层倾斜基底应凿成台阶，施工前岩层表面清理干净。

3.2.2.5　成品保护

开挖完成的基坑尽快进行下道工序的施工，避免长时间裸露，以免暴晒、冲刷影响边坡稳定性。

基坑边坡上口外侧设置不窄于2 m的护坡道，禁止大型、重载设备行走，以免扰动边坡。

雨期尽量采用隔水材料将边坡覆盖，坑内积水及时用水泵抽出，并检查基坑四周设置的截水沟是否正常工作，发现问题及时处理。

3.2.3　扩大基础及承台

3.2.3.1　一般规定

施工前编制扩大基础或承台专项施工方案。

当基础结构为大体积混凝土时，施工前应进行混凝土热工计算，施工时采取有效措施对混凝土进行降温。

3.2.3.2　施工要点

伸入承台的墩柱（台身）钢筋应准确预埋到位，并按设计要求与桩基主筋连接，预埋筋轴线偏位不得超过10 mm，承台混凝土施工完成后对墩柱（台身）范围内的混凝土表面进行凿毛，其余部分顶面应抹平压光；墩柱（台身）钢筋预埋时可先在承台钢筋顶面精确焊接一个加强箍筋，再沿箍筋布置竖向主筋；若为桩柱直接连接方式，破桩头后须进行接桩处理，同时根据设计进行桩柱钢筋连接，接桩完成后再进行墩柱施工。

钢筋骨架绑扎宜采用十字扣绑扎法；钢筋保护层宜采用与结构物同标号的混凝土垫块。垫块和钢筋扎丝不得伸入保护层内。

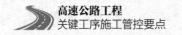

垫层施工为支模板预留出足够的空间，安装侧模板时，应采取措施防止模板移位。

混凝土浇筑作业一次成型，浇筑时应分层浇筑、分层振捣，层与层之间有效搭接。

承台浇筑完成，养护一段时间后进行墩柱接触面的凿毛。

3.2.3.3　安全管控要点

扩大基础及承台施工过程中应对基坑边坡监测观察。

钢筋绑扎过程中，承台上下层钢筋应做好临时支撑，防止上层钢筋网倾覆垮塌。

基坑周边应设立安全围挡、警示标牌。

施工作业现场应设置牢固的安全爬梯或脚手架，且不得与模板及其支撑体系联结。

3.2.3.4　质量管控要点

钢筋接头应设置在承受应力较小处，并分散布置。

混凝土出料后及到达浇筑现场均应检测坍落度，根据气温、运距、坍落度损失等情况适当调整出站时的混凝土坍落度。

大体积基坑混凝土浇筑除应按照《公路桥涵施工技术规范》中大体积混凝土的相关规定执行外，混凝土浇筑时应设置冷却管，通过循环冷却水确保混凝土内外温差不大于25℃。加强对预埋温控测试元件和线路的保护，浇筑后按设计要求对混凝土内部和表面温度实施监测和控制。

桩基顶部附近承台混凝土应振捣密实。

片石混凝土采用分层浇筑、分层振捣的方式，边振捣边加片石。石料规格、强度，投入数量、顺序应符合设计及规范要求。

3.2.3.5　成品保护

模板拆除，不允许用猛烈敲打或强扭等方法进行。

混凝土强度达到设计承重强度之前不得在结构物上放置重物或搭设支架。

3.2.4　钢板桩围堰（基坑支护）

3.2.4.1　一般规定

委托专业单位根据承台结构特点、水文、地质和施工条件等因素进行围堰（基坑支护）专项设计，内支撑体系宜避开墩身，编制专项施工方案并组织专家论证。

钢板桩运到现场后应进行检查、清理，清除锁口内的杂物，对缺陷部位进行修补，桩体应顺直，宽度一致，无扭曲，锁口处应涂混合油。同一围堰需要的钢板桩除角桩和合龙段外应为同一规格。

对施工现场应进行平整，水中施工时应搭设工作平台，平台可结合钻孔平台一起设置，其刚度、强度及稳定应经过计算确定。

严格按照方案确定的工况进行围堰（基坑）内开挖，抽水，施作围檩、内支撑和封底等工序的施工；当水文、地质等条件发生变化时，应进行重新验算，经审核批准后实施。

钢板桩进场验收，应对桩体进行认真检查，检查接口预拼是否严密，钢板桩板面是否平直等。

围檩、内支撑等材料按照设计图纸、工艺文件和标准加工，检验合格后投入使用。

3.2.4.2　施工要点

测量放样时，应根据承台的中心和设计的围堰尺寸，放出围堰的纵横轴线以及四角位置。

做好钢板（管）桩插打的导向设施，钢板（管）桩插打示意如图3-15所示。导向设施位置应准确，整体应坚固、稳定。导向架由型钢加工而成，应有一定刚度，导向架以定位导桩为基础，形成稳定的结构，保证在沉桩过程中起到钢板桩的限位作用。导向架宜设内外导框，导框有上下两层或多层。内外导梁间距应比钢板桩有效厚度大8~10 cm，以利钢板桩的插打。

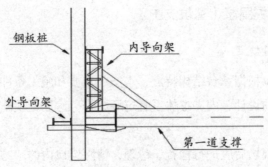

图3-15　钢板（管）桩插打示意图

钢板桩插打应从上游开始，至下游合龙；插桩时应对正接口，借助桩锤自重缓慢插入，必要时可低锤慢击；角桩制作要控制好焊接质量和锁口角度；随时检查桩体偏斜情况，发现偏斜立即进行纠正。

为了确保插打位置准确，第一片钢板桩是插打的关键，打设位置和方向要确保精度，以起到样板的作用。插打时钢板桩背紧靠导向架，边插打边将吊钩缓慢下放。这时应在互相垂直的两个方向用经纬仪观测，以确保钢板桩插正、插直，然后以第一根钢板桩为基准，再向两边对称插打钢板桩，后续桩沉设时，应先定出施工桩位的中心位置，沉设时应严格控制垂直度和偏位，出现偏差时应及时纠正。

合龙段施工时，合龙口宜设置在角桩处，水中施工时应设在下游。在接近合龙位置时（10~15根桩），应严格控制桩的垂直度和偏位，减少偏差，应保证合龙处两根桩的锁口平行，且应避免采用异形桩合龙。在插打至最后4~5根桩时应测量缺口的宽度，准确计算合龙桩的外径，加工合适的钢板桩运至现场插打，插打钢板桩时可采用向外绕圆弧的方式（避免用加工非标桩）。

在围堰施工的不同阶段，应对围堰的位移和应力进行跟踪监测，指导施工，预防意外事故发生。位移监测的布点可按堰外土体位移和桩顶位移两种方式对称布置；应力监测宜采用表面应力计，布置在圈梁和撑杆上。

抽水堵漏时，在抽水前，应将钢板桩与导框之间空隙用垫木塞紧，以保证导框受力均匀。从围堰内排水时，若发现有渗漏，锁口不密的漏水，可在抽水发现后以板条、棉絮、麻绒等在板桩内侧嵌塞。

围堰或基坑内干法开挖宜采用高压射水法，长臂挖机开挖时应注意不得触碰内支撑体系。

陆地或筑岛上，如水位较高，可在基坑外围布置降水井对基坑进行降水，加强对电路、水泵和水管的检查维修，准备好备用电源，确保降水连续。

做好水下封底平台，导管间距及数量应能满足封底要求；水下混凝土浇筑按照从一侧逐层向另外一侧的方向进行，灌注过程中，利用测绳随时监测导管埋深。

在围堰（基坑）内垫层四周设置排水沟，在四角处设置集水坑往外排水；封底混凝土顶宜比承台底标高低20~30 cm，基坑抽水到位并清理后在封底混凝土上承台范围内设置找平层，在平层外面设置集水坑往外抽水。

围檩、内支撑应在钢结构加工厂按设计要求加工成散件，运输至现场后利用汽车起重机或门式起重机先组拼成整体再安装，也可逐件安装。内支撑和围檩采用焊接或者栓接，要确保连接质量。

拔桩前回填围堰内基坑，回填至最下一道围堰标高处拆除最下一道钢围图；依次循环，直至最顶一层围图拆除完毕。钢板桩拔除先行由下游方向开始，对称施工至上游方向，采用振拔锤配履带吊进行施工。拔桩时应开启振动锤，将桩侧土振松后履带吊以最慢的速度起钩，逐渐加快起拔速度。若履带吊吃力过大，停止起拔，设法将桩侧上振松后再拔除。当将桩拔至比基础底板略高时，暂停引拔，用振动锤振动几分钟让土孔填实。

3.2.4.3　安全管控要点

钢板桩捆绑牢固，防止脱绳、断绳等事故。起吊时应有专人指挥，在场人员应站在视野开阔的安全地带；同时吊机站位、支垫必须符合要求。

水中插打时，在钢板桩和桩基施工平台之间设置临时固定措施，防止钢板桩在合龙前，受水流冲击和其他动荷载作用而倾覆。

围堰施工时应严格按设计工况施工，干挖时每一层开挖只能开挖至当层围檩、支撑下方，围檩、支撑做好并经检验后方可继续往下开挖；水下开挖时，注意保持围堰（基坑）内水位满足要求。

在围堰（基坑支护）及后续承台、墩身施工中，做好围堰（基坑）安全防护设施及人员上下通道，确保作业安全。

待墩身施工至围堰（基坑）顶上方，逐层回填钢板桩与承台、墩身之间的间隙，从下到上逐层拆除支撑和围檩，最后拔除钢板桩。

3.2.4.4 质量管控要点

钢板桩存放应防止其弯曲变形，钢板桩吊运应合理布置起吊点，控制起吊挠度和变形。

钢板桩接长应采用等强对接剖口焊，并焊接加强板；消除焊接变形，保证锁口衔接平顺。

施工时加强围檩型钢间接头的焊接质量控制，确保连接点的强度达到设计型钢强度；对于钢板桩身和围檩之间的空隙，应填塞钢板或型钢，确保钢板桩和围檩之间贴合紧密。

注意支撑结构的安装精度，对于同一平面内支撑，须保证构件中心线在同一平面内，加强安装精度控制，竖向误差、水平误差应符合方案要求。

水下封底前，由潜水员水下清理封底混凝土范围钢板桩桩壁和灌注桩四周的泥沙，确保封底混凝土与钢板桩桩壁和灌注桩之间的黏结力。

布置好封底操作平台，封底混凝土浇筑导管的间距和数量应满足封底混凝土相互重叠的要求。应一气呵成进行封底混凝土浇筑，每根导管中混凝土下料间隔时间不应过长，避免产生冷缝、分层现象。

3.2.4.5 成品保护

应有专人随时检查钢板桩围堰的结构稳定性和渗漏情况，出现问题及时采取有效措施解决。

陆上或筑岛上的基坑外围不得有超过设计要求的荷载。

在施工过程中严防机械设备对围堰（基坑）内支撑的侵扰。

围堰外坡面有受冲刷危险时，应在外坡面设置防冲刷设施。

3.3 下部结构

3.3.1 墩柱

3.3.1.1 一般规定

桥梁基础等上道工序应检验合格，立柱施工用的地锚应事先设置好。

墩柱采用线外试验柱进行试生产，经各方检验合格后方可进行大面积施工。在试验柱施工中，为保证钢筋保护层测定仪的准确性，将仪器检测结果和环切凿开试验柱实测保护层厚度两个结果进行比对，并进行数据分析，计算出检测仪器的偏差系数，确保钢筋保护层检测数据准确。

墩柱完成后，柱顶钢筋采用软塑料管或珍珠棉套管防护，以防生锈。

3.3.1.2 施工要点

1. 钢筋制作安装

墩柱钢筋笼加工和桩基钢筋笼加工制作工艺相同，采用滚焊机进行加工，运至现场进行安装。使用数控自动弯曲焊接机制作加强圈，加强圈直径误差控制在 ± 5 mm。

起吊部位应设起吊扁担，减小钢筋骨架的变形。吊装就位时应控制立柱钢筋的中心位置以及垂直度。立柱钢筋骨架安装时在钢筋笼顶部中心点位置处吊铅锤与设计立柱中心点进行对中，校正基桩骨架的位置。

在钢筋笼上安装穿心型高强度砂浆垫块，根部焊接模板定位架，确保保护层厚度满足设计及规范要求。

对已经安装好的立柱钢筋骨架，在安装模板前应有临时稳定措施，防止倾倒。安装完毕的墩身钢筋总高度超过9 m时，应安装风缆使其保持稳定。

支座垫石处的预埋钢筋（或钢板）应按设计图的要求进行施工，预埋钢筋（或钢板）的平面位置、长度、数量应准确，并应对预埋件采取固定措施，避免振捣混凝土时发生移动。

桩、柱钢筋连接应规范，桩头主筋按设计要求弯曲，但弯曲角度不得大于15°，墩柱钢筋笼对中精确，桩、柱钢筋焊接采用$3 \times 10d$（d为钢筋直径）单面或者$3 \times 5d$（d为钢筋直径）双面焊接。

2. 模板制作

采用整体式组合钢模，厚度不小于5 mm，底节高度不小于 5 m。

桥墩柱钢模板进场后应选择较为平坦的场地进行试拼，模板拼装好后，对模板进行一次全面检查，钢模验收时，直径误差不大于3 mm，接缝错牙不大于1 mm。对模板存在的错台、拼缝不严、面板结疤、法兰板不直、螺栓孔位不对照等缺陷进行登记，凡是达不到规范要求的模板一律不得使用。

模板试拼完成后，对模板进行编号标识。使用前对模板表面采用刨光机进行一次全面打磨刨光，将模板面上的浮锈、氧化层处理掉，直至露出钢材的金属光泽，模板除锈刨光后，涂刷脱模剂。

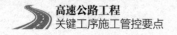

3. 模板安装

墩柱立模前做好接触面凿毛施工，并清理干净。应根据设计图纸对立柱进行中心点和模板内外边线放样，并用墨线弹出。在位置线处应设定位装置，保证立柱轴线、边线的准确，采取措施防止模板移位。

对高度低于10 m、截面尺寸一致的立柱模板，宜采用整体方式吊装，吊装前应先检查整体预组拼的立柱模板拼缝，连接件、螺丝的数量及紧固程度；吊装前应检查钢筋骨架是否妨碍柱模套装，宜采用铅丝将柱顶筋预先向内绑拢，使立柱模板能从顶部顺利套入。

立柱模板安装就位时，宜采用4根缆风绳（立柱高度大于10 m，在中部再加4根缆风绳），模板安装完成，应检查校正对中及垂直度无误后，方可固定风缆。

模板安装固定后应测量模板顶标高，并应根据设计标高计算出混凝土面距模板顶的高度，同时搭设立柱间安全通道和组合爬梯。

浇筑混凝土前，应清除模板内的杂物，并在模板底部实体结构外设置环绕垫、蛇皮管和水泥净浆，可有效避免出现立柱"烂根"现象，但要注意蛇皮管不要侵入立柱构件范围。

4. 混凝土浇筑

尽可能一排同时立模，同时浇筑。

可采用泵送或吊车配合料斗的方式浇筑混凝土，浇筑施工时应保证出料口与浇筑面之间的距离小于2.0 m，可采用串筒施工以防止混凝土离析；宜采取适当措施使操作人员进入模板内靠近混凝土面进行振捣，保证不漏浆、过振（如图3-16所示）；混凝土应水平分层浇筑，每层的浇筑厚度不宜超过300 mm。

混凝土的坍落度可根据现场气温适当控制。一般情况下，混凝土的坍落度在入模时应保持在130~170 mm，泵车混凝土可保持在120~150 mm。

为保证柱顶混凝土质量，浇筑混凝土表面应高出设计30 cm，在混凝土初凝前清除至柱顶标高上10 cm，并将表面平整拉毛，及时覆盖，防止提浆泌水，造成混凝土开裂。

（a）立柱模板底部防漏浆处理　　　（b）现场监理验收

图3-16　混凝土浇筑

5. 模板拆除

拆模不宜过早，应根据环境温度确定，且尽量安排在升温时段进行。拆除立柱模板时，可采用吊车吊住立柱模板一侧顶部，其相连模板应有临时固定措施，防止模板划伤混凝土表面。

拆除立柱模板时，应自上而下、分层拆除。

拆除模板时不得使用大锤、撬棍硬砸猛撬，应避免混凝土的外观和内部受到损伤。

6. 混凝土的养生

混凝土浇筑完毕初凝后，覆盖顶面并派专人经常洒水（包括模板）养护，养护期一般不小于7 d，拆除模板后墩柱用塑料薄膜严密包裹、墩顶放水桶滴灌养护，也可采用水能量养护膜进行锁水养护。当昼夜平均气温连续5 d低于5℃时或最低气温低于−3℃时，应按冬期施工措施施工，采用搭设暖棚养护等方式养护。混凝土养生要根据不同的气候温度选择不同的养生方式。

3.3.1.3　安全管控要点

用于高处作业的施工平台应牢固可靠，围挡四周封闭。上下人行通道单独设置，宜采用节段拼装式全封闭钢爬梯，验算整体稳定性，爬梯与已完成墩身连接牢固，上下层连接件间距根据计算得出（如图3-17所示）。

已安装好的墩柱钢筋笼骨架在安装模板前，应安装风缆使其保持稳定，防止骨架倾斜，风缆绳宜采用预制块地锚的方式（如图3-18所示）。

混凝土浇筑前应检查模板螺栓是否紧固，浇筑过程中应检查模板、支架、

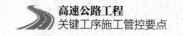

钢筋骨架的稳定、变形情况，发现异常，应立即停止作业，并应整修加固。

遇有风力在六级及以上、大雾天、雷雨天、冰雪天等恶劣气候，不得进行吊装作业。

图3-17　爬梯及作业平台　　　图3-18　风缆绳采用预制块地锚

3.3.1.4　质量管控要点

施工前应对基础顶面与墩柱衔接处的混凝土进行凿毛处理，并清理干净。

严控混凝土质量，保持质量稳定。

在模板底部与基础接缝处，用砂浆及蛇皮管封堵。

3.3.1.5　成品保护

施工过程中，应采取有效措施防止上层浇筑混凝土时水泥浆污染已完成的下部墩柱。

吊装钢筋、模板等物资以及墩柱区域附近操作施工设备时应注意防止碰撞已经安装的钢筋和已浇筑的混凝土成品。

3.3.2　高墩翻模施工

3.3.2.1　一般规定

开工前，应根据工程的现场条件编制高墩的专项施工技术方案和安全专项施工方案，并组织专家论证，经审核批准。

施工前应制定详细的施工测量与控制方案，内容主要包括：轴线定位测量、高程测量、垂直度测量和变形观测等。

应根据模板周转使用次数、混凝土侧压力及混凝土表面质量等要求，合理选择模板品种。模板应具有模数化、通用性，拼缝严密，上下层模板接缝严密平整，装拆方便的特点和足够的刚度。外模板宜选用大块组合钢模板、异形模板、弧形模板、调节模板、角模等，应根据结构截面形状和施工要求设计制作。

施工前应整平施工场地，回填承台基坑；设置现场临时排水系统，保持现场不积水。

节段施工，上一节段施工时，已浇节段的混凝土强度应不低于2.5 MPa。

施工缝的预留必须和模板的接缝相统一。

3.3.2.2　施工工艺管控要点

1. 模板设计与加工

模板（含加固体系）必须进行设计，有设计单位详细的设计检算书。设计方案须经本单位上级主管部门复核审批。外模的分节高度应根据墩身高度、墩身断面尺寸和起重设备的起吊能力以及施工时钢筋的定尺长度等因素综合考虑确定。可采用2~3节模板，每次向上翻升1~2节，保留一节作为接头模板。每节模板的高度宜为3.0~4.5 m，与9 m长的定尺钢筋相适应。

模板系统与脚手架施工平台应为独立系统，不得有连接，也不能在模板上设施工平台。不得利用加筋桁片作为施工脚手架。模板拉杆要经受力计算确定直径，强度也要满足要求，两端必须拧上配套高强双螺帽，以防螺帽松动，严防电焊损伤拉杆。模板的各构件特别是加筋桁片须经受力计算，其刚度、强度满足规范要求。

模板加工必须委托给有资质的厂家，模板加工好后须进行试拼，校对模板编号，经验收合格方可进场使用。

模板运输与存放应符合下列规定：用平板车将其运至施工工地，模板要现场逐块检验，以符合设计要求。模板应按规格、型号、安装顺序分区存放，须防止模板被压坏或变形。

2. 模板安装与翻升

施工缝的预留必须和模板的接缝相统一，每节混凝土浇筑振捣完成后，使混凝土顶面与模板顶面齐平，翻模时施工缝就是模板缝。

采用全站仪或全站仪与垂度仪相结合的方法进行施工放样和检测，每节墩身混凝土浇筑前应测量模板四角的平面坐标。施工测量放样和复核时应选择在

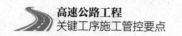

日照影响最小的时间进行，避免日照引起墩身侧移的影响。

模板提升前应仔细检查模板与混凝土之间是否完全脱离，起吊扣件是否牢固，操作平台上机、具、料是否清理干净，吊装模板应由专人指挥，以确保安全。模板安装完毕后，应对其平面位置、顶部标高、节点联系及纵横向稳定性等进行检查。

安装首节模板前，宜在承台上沿模板的底面采用砂浆设置厚为30~50 mm的找平层，并在墩底设置零接模板，零接模板的上端与墩身翻模模板相连接，下端直接支承在砂浆找平层上，最先拆除的一块模板下端与承台的接触边宜设计为锐角，方便脱模。

底节混凝土浇筑完成，待混凝土达到规定强度后，即可安装第二节墩身的钢筋、模板。第二节模板安装在首节模板之上，采用螺栓将上下模板连接在一起，将内模提升至顶面与外模平齐，用预设的拉杆初步固定在底节混凝土上，调整模板至准确位置，安装、紧固对拉螺杆，其余工作同首节墩身施工。

宜先外后内、先下后上逐节逐块地进行模板的翻升。待第二节混凝土达到规定强度后，拆除首节模板（留下不拆的模板起支撑作用）。拆除时应先抽出拉杆，然后卸除模板的连接螺栓，将模板向上吊起。高空作业时，应预先采用倒链将模板吊在上面的模板上并拉紧，防止模板脱落，待外模与混凝土完全脱开后，用吊车微微吊起外模，将倒链解下，然后将模板吊到模板修整处进行整修待用。待第三节段的钢筋安装完毕，采用吊车将模板吊起，进行安装，安装方法同前。

在浇筑底部两节墩身混凝土时，模板的校正宜采取拉缆风绳的方式，从第三节开始，可采用在下层节段混凝土顶面预埋扣环进行校正。

经常对模板进行检查，发现变形及时修复或更换。

涂刷脱模剂前，彻底清理模板面板及接缝，使表面清洁，接缝严密。模板接缝间夹密封胶条，经常检查底模与侧模及侧模之间的胶条，发现损坏及时更换。

支立模板前将墩身和承台结合面凿毛处理。翻模前，每节墩顶混凝土面应进行充分的机械凿毛，并冲洗干净。

翻升模板必须做到层层清理、层层涂刷隔离剂；每隔5~8层进行一次大清理，并对模板及相关部件进行检查、校正、紧固和修理。

在模板外侧应设置带防护栏杆的施工平台，栏杆外侧至模板底部应设置封闭的安全网。施工平台宜呈环形，满铺木板，具体尺寸可根据施工实际需要确定。应在固定位置设置人孔供人员上下，作业平台上严禁堆放钢筋、大型机具等重物。采用满布式支架的作业平台，其搭设高度应与桥墩施工高度相同，支架5~10 m高度处应与桥墩连接固定。当桥墩为单墩时，人员上下脚手架可安装在桥墩横向一侧便于施工的位置；当桥墩为双墩时，人员上下脚手架可安装在两墩之间。脚手架安装完成后应全面检查各接头和扣件是否拧紧、与桥墩连接是否牢固、脚手架是否垂直后，方可使用。

3. 钢筋加工与安装

主筋除顶部的分节长度根据墩高而改变外，中间各节主筋的长度宜为9.0 m主筋的连接宜采用机械连接和焊接连接。同一断面接头数量不超过总数的50%（在承台预埋时进行交错高度预埋），合理调整接头位置，使每次施工时接头的数量基本相等，便于工序衔接。

墩身主筋在架立、单根接长及未绑扎成型之前，应采取相应的防倾倒措施，保持其稳定，可采用体外活动支架临时固定钢筋的方法进行固定钢筋（如图3-19所示）。在钢筋安装形成骨架后拆除支架，再安装模板。

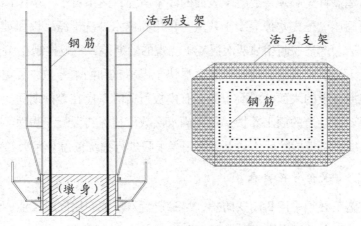

图3-19　体外活动支架安装钢筋示意

4. 混凝土浇筑与养护

为减少温度应力，在墩身埋设冷却管，冷却管接头连接可靠，安放稳固，当冷却管与钢筋相碰时，冷却管可适当调节位置。浇筑混凝土前可注水

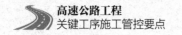

检查管道是否通畅，为降低水化热，混凝土浇筑开始时就须通入冷水，连续通水10 d。

浇筑混凝土前，应对支架、模板、钢筋和预埋件进行检查，并做好记录，符合设计要求后方可浇筑。

浇筑新一段混凝土之前，预先用清水充分润湿下一段混凝土顶面，并不得余留积水。混凝土入模后的自由下落高度不能大于2 m，超过2 m应布置串筒。墩柱混凝土按层厚30~40 cm分层浇筑，对称均匀入料，防止模板受过大偏载而偏位。混凝土用插入式振捣器振捣，振捣应严格控制振捣时间，防止漏振而出现蜂窝、麻面，同时避免过振造成混凝土局部翻砂。浇筑混凝土期间，应设专人检查支架、模板、钢筋和预埋件等稳固情况，当发现有松动、变形、移位时，应及时处理。

为保证墩柱节段间混凝土的接缝质量，浇筑时让混凝土顶面高出模板顶面2~3 cm，以便凿毛时方便清洗处理；浇筑完成后将沿模板向内2 cm宽范围内的混凝土顶面精细抹平，浇筑新一段混凝土前该部分也不再凿毛，以形成一条平直的接缝线。

为了保证上下浇筑段混凝土的良好结合，待混凝土强度达到2.5 MPa后进行人工凿毛。首先必须将混凝土表面的浮浆凿掉，露出石子，凿深1~2 cm，凿完后先用高压风枪先吹掉混凝土残渣，再用高压水冲洗干净，以保证凿毛的混凝土面清洁。严格控制相邻两次混凝土浇筑的龄期差，一般控制在10 d以内。

混凝土浇筑完成后，应在收浆后尽快予以覆盖和洒水养护，覆盖时不得损伤或污染混凝土的表面。混凝土侧面有模板覆盖时，应在养护期间经常使模板保持湿润。混凝土的洒水养护，每天洒水次数以能保持混凝土表面经常处于湿润状态为度。模板拆除后，马上用专用养生膜进行缠绕覆盖并保水养生。

3.3.2.3　安全管控要点

高墩施工必须采用封闭式防护，尽量避免双层或多层同时作业，若无法避开，必须采取安全隔离措施，做好安全防护。

应定期对模架系统检修、维护。

操作平台上所需的氧气、乙炔瓶应安放稳固，与明火保持安全距离。

施工现场应配备两个以上的灭火器、消防水箱、高压水。

施工脚手架和爬架四周及底部必须满挂安全网，爬架边缘须设置挡板，零星工器具须放置在工具箱内，严禁摆放零星杂物，以免高空坠落伤人。

现场废弃物按照要求进行集中处置，禁止乱抛乱弃。

3.3.2.4 质量管控要点

混凝土振捣应固定人员，划分责任区域。

在模板底部与基础接缝处，应用砂浆进行封堵。

每一节墩身模板安装完毕，混凝土浇筑前必须对模板安装偏差进行校核。

施工时应对重点指标进行严格控制：对于施工观测，应重点控制桥墩的垂直度（或坡度），防止桥墩产生偏心和扭转；对于模板，应重点控制其平整度和垂直度（或坡度）；对于钢筋，应重点控制其受力钢筋接头的质量和钢筋骨架的垂直度（或坡度）和保护层厚度；对于混凝土，应重点控制其配合比及和易性，浇筑混凝土应该连续进行，如必须间歇，间歇时间应尽量缩短，并在前层混凝土初凝之前，该层混凝土浇筑完毕。若浇筑过程因故中断，则中断时间不得超过前层混凝土的初凝时间，否则应按施工缝处理。

浇筑混凝土时要注意两层混凝土接缝处的处理。

混凝土浇筑时应设专人维护模板和支架，如有变形、移位或沉陷，应立即校正并加固。预埋件、保护层等出现问题时，应及时采取措施纠正。

模板每提升一节，应对模板的位置检查一次，以控制桥墩的纵横向偏移和扭转。每循环9 m宜采用全站仪与垂直度仪校核一次，应防止仪器误差导致墩身产生偏斜，对于垂直度超出允许误差的节段应进行调整。

及时对洒落在模板、支架、平台上的混凝土、水泥浆进行清理。

3.3.2.5 成品保护

应采取有效措施防止水泥浆、锈水污染已完成的墩身。

墩身应尽量避免使用外露预埋件，宜采用PVC管预留孔洞，穿精轧螺纹钢安装螺母连接支撑架（附墙等）底座钢板。特殊情况采用预埋件时，应比墩身表面至少低50 mm，在切割预埋件后，应补焊钢筋网并及时采用与墩身相同强度等级的细石混凝土材料补料填空洞，保证墩身表面色泽一致。

在吊装钢筋、模板等物资以及桥下倒车等情况时，应注意防止碰伤已经安装的钢筋和浇筑的混凝土成品。

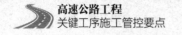

3.3.3 盖梁

3.3.3.1 一般规定

盖梁（台帽）的施工应在墩、台身质量检验合格后方可进行。

对施工所采用的模板、托架、支架、抱箍、传力销等临时结构，应进行受力分析计算与验算。

支架宜直接支撑在承台顶部，当支撑在承台以外的软弱地基上时，应对地基进行妥善加固处理，并应对支架进行预压。

施工前应对墩顶混凝土进行凿毛，凿除松散层；应对圆柱顶部的锚固筋喇叭口进行调整。

所使用的砂筒制作材料满足要求，砂筒在使用前应进行抗压力试验。

3.3.3.2 盖梁施工工艺管控要点

1. 支撑体系安装

采用落地支架支撑时，按照要求进行支架及地基承载力验算，对盖梁下施工范围内的地基进行处理，并浇筑混凝土垫层，做好场地临时排水。支撑结构安装示意图如图3-20所示。

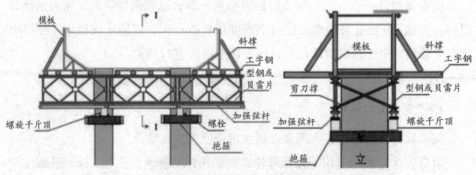

图3-20 支撑结构安装示意图

采用抱箍支撑时，对抱箍的承载力、剪应力、螺栓的数量、螺栓的扭力进行验算，对底模的横梁和纵梁的弯矩、挠度进行验算，满足设计图纸及相关规范要求后方可用于施工。抱箍所有螺栓都应用达到扭矩的扭力扳手固定牢固，并进行定期检查、定期更换损伤螺栓。

钢抱箍内侧与墩柱接触处用白色土工布等柔性环包，以增大墩身与抱箍间的摩擦力，避免钢抱箍与墩柱间的刚性接触，损伤混凝土表面。

抱箍安装好后，应在抱箍的下方做好标记，并应在抱箍承受荷载后观测其是否下沉。安放底模后，应再一次拧紧抱箍的连接螺栓，并检查抱箍是否下沉，经检查抱箍未下沉后，方可吊装钢筋骨架及侧模；再次检查抱箍是否下沉，确认抱箍没有移动，方可浇筑混凝土。盖梁在浇筑混凝土过程中应安排专人随时观测抱箍是否沉降。

抱箍安装完毕后安装千斤顶或砂筒，每个抱箍牛腿上放置1个螺旋千斤顶，千斤顶的选择应通过计算承重来确定；不得将油压顶作为整个支架高程的调整设备，以免在施工过程中千斤顶回缩。千斤顶须采用必要的措施固定在抱箍牛腿上，并且不宜伸出过长，避免由于伸出过长造成支架整体失稳。标高调整之后，在每个千斤顶两侧加焊10#槽钢，帮助千斤顶支撑承重梁。千斤顶上放置型钢（或贝雷片），根据支架设计图确定使用型钢数量，两侧型钢采用拉杆联系成整体，并紧夹墩柱，承重梁型钢（或贝雷片）采用吊车配合安装。承重梁上沿横桥向等间距设置一道14#工字钢作为分配横梁，分配横梁上铺设盖梁底模。

2. 底模制作及安装

底模制作及安装如图3-21所示。底模应采用定型钢模板，厚度为不小于5 mm，模板的挠度应不超过模板跨度的1/400，钢模板面板的变形应不超过1.5 mm。

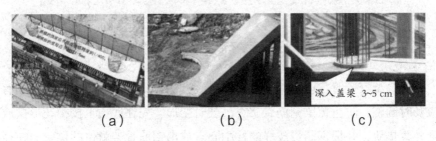

（a）　　　　　（b）　　　　　（c）

深入盖梁 3~5 cm

图3-21　底模制作及安装

在吊装模板时应设溜绳，防止模板与钢筋碰撞、摆动等，并保持模板在吊装过程中稳定。

对底模与立柱的贴合处，应采取有效措施防止其漏浆，并应根据测量高程对墩顶进行凿毛处理，凿毛时应力求立柱混凝土深入盖梁20 mm。

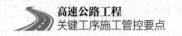

应根据测量放样的立柱中心点放出盖梁端头模板的底部位置。

3. 安全作业平台安装

底模铺设完毕后安装作业平台，盖梁施工作业平台采用底模悬出的横梁为主要受力支撑，在横梁上铺设厚木板或钢板并与横梁捆绑牢固，防止踩翻发生安全事故。施工平台宽度不小于80 cm，四周用钢管设置防护栏，护栏高度不低于1.5 m，满挂安全网防护。设置安全爬梯，在安全爬梯位置预留通道。

4. 钢筋骨架制作与安装

盖梁钢筋绑扎成型时采用大型定型胎架成型，为保证盖梁骨架绑扎过程中摆放的骨架片位置准确无误，采用胎模卡槽固定，避免因盖梁骨架位置存在偏差，导致盖梁骨架在起吊安装时与柱顶钢筋发生冲突而无法将盖梁骨架就位至设计图纸要求的位置。

严格按照设计图纸的要求注意防震挡块、支座垫石、过渡墩条形垫石等预埋钢筋的埋设。支座垫石及挡块钢筋制作采用定型胎架焊接成型，如图3-22所示。

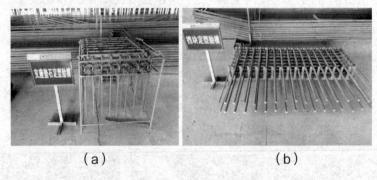

（a）　　　　　　　　　　　（b）

图3-22　支座垫石胎架和挡块钢筋胎架

钢筋骨架安装时，应采用多点整体吊装方法，骨架的就位应准确，如有偏差应及时调整，防止盖梁钢筋骨架在吊装时变形。先在底模上按梅花形摆放高强度砂浆垫块，并根据测量放样的柱中心点放出钢筋骨架就位的位置。在盖梁钢筋骨架的侧面设置高强度砂浆穿心式垫块。垫块布置数量应不少于4个/m^2，且应避免布置在同一断面，如果钢筋直径较小，则还应适当加密垫块的间距。

5. 侧模安装

钢筋骨架经验收合格后进行侧模安装（如图3-23所示）。侧模安装前，应先冲洗墩顶位置的杂物。盖梁侧模采用大块钢模组拼，分块模板之间用螺栓连接，侧模接缝处、侧模与底模接缝处宜粘贴双面胶条以防漏浆。采用对拉杆固定模板，端头模板和侧面模板应牢固连接，采取支撑、加固等措施，防止跑模、漏浆。

安装完成后检查模板的接缝以确保无错台。采用水平尺及挂吊锤检查模板的接缝以确认模板垂直度。模板安装到位后，采用全站仪对模板坐标进行整体测量验收。模板安装完毕后要严格检查拉杆安装情况，防止浇筑混凝土时出现胀模现象。

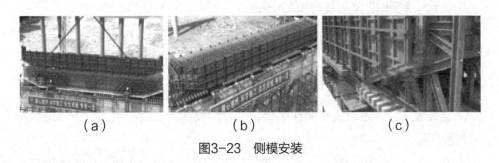

（a）　　　　　　　（b）　　　　　　　（c）

图3-23　侧模安装

6. 混凝土浇筑

混凝土浇筑前，要检查模板接缝、拉杆螺栓、模板连接螺栓及底脚楔子，模板支立必须牢固可靠。

每片盖梁必须一次浇筑完成，中间不设置施工缝，混凝土浇筑时应分层进行浇筑，分层厚度不超过30 cm。

混凝土的浇筑顺序宜从中间分别向两端对称、分层、连续浇筑，混凝土的振捣制度应与钢筋间距和混凝土流动性匹配，严禁过振。

挡块混凝土与盖梁混凝土一起浇筑。

混凝土浇筑完成后盖梁顶面按控制标高准确抹平，盖梁顶面采用手持型平板振动器，使用手持型磨光机收浆，用木抹抹平，保证表面平整度。

7. 混凝土养生

混凝土带模养护期间，应采取带模包裹、浇水、喷淋洒水或通蒸汽等措施进行保湿、潮湿养护，保证模板接缝处不致失水干燥。

混凝土去除表面覆盖物或拆模后，应对混凝土采用覆盖洒水等措施进行潮湿养护，也可在混凝土表面处于潮湿状态时，迅速采用白色土工布将暴露面混凝土覆盖或包裹，再用塑料布将土工布保湿材料包裹，或采用不透水土工布包裹。包裹期间，包裹物应完好无损，彼此搭接完整，内表面应具有凝结水珠，尽量延长混凝土的包裹保湿养护时间。

8. 拆模

混凝土强度应达到2.5 MPa以上，并应能保证其表面及棱角不因拆除模板而受损后，方可拆除盖梁侧模板。

底模的拆除应待混凝土达到一定强度（一般为设计强度70%以上），使梁体能够承担自身重量产生的内力后方可进行。

模板及支架的拆除应遵循先支后拆的顺序进行，严禁随地乱扔。

拆除抱箍时可将其用吊车挂住，然后拆除连接螺栓，下放抱箍，不得顺立柱滑下，划伤立柱。

3.3.3.3 安全管控要点

盖梁施工必须搭设安全操作平台，平台四周围挡安装牢固，行人通道满铺木板或钢板。

上下平台设置安全爬梯，宜采用节段拼装式全封闭钢爬梯，验算整体稳定性，爬梯与已完成墩身连接牢固。

盖梁高空作业增设安全滑线，如图3-24所示，解决了盖梁施工时安全绳不易"高挂低用"的问题。

（a）　　　　　　　　　　　（b）

图3-24　高空作业安全滑线

3.3.3.4 质量管控要点

盖梁与墩身的连接处，模板和墩台身之间应密贴，不得出现漏浆现象。

钢筋安装时应避免在钢筋的接头处起弯，并保证钢筋的保护层厚度。

底模的拆除应待混凝土达到一定强度，使梁体能够承担自身重量产生的内力后方可进行。

3.3.3.5　成品保护

模板拆除、吊装物资以及墩柱区域附近操作施工设备时应注意防止碰撞混凝土成品。

浇筑支座垫石混凝土、预应力盖梁管道压浆、上部结构混凝土浇筑等后续施工时，应采取有效措施防止污染已完成盖梁。

3.3.4　支座垫石施工

3.3.4.1　一般规定

支座锚栓钢筋的灌浆材料推荐采用无收缩环氧树脂砂浆；灌浆工艺推荐采用压力灌浆法。

支座垫石施工之前应确定支座产品的实际尺寸，如实际采用的支座安装高度与设计不同时，应对支座垫石顶面高程进行适当调整，保证桥面标高符合设计值。

3.3.4.2　施工工艺管控要点

1．围栏安装

施工前先安装施工防护围栏，把支座垫石预埋筋上的混凝土凿掉，支座垫石立模位置要凿除表面浮浆。测量放样定出支座中心，在墩（台）顶面测定中线、高程，画出支座垫石底面位置。对支座地脚螺栓预留孔的位置及深度进行复核。

2．钢筋安装

墩台施工时应严格控制支座垫石位置处预埋钢筋网片的数量和预埋质量，支座垫石钢筋严格按设计图纸进行绑扎，对预埋钢筋进行清理、修整。

3．模板安装

支座垫石模板尺寸应严格根据各类型垫石尺寸加工，应采用四角可调节高度的定型钢模，在墩台施工完成后尽快施工。支座垫石混凝土浇筑前，将盖梁顶面支座垫石范围内混凝土进行凿毛，以不留原混凝土面为准，然后用水冲洗

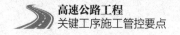

干净。精确测定墩（台）帽中心，并用墨线画出墩（台）帽中心线及垫石身底面尺寸位置。

模板每次安装前要清洗模板面，涂刷脱模剂，认真计算复核支座垫石的设计标高（特别是弯、坡、斜桥），调节定型模板四角顶面标高，模板安装完毕后，要在模板上做好垫石顶部标高印记，严格控制支座垫石顶面标高，保证其在规范允许的误差范围之内。检查其平面位置，顶部标高，合格后方可浇筑混凝土。

对于四氟支座的支座垫石，应按四氟滑板支座底板锚固螺栓的间距及规格在浇筑盖梁及垫石混凝土前先进行地脚螺栓预留孔的埋置。栓孔位置、尺寸及预埋地脚螺栓可根据所选支座类型而定，若预埋钢筋与栓孔相冲突可稍微变动钢筋位置。

4. 混凝土浇筑及养生

支座垫石养生采用海绵养生盒（如图3-25所示）。利用海绵全包裹垫石进行养生，以便提高垫石养生质量。

图3-25 支座垫石海绵养生

3.4 上部结构

3.4.1 梁板预制（后张法）

3.4.1.1 一般规定

预制场应避免靠近构造物或设置在路基填方上；不能避免时应对路基加强

碾压，确保无沉降缝、无废水侵害路基，并保证构造物安全。

预制梁的台（底）座应保证有足够的强度和刚度，应满足张拉后的承压要求，不得发生沉降、变形和开裂现象，一旦存在以上现象，应立即废弃使用。

预制施工前应完成预制场的规划与建设工作，对预制台座、存梁台座、门式起重机轨道基础等进行专项设计。

台（底）座与施工主便道及路基边坡要有足够的安全距离，张拉台（底）座两头必须安装隔离设施，以防断丝伤人。

门式起重机等特种设备由专业厂家安装，所有设备在进场后均须进行验收。

预制梁施工所用的钢绞线、波纹管、锚具夹片等材料的质量和规格必须符合有关规范的要求，进场后按要求进行送检，检验合格后方可用于实体施工。

模板设计须经过强度、刚度、稳定性验算，并由专业厂家生产。模板在厂内须经验收合格后方可运至现场，使用前进行拼装打磨处理。

复核施工图纸并计算箱梁起重重量，复核预制长度、细部尺寸是否与桥梁跨径相适应、梁端湿接头宽度是否有足够的空间满足施工要求，预埋件位置是否准确；复核预应力筋下料长度、预应力管道线形及坐标、锚垫板与预应力管道是否垂直，计算预应力筋控制张拉力及张拉伸长量；复核梁底楔形块位置及四个角的高度，计算桥梁横坡与图纸设计横坡是否相符。

重点对整体吊装钢筋骨架作业、预应力张拉作业、预制完成后的移梁吊运等危险性较大的作业进行管控。

3.4.1.2 施工工艺管控要点

1. 预制台座

预制梁板台座采用装配式钢结构形式，基础尺寸根据地质情况、地基承载力通过理论计算而定。侧模与底模拼接处宜设置橡胶带，起到模板与底模间的密封作用。

后张梁板台座应高出硬化混凝土面60 cm，自动喷淋、蒸养管道及电缆、三级用电插排等全部安装在底模下，保证施工时现场安全、规范、整洁有序，且方便侧面液压模板的使用。

端部梁底设置升降底模（图3-26）预防后张拉时梁体端部开裂。

反拱度设置和分配应满足设计和规范要求。

图3-26 升降式台座

2. 钢筋加工与绑扎安装

钢筋采用数控调直机、数控弯曲机进行加工，确保钢筋下料长度与尺寸准确无误，重点控制箱梁翼缘板钢筋下料尺寸，解决翼缘板钢筋长短不一问题，翼缘板钢筋胎架如图3-27所示。

图3-27 翼缘板钢筋胎架

所有钢筋半成品加工必须在钢筋厂内生产线上进行，完成调直、截断、弯制成标准半成品后，运至钢筋绑扎焊接区成型骨架。

腹板钢筋：为提升腹板钢筋绑扎准确高效，确保钢筋间距合格，腹板钢筋在专用胎架上绑扎成型。先将腹板外侧纵向水平筋安放在水平定位销上，腹板竖向箍筋放置在角钢定位卡槽中，将外侧水平筋与竖向箍筋绑扎连接，再将腹板内侧水平筋放置在水平定位销上，与竖向箍筋绑扎连接。

底板钢筋：将底板箍筋摆放在下框限位槽处，与腹板箍筋绑扎连接后，穿放底板纵向筋，纵向筋与底板箍筋绑扎连接。

顶板钢筋：为解决顶板钢筋间距误差大，翼缘板钢筋线性不顺直，钢筋绑扎不规范等质量通病，建议采用顶板钢筋专用绑扎胎架，胎架一侧设置型钢挡板，对翼缘板钢筋线性进行定位。顶板钢筋先放置在齿板卡槽中，通过型钢挡板定位翼缘板钢筋线性，作业人员利用卡具扳手控制钢筋层距，焊接支撑钢筋。确保顶板钢筋整体牢固不变形。为避免踩踏钢筋导致钢筋变形或间距改变，箱梁顶板钢筋绑扎采用移动作业台车，如图3-28所示。

顶板、腹板钢筋绑扎成型后，采用吊装台架通过龙门吊整体吊装至模板内。吊装前必须检查每个吊点处钢丝绳、绳夹及吊点销轴的情况，确保安全可靠。

保护层厚度控制，采用穿心式混凝土垫块呈梅花形布置，布设的数量不少于4个/m²，重要部位适当加密；在截面转折、边口、开槽洞门边缘部位均要设置垫块；为消除箱梁腹板垫块痕迹，要求腹板内侧混凝土垫块尺寸比设计保护层厚度小于5 mm；垫块使用前用水浸泡，专用泡水台车如图3-29所示。

图3-28　箱梁顶板钢筋绑扎移动作业台车　　图3-29　专用泡水台车

3. 波纹管定位

在底腹板胎架下槽钢位置，按照设计给出的预应力钢束坐标，张贴定位贴纸进行线标注（图3-30）。在钢筋绑扎过程中，应根据设计，精确固定波纹管和锚垫板位置，波纹管"U"形或井字形定位筋必须敷设，"U"形钢筋固定波纹管如图3-31所示，直线段每0.8 m设置一道，曲线段和扁平波纹管道应适当

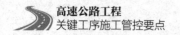

加密，每0.4~0.5 m设置一道。波纹管专用防护工具，如图3-32所示，解决定位筋焊接时烧伤波纹管的问题。

图3-30　钢筋腹板胎架线标注

图3-31　"U"形筋固定波纹管

（a）

（b）

图3-32　波纹管专用防护工具

4. 模板制作与安装

模板应由专业厂家进行加工生产，宜采用标准化、定型化的构件设计应采用连接简单、结构牢固、易于拆除的专用模板，模板符合设计及规范要求的同时，亦符合"模板准入制"的有关要求。

模板安装前必须清理、涂油，有锈迹时先除锈，相邻模板拼缝处粘贴双面胶防止漏浆。模板安装完，重点检查端头模板和横隔板的安装质量，严禁漏浆。

内模安装前，重点检查波纹管定位准确，以及腹板、底板钢筋保护层厚度合格。为防止混凝土浇筑过程中外模扩张和内模上浮，采用顶部拉杆对拉+横杠压顶工艺处理。为防止翼缘板外露钢筋在混凝土浇筑过程中变形，应采用固定压杠工艺。

负弯矩窗口采用整体式矩形槽口模具施工，模具为15 mm厚钢板加工，防止多次施工变形。

翼缘板齿板布置8 cm宽防拉毛止浆条，齿板每次使用前进行校正，确保翼缘板混凝土线性顺直。

5．混凝土浇筑

预制箱梁浇筑混凝土时，应按底板、腹板、顶板的顺序进行，按照纵向分段、水平分层的布料方式进行施工，两侧腹板同步对称浇筑，防止内模偏压和推挤现象的发生。混凝土自一端向另一端浇筑时，在进行至另一端5 m处改变布料方式，由另一端端头向中间浇筑，以减少端部的混凝土浆集中聚集。

混凝土振捣以插入式振捣棒为主、附着式振动器为辅的振捣方式，要避免振动器碰撞预应力管道、预埋件、模板，对锚垫板后钢筋密集区应采用小直径振捣棒加强振捣，并辅用橡胶锤轻敲模板，确保混凝土密实，梁顶可辅助使用平板振动器进行收面处理。

混凝土的入模温度不宜超过28℃，夏期施工时，应采用有效的降温措施，与混凝土接触的模板、钢筋，在浇筑前应采取有效措施降低温度到28℃以下。

当梁体混凝土强度达到15 MPa以上方可拆除外模。拆模必须小心，以防碰破边角，影响外观质量。

预制箱梁拆模后，应使用橡胶制压浆孔橡胶塞（图3-33）将锚垫板孔洞堵住，避免空气中杂物、养生水进入波纹管。

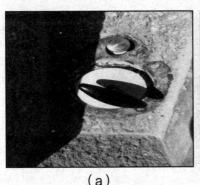
（a）

（b）

图3-33 压浆孔橡胶塞

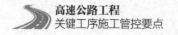

6. 混凝土养生及凿毛

拆模前，应用养生棚结合智能感应自动喷雾装置养护（图3-34、图3-35）。拆模后，采用土工布覆盖和养生棚相结合的方式养护，采用智能喷淋设施，如图3-36所示，箱室内应设置自动喷淋管道，保持足够的湿度和温度，养生不少于7 d，箱梁顶面养生由独立喷头完成；气温较低时采用蒸汽养生。

图3-34　智能感应自动喷雾装置

（a）　　　　　　　　　　（b）

图3-35　养生棚及冬期养生棚

图3-36　室内喷淋养生

凡是新旧混凝土结合部位，混凝土强度到达10 MPa以后，应用专用凿毛机进行凿毛（图3-37）；预制箱梁端头横隔板采用墨斗弹线（图3-38），边角预留2 cm不凿毛，确保凿毛位置准确，深度一致。

（a） （b）

图3-37 顶板机械凿毛与湿接缝用专用凿毛机凿毛

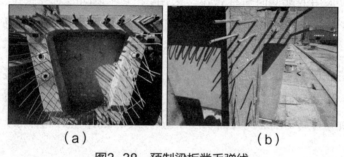

（a） （b）

图3-38 预制梁板凿毛弹线

7. 预应力施工

张拉时，当设计无规定时，混凝土应不低于设计强度等级值的90%，弹性模量不低于混凝土28 d弹性模量的90%，且龄期不少于7 d。

穿束张拉前，要对构件的质量、几何尺寸等进行检查，预留孔道应用通孔器或压气、压水等方法进行检查。构件端部预埋铁板与锚具和垫板接触处的焊渣、毛刺、混凝土残渣等要清理干净。

钢绞线穿束时进行编号，采取整体穿束，对已穿外露钢绞线进行包裹（图3-39）。

（a）钢绞线编束　　　（b）钢绞线整体穿束　　　（c）钢绞线防雨套帽

图3-39　钢绞线施工操作规范

预应力张拉应采用智能张拉设备，千斤顶和压力表应配套标定、配套使用。钢束应采用两端同时对称张拉，采用4个千斤顶同时对称张拉，避免多次偏心受力影响梁板内在质量。张拉顺序应按设计要求进行，原则上应采取"先上后下，先中间后两边，对称于构件截面的竖直轴线"的张拉顺序。

张拉完成要测量梁体起拱度大小和查看锚垫板处混凝土有无裂纹现象。

张拉后切割钢绞线时不得损伤锚具，采用专用砂轮切割机，如图3-40所示，保证预应力筋切割后的外露长度不应小于30 mm，且不应小于1.5倍预应力筋直径。

（a）　　　　　　　　　　　（b）

图3-40　砂轮切割机

8. 孔道压浆

预应力筋张拉锚固后，孔道应尽早压浆，且应在24 h后、48 h内完成。

采用封锚器封锚（图3-41），保证了封锚质量，以免冒浆而损失灌浆压力；压浆前应用压力水冲洗孔道，以排除孔内杂物，保证孔道畅通；冲洗后用空压机吹去孔内积水，但要保持孔道润湿，使水泥浆与孔壁的结合良好；在冲洗过程中，应同时检查有无串孔现象，如有串孔现象，应立即采取措施处理。

（a）   （b）

图3-41 专用封锚器

压浆采用大循环智能压浆施工工艺，压浆应采用专用压浆料，经检测合格后方可使用。压浆料水灰比控制在0.26~0.28，压浆压力控制在0.5~0.7 MPa。浆液自拌制完成至压入孔道的延续时间宜不超过40 min，且在使用前和压注过程中应连续搅拌，对因延迟使用所致流动度降低的水泥浆，不得通过额外加水增加其流动度。

压浆顺序：对下层孔道宜先压注；对曲线孔道和竖向孔道应从最低点的压浆孔压入，并由最高点的排气孔排气和泌水。

压浆过程及压浆48 h内，结构物或构件混凝土的温度及环境温度不得低于5℃，否则采取冬期施工措施。当环境温度高于35℃时，压浆宜在夜间进行。

孔道压浆后，应在浆液强度达到规定的强度后方可移运和吊装。

9. 封端

孔道压浆后，应立即将梁端水泥浆冲洗干净，同时清除支承垫板、锚具及端面混凝土的污垢。

制作封端可调角度模板，如图3-42所示，提升预制箱梁端头角度精确度。

封端混凝土应采用与梁体同标号混凝土，仔细操作并认真插捣，确保锚具处的混凝土密实，对于梁端锚穴封端的应采用微膨胀混凝土进行浇筑。

封端混凝土浇筑后，覆盖养生，如图3-43所示。

图3-42 封端可调角度模板　　　　　图3-43 封端覆盖养生

10. 成品检查

预制场内应设置梁体的检测台，预制梁板拆模后逐块检测（如图3-44所示），首先对外观质量进行检查，然后对梁板长度（四条边长）、宽度（顶宽、底宽）、高度逐一量测；采用角度尺或角度模具对角度进行检测；对保护层和强度进行检测。梁板强度达到起吊要求后，应特别注意梁板底部的外观质量，须着重检查有无漏浆、麻面、污迹、露筋等缺陷。对梁板逐块检查后，应建立检验台账，并在梁板上加盖检验合格印章，若不合格，则加盖不合格印章，如图3-45所示。

图3-44 梁体检验　　　　　　图3-45 梁体标识

11. 箱梁存放

存梁场地应整平压实，低洼不平处进行处理，排水系统完善，设枕梁，存放高度不超过两层。箱梁边梁在两端各设置一道支撑。各层之间应用垫木隔开，各层垫木应在支座位置且在同一竖直线上。

3.4.1.3　安全管控要点

施工前，组织人员进行安全培训，设立特种设备公示牌，如图3-46所示，张拉操作人员应保持相对稳定。

定期检查门式起重机液压系统及钢丝绳，配电箱统一布设，如图3-47所示。

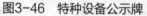

图3-46　特种设备公示牌　　　　图3-47　配电箱统一布设

设置安全爬梯（图3-48），方便施工人员在钢筋安装、模板安装、张拉及养护等施工过程中上下。

加强张拉作业区的安全管理，设置明显警示标志，张拉两端必须设置三面封闭安全挡板（图3-49）。

龙门吊行走采用安全滑触线装置，防止电缆线拖地磨损。

梁体外露钢筋端头采用橡胶套包裹，防止碰伤施工人员。

图3-48　安全爬梯　　　　　　　图3-49　张拉挡板

3.4.1.4　质量管控要点

支座埋钢板安装应采取有效措施保证梁底预埋钢板平整牢固，并保证梁安

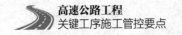
装后路线纵坡。

对箱梁腹板与底板等预应力束与钢筋密集的部位，应采取有效措施加强振捣。

夏期浇筑气温较高，尽量避开高温时段施工，浇筑过程由专人对腹板喷水降温，确保模板和混凝土温度；冬期施工气温较低时采取有效保温措施。

梁体外露钢筋进行喷涂水泥浆，防止长期暴露锈蚀。

加强预应力管道安装、混凝土浇筑、预应力筋位置复核、张拉顺序、张拉力控制等重点环节的控制管理，避免预应力梁张拉后形成梁体侧弯。

张拉完尚未压浆的梁，严禁剧烈振动，以防预应力筋断裂。

3.4.1.5　成品保护

拆模时严禁猛击模板，造成梁体边角损伤或模板变形。

移梁时应在翼缘板和底角采用橡胶垫和角钢进行保护，以免梁体损伤。

存梁台座上设置橡胶垫，对梁两端支撑点进行保护。

3.4.2　先张法空心板预制

3.4.2.1　一般规定

开工前应熟悉施工图纸和设计资料，复核空心板梁长度、细部尺寸等技术指标，完成有关的技术文件和专项施工方案编制，并经审核批准。

应计算张拉传力柱、承力台和张拉横梁强度、刚度等，经监理工程师审批同意后进行施工。

梁板预制进度应与桥梁下部结构施工进度相协调，存梁期宜控制在3个月以内，避免梁板积压，或存梁时间过长，造成梁板拱度过大现象的发生。

预制好的梁板应进行编号；存梁水平分层堆放时，堆放的层数不应超过3层。

3.4.2.2　施工工艺管控要点

应根据预制场的地质条件，合理选择台座形式。

台座应进行专门设计、验收，并应具有足够的强度、刚度和稳定性。横梁和定位板尺寸应通过计算确定，保证其有足够的刚度和强度。

张拉应优先采用精轧螺纹钢连接钢绞线的张拉工艺。

芯模优先选用组合钢模板，不得采用气囊。

张拉完成宜静置8 h后方可开始进行钢筋绑扎。

混凝土的浇筑应连续进行，混凝土板梁应先浇筑底板混凝土，振捣密实抹平后安装芯模，腹板混凝土浇筑时应对称进行，以防止芯模左右移动。混凝土振捣时严禁振捣器碰到钢绞线及其他预埋件。

梁体混凝土浇筑完成后，应及时对混凝土进行养护。梁板内箱应蓄水养护，梁板顶面覆盖土工布配合滴管进行保湿养护。冬期温度较低时，应在梁板外设置保温棚。

3.4.2.3　安全管控要点

张拉作业现场应设警戒区。

钢绞线、精轧螺纹钢外露出锚具或固定螺栓长度应大于15 cm。锚具、精轧螺纹钢、连接器确保其安装质量。

张拉及放张程序应符合设计要求。张拉过程中出现异常现象应立即停止张拉作业，检查、排除异常。

张拉端后方应设立防护挡墙，正式施工前应进行试张拉。

张拉及放张过程中预制台座区域及张拉台座两端不得站人。

不得在已张拉的预应力钢筋上焊接、站人。

浇筑混凝土时，混凝土振捣棒不得撞击预应力筋。

3.4.2.4　质量管控要点

将先张台座的混凝土底板作为预制构件的底模，应严格控制地基沉降。

应定期对台座进行复测检查，并建立观测数据库，分析台座的沉降情况，发现异常及时处理。

张拉前，应对台座、锚固横梁及各项张拉设备进行详细检查，符合要求后方可进行操作。

张拉时，应预先用小型千斤顶逐根张拉，调整其初应力，确保同批钢绞线的顺直和张拉后的初应力一致，再整体张拉。

张拉时，预应力筋断丝及滑移的数量不得超过规范要求。出现滑丝或钢绞线滑移后应及时查找、排除原因，更换钢丝束，重新张拉。

预应力失效段隔离套管应安装准确，牢固可靠，混凝土浇筑时不得出现漏

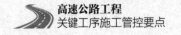

浆、破损。

施工中应采取措施保护预应力筋避免污染。

预埋钢板及预埋钢筋应进行专项检查，确保位置、尺寸、数量符合设计要求，不得错位或遗漏。

钢筋骨架制作时铰缝钢筋应绑扎牢固，外张角度应较大并紧贴模板。混凝土浇筑后应及时凿出铰缝钢筋，并对侧面进行充分凿毛。

认真落实芯模定位固定措施，避免芯模上浮造成顶板厚度不足。芯模应在混凝土强度能保证其表面不发生塌陷或裂缝现象时方可拆除。芯模拆除后，在能保证其表面及棱角不致因拆模而损坏时方可拆除外模。

必须严格按照批准的工艺和流程进行预应力放张作业。混凝土强度未到设计规定时严禁放张。钢绞线放张后，用砂轮切割，严禁用电焊烧切。切割时从放张端向固定端进行，切割时先切长束，依次类推，对称切割，切割后外露长度不宜过长，避免影响梁板安装，然后涂丹红防锈漆两遍。

3.4.2.5 成品保护

预制梁板移出、堆放时，均应做好保护措施，防止碰撞。

预制梁板存放应在两端支座中心线下放置垫木（块），各层之间应用垫木（块）隔开，各层垫木（块）应均在支座位置且在同一竖直线上，以免造成支点局部承压不足而损坏。

不同跨径预制梁板禁止叠合存放。

存放区域设置通行道路时应采取适当措施防止通行车辆碰撞梁板。

3.4.3 梁板运输及安装

3.4.3.1 一般规定

安装前应复核预制梁长度、细部尺寸、角度等技术指标。

编制梁板运输及安装专项施工方案，超过一定规模（跨径40 m及以上或质量100 t及以上）按程序组织专家论证。

跨径小于25 m的预制梁，根据现场实际情况可采用吨位符合要求的自行式吊车起吊架设。安装作业时宜由两台吊车抬吊，并有专人指挥，注意吊车间的相互配合。跨径大于或等于25 m的梁宜使用架桥机、跨墩龙门架或其他适合的专用大型机具设备架设。

安装前应对拟安装的预制梁逐片进行检查，重点是通气孔、泄水孔疏通，箱内废旧模板、混凝土残渣等垃圾清理，同时应核对编号，保证准确就位。

梁板运输安装跨越及占用地方道路、航道，应办理合规性手续并安排专人指挥交通。

3.4.3.2 施工工艺管控要点

1. 梁板运输

使用梁板专用运梁车设备，使用前必须严格进行检查。

运梁车上梁板重心应落在台车纵向中心线上，曲线路段可使梁板中心与台车纵向中心线略成斜交。

落梁前在运梁车落梁底槽底部及两侧铺垫方木，避免箱梁底部与落梁槽硬接触，咬伤箱梁底部棱角。箱梁与运梁车固定采用限位器固定，并用4个10 t吊葫芦将箱梁前端两侧拉紧，防止箱梁在运输过程中侧倒。

运梁车起步和运行应缓慢，应平稳前进，严禁突然加速或紧急制动。重载运行时的速度宜控制在5 km/h以内，曲线、坡道地段应严格控制在3 km/h以内。当运梁车接近卸梁地点或架桥机时，应减速徐停。

在已经架好梁体顶面上运梁时，运梁车的主要承力轮胎宜尽可能地行驶在两片梁的纵向轴线上。

2. 梁板架设

首片梁安装应先进行试吊。试吊时，先将梁体吊离支撑面2~3 cm，对各主要受力部位进行检查，确认使用状态良好后继续安装作业。

梁片进入架桥机前，应先检查架桥机上有无影响梁片通行的障碍物，并标记梁片停车位置，安放止轮器。

当架桥机已带梁工作时，严禁梁片进入架桥机。

梁片在预定位置停车后，前后两个吊点同时挂好吊杆和底梁，检查无误后，启动卷扬机组，至吊架底梁受力。

边梁落梁后及时支撑，消除边梁因外侧偏重造成的侧翻隐患（如图3-50所示）。

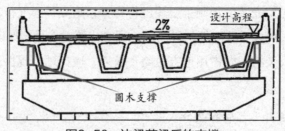

图3-50 边梁落梁后的支撑

将箱梁之间的横隔板、湿接缝预埋筋及时焊接，横隔板主筋全部连接，湿接缝钢筋每5 m连接1处，每处不少于8根，使已安装箱梁横纵向之间连接形成整体。同时用2.5 cm厚钢板覆盖桥面预留孔洞和湿接缝处以供运梁车行驶，非运梁车通过处湿接缝可使用木板或竹胶板覆盖，保证人员行走安全。

3. 体系转换施工工艺

工艺流程图，如图3-51所示。架设箱梁→浇筑连续接头、中横梁及两侧与墩顶负弯矩束同长度范围内的桥面板湿接缝混凝土→张拉负弯矩束→浇筑剩余桥面板湿接缝混凝土→拆除临时支座→形成连续体系→浇筑桥面现浇层。

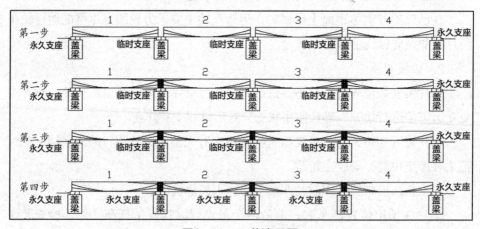

图3-51 工艺流程图

第一步：架设预制主梁，形成由临时支座支承的简支状态，梁跨中存在正弯矩。此时，主梁主要承受一期恒载的自重作用及相应的施工荷载。两箱梁处于简支状态。

第二步：浇筑第1、2跨及第3、4跨间的接头混凝土，待其达到设计强度，张拉负弯矩区钢束，压注水泥浆。二次钢绞线的张拉逐渐从静定结构向超静定结构转换。此时，主梁主要承受结构一期自重作用及相应的施工荷载；在已经形成的连续梁段，结构的徐变变形开始受到约束，产生徐变次内力。

第三步：连接第2、3跨，过程同第二步；此时，主梁主要承受一期自重、施工荷载及徐变次内力。

第四步：拆除临时支座，临时支座拆除完成后，静定体系转变为超静定体系，完成简支变连续的转换。完成横向接缝制作由于墩顶处二次应力的出现，使墩顶处产生二次负弯矩，极大程度上降低了跨中的正弯矩，且墩顶处存在着较大剪力。自此形成连续梁桥。

安装底模及永久性支座：永久支座放好后在永久性支座外周围安装底模，根据实际情况，采用竹胶板作为底模，为严防漏浆，永久性支座与底模间的缝隙采用密封胶密封。

安装钢筋：按湿接缝钢筋构造图绑扎钢筋，纵向钢筋按设计要求进行连接。

安装预应力束道。

安装立侧模：因梁板绞缝和横向湿接缝也跟着两次施工，须在绞缝处支立侧模，桥梁边板处的湿接缝模板采用与桥梁边板侧模同形状的钢模板，其他根据实际需要设置模板。

浇筑现浇混凝土：端（中）横梁、湿接缝应按设计对浇筑温度的要求选择浇筑时段，混凝土采用收缩补偿混凝土。

养生：全覆盖保湿养生。

张拉预应力束及压浆预应力筋的张拉顺序应符合设计要求，设计未规定时，可按先张拉短束、后张拉长束的顺序进行，张拉应在混凝土的强度和弹性模量达到设计值的80%以上时进行。

拆除临时支座：在张拉、灌浆、封锚完成，待灌浆强度达到100%后，方可对临时支座进行拆除，进行体系转换。临时支座拆除顺序为从两端对称依次向梁中心拆除。拆除采用人工拆除。解除临时支座时，应特别注意严防高温影响橡胶支座质量。临时支座拆除时注意保证墩顶各永久支座同时受力，从而杜绝应力集中现象的发生，保证了体系转换的安全。

接头施工完成后，浇筑剩余部分桥面板湿接缝混凝土，剩余部分桥面板湿

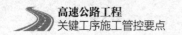

接缝混凝土应由跨中向支点浇筑。

3.4.3.3　安全管控要点

运梁车应由专人操作，设专职指挥人员统一指挥，严禁违章指挥。

运梁车落梁钢板上焊设限位钢板，防止在梁板运输过程中，运梁通道纵坡过大，造成梁体滑落倾覆。

不得采用将梁挂在架桥机后部配重的方式过孔作业。

梁安装后桥梁边缘应设置防护栏杆，湿接缝处应挂设安全防护网。

架梁和架桥机过孔时，桥下进行交通管制，做好安全警戒等工作，严禁行人、车辆、船舶通行。

梁板架设为高空作业，当遇到风力达到6级、雷雨等恶劣天气时，应停止吊装作业。

3.4.3.4　质量管控要点

梁在安装时，支承结构（墩台、盖梁、垫石）的强度应符合设计要求。

梁安装前检查支座标高，落梁后及时检查相邻梁高差；控制好梁板间距，保证边梁与防震挡块的有效距离；控制好梁端之间湿接缝的距离及预留伸缩缝宽度。

梁就位后，梁两端支座应对位，梁（板）底与支座以及支座底与垫石顶必须密贴。

同一跨梁存梁期宜保持一致，其预制施工龄期差不超过10 d，特殊情况下不超过30 d，避免起拱度差异过大。

梁板上有预留孔道的，其中心应在同一轴线上，偏差不应大于4 mm。

3.4.3.5　成品保护

在起吊或移梁过程中，在梁底两侧与钢丝绳受力作用点必须设置保护垫片，防止钢丝绳损伤大梁。

防止梁板运输过程中发生裂缝或断裂。正确设置支承点的位置，对薄腹构件，事先验算运输状态下的受力情况，必要时增设托架加以保护。

临边防护与湿接缝防护如图3-52所示。

（a）临边防护　　　　　　　　　　（b）湿接缝防护

图3-52　临边防护与湿接缝防护

3.4.4　支架现浇梁

3.4.4.1　一般规定

现浇箱梁支架应进行专项设计，有足够的稳定性和强度，采用盘扣支架。根据结构型式、设计跨径、荷载大小、地基土类别及有关的设计、施工规范，对支架的整体结构、立杆、配件、节点、地基和其他支撑物等进行强度、刚度和稳定性验算，形成计算书，经具备资质第三方验算后，报项目部后方由公司技术负责人审批。

支架专项设计应包括设计说明书、设计计算书、预计的总变形值（支架基础沉降、接缝压缩值及接头承压弹性变形值）和允许值、支架材料数量表、支架总装图、细部构造图、上部结构浇筑图（注明浇筑混凝土程序及施工缝位置）等。

编写支架现浇梁专项施工方案，并组织专家进行论证。

所有临时性承重结构及地基基础均应进行设计计算，以满足强度、刚度和稳定性要求。

支架搭设前应结合施工现场环境，彻底排查施工区域内的地上及地下管线的分布情况，制定相关方案措施。

支架进场后应重点检查钢管管壁厚度、焊接质量、外观质量、可调底座和可调托座的丝杆质量、与螺母配合间隙及材质。

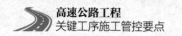

3.4.4.2 施工工艺管控要点

1. 地基处理

划出支架搭设范围和地基标高，对支架搭设范围及其周围1m范围内区域进行地基加固处理，支架地基处理时应注意以下几点：

地基处理时，人行爬梯搭设位置应进行加固处理。

沥青路面或混凝土路面老路面处：沥青路面具有一定结构强度，该处的基础无须进行特别处理，只须将路面上的杂物清理干净就可以直接作为支架的基础，但必须做地基强度试验，检测满足要求，假如不符合要求，应加设垫木或枕梁，检测至符合要求。

承台基坑开挖处：承台基坑开挖范围内，用粒料回填时同时用小型压实机具分层充分压实，回填至基准面，保证支架基础具有一定的承载能力，按合同文件要求处理。

泥浆池开挖处：用挖掘机对支架脚手架基础范围内的泥浆池全部挖除，采用分层回填粒料，用振动压路机碾压密实，通过试验确保承载力满足要求，按合同文件要求处理。

处于淤泥处基础：采用换填，如仍不能满足地基承载力的要求，可以进行其他措施加固地基，如打砂桩、木桩、钢管桩等，在桩上做垫层。

原状土地面处：原状土应以清表后其承载力试验是否满足要求为准。满足则直接平整碾压成型，不满足则采取换填方法，按合同文件要求处理，使得换填的地基满足承载力要求。

跨河道、沟渠基础：采用钢管桩支撑平台或填筑平台+桥涵组合。

处于山坡、路基边坡处的基础：须把山坡开挖成水平台阶，相邻两台阶之间的高差根据支架脚手架步距设置，并且每步之间相邻高差不大于1.0 m，台阶应水平，承载力满足要求。如不满足要求，须进行地基处理。

2. 排水要求

为了保证支架脚手架范围内的地基的稳定，在处理过的基础顶面做排水横坡，坡度不小于1%。同时支架两侧（地基两侧）1 m处开设纵向排水沟，做好地表排水，防止雨水和养生水浸泡地基。

3. 支架搭设

搭设支架时应做到横杆水平，立杆竖直。还应加设纵、横及水平剪刀撑，以增加整体支架的稳定性。

支架底托调节丝杆外露长度不应大于300 mm，作为扫地杆的最底层水平杆离地高度不应大于550 mm。

为防止支腿传递的集中荷载使垫层混凝土开裂，在其上垫方木，方木的厚度不小于5 cm，宽度不小于20 cm，长度不少于2跨。支架的两侧外沿线应多出桥面投影线不少于1 m，作为施工人员工作平台。

模板支架可调托座伸出顶层水平杆的悬臂长度严禁超过650 mm，且丝杆外露长度严禁超过400 mm，可调托座插入立杆长度不得小于150 mm。

每搭完一步支模架后，应及时校正水平杆步距，立杆的纵、横距，立杆的垂直偏差和水平杆的水平偏差。立杆的垂直偏差不应大于模板支架总高度的1/500，且不得大于50 mm。

支撑架搭设完成后应对架体进行验收并应确认，符合专项施工方案要求后再进入下道工序施工。

跨越国省道的支架搭设方案须经有关部门批准。须采用支架搭设门洞时，在距桥30 m处设置限高限宽门架，在支架上设置反光标志和警示标志，以防车辆撞击门洞。设置1 km、500 m警示和限速标志和警示灯、灯带，并对门洞支架稳定性及受力进行详细验算。

4. 支架预压

a）支架应根据设计或技术规范的要求进行预压，采取整桥预压方案，预压荷载不小于箱梁单位面积最大重量（包括浇筑砼、振捣砼等产生的恒、动荷载）的1.1倍，以消除支架的非弹性变形及取得弹性变形的相关参数以设计预拱度。

b）支架基础预压范围不应小于所施工的混凝土结构物实际投影面宽度加上两侧向外各扩大1 m的宽度。

c）支架的预压可采用加沙袋等方式进行。预压荷载的分布应模拟须承受的结构荷载及施工荷载。

d）应采取分次分级的方式进行预压。设计无具体规定时，第一次可按30%的荷载预压，第二次按70%的荷载预压，第三次按100%的荷载预压。加载时应专人清点、记录、观测沉降。

e）纵向加载时，应从跨中开始向支点处进行对称布载；横向加载时，从结构中心线向两侧进行对称布载。在加载30%和70%后均要复测各控制点标高，加100%预压荷载并持荷72 h后须再次复测各控制点标高，每次加载完成后，先停止下一级加载，并每间隔12 h对支架沉降量进行一次检测，当支架顶部检测点12 h的沉降量平均小于2 mm时，方可进行下一级加载。

f）加载前应布设好观测点，观测点的点位应上下对应，以观测地基的沉降量（垫木上）及支架、方木的变形量（底模上）。观测点的数量应为横、纵向1个/2 m。设计无规定时，对黏土及亚黏土地基，预压时间宜不少于7 d，且连续3 d累积沉降不超过3 mm，即视为沉降已稳定；对砂性土地基，连续3 d累积沉降不超过3 mm即可。

g）卸载时，对称均匀卸载，严禁集中堆放倒运。卸载后量测支架顶底标高，根据加载前后测量结果计算变形量并绘制支架变形曲线，据此调整模板预拱度和底模标高。第一次可按30%的荷载预压，第二次可按70%的荷载预压，第三次可按100%的荷载预压。

5. 底模及侧模安装

底模安装前应复核支座的中心位置、轴线偏差、型号及活动支座滑移方向。

模板安装时其拼接缝应平整、顺直、严密，应避免出现错缝现象。

模板安装后应整体测量高程，对不合格的部位应进行调整。

计算或支架预压沉降观测结果对底模设置预拱值。

6. 钢筋施工

为使桥面和底板的上下层钢筋位置正确，在上下层钢筋之间设置架立筋；为防止钢筋发生侧移，钢筋绑扎时将绑扎好的钢筋加以固定（支撑或与模板连接），以确保位置准确，并按混凝土保护层厚度安放垫块。

因各种钢筋以及预应力束之间的相互交叉，钢筋绑扎时注意各层钢筋绑扎的先后次序，尽量避免相互之间的干扰。直径≥12 mm的钢筋必须焊接，且焊接工作必须在安放预应力束之前完成，安放预应力束后还必须焊接的，要对波纹管采取有效的防护措施。

顶板钢筋绑扎严格按设计图纸的要求布置，为保证翼板混凝土保护层厚度，在钢筋骨架和模板之间，错开放置适当数量的定制加工的与混凝土强度相同的半圆齿轮型垫块。

钢筋在绑扎、安装时采用定位架准确定位，伸缩装置及护栏预埋筋、翼缘湿接缝环形钢筋采用辅助措施进行定位，横隔板钢筋宜采用定位架安装，确保间距符合设计要求。

7. 混凝土浇筑与养生

箱梁混凝土全断面一次浇筑时，应采取措施防止内模上浮、下沉或位移；采取二次浇筑方案时，浇筑分界点宜设在腹板与顶板交界处，并适当浇高 20 mm 左右，在第二次浇筑前将 20 mm 混凝土凿除，以保证连接面混凝土的质量。

混凝土采取水平分层、斜向分段、横桥向全断面（以均匀消除沉降）推进式，从低端向高端纵桥向连续浇筑。浇筑混凝土时应先浇筑底板，再浇筑腹板，腹板浇筑时应采取措施，防止腹板混凝土进入底板。

梁顶混凝土标高应高出设计高 1 cm，机械凿毛找平。

养生采用全覆盖保湿养生。

8. 支架拆除

支架卸落时间控制在梁体强度达到设计强度，张拉后压浆强度达 90% 以上方能卸落。拆除应遵守由上而下、先搭后拆的原则，拆除应由跨中开始，纵向对称、均衡，横向同步进行，从梁挠度最大处的支架节点开始，逐步卸落相邻两侧的节点，同时各节应分多次卸落，使梁的沉降曲线逐步加大。通常，支架现浇箱梁应从跨中向两端进行。

9. 现浇箱梁天窗处理

根据箱室的情况适当预留天窗，天窗钢筋应保证搭接或焊接长度，四周设置牢固的模板，与桥面保持平整，防止漏浆。

将箱室内模拆除后，先进行人工凿毛呈倒梯形，并将箱体内的垃圾清理干净。经凿毛处理的混凝土面，要用水冲洗干净，将割开的钢筋网焊牢。在浇筑天窗混凝土前，对于垂直的缝刷一层水泥净浆，之后采用悬吊底模板浇筑混凝土。

加强对天窗钢筋的保护，必要时增加钢筋网片加强处理。天窗混凝土须掺加微膨胀剂，以避免混凝土收缩。

3.4.4.3　安全管控要点

做好高空作业、物体打击、机械伤害、触电、火灾、支架坍塌等危险源的

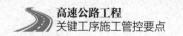

防范与警示工作。

设置安全作业平台，平台满铺木板或钢板，外侧设牢固可靠围挡。操作平台上禁止堆放大宗施工材料和机具，上下平台设置全封闭安全爬梯。

支架的预压应加强稳定性观测，确保安全，一旦发现变形量不收敛则立即采取卸载或紧急撤离等措施。

雨期、冻融期应加强支架基础检查，制定预防措施防止沉降。

用于支架预压的材料若具有吸水性，应在雨期做好防雨防水措施，避免因吸水导致荷载增大，造成支架失稳。

混凝土浇筑过程中应安排专人持续对支架进行观察。

支架拆除时必须划出安全区，设置警戒标志，派专人看管。拆除支架，禁止无关人员进入危险区域，并防止车辆通行对支架造成影响。

跨线施工，须设置交通导流指示牌，并安排交通协管员协助疏导交通。

3.4.4.4 质量管控要点

支架现浇梁模板严格按照设计尺寸加工制作，张拉槽口、梁端头处支撑应有足够的强度和刚度，夹缝材料应确保质量和足够的强度。

绑扎钢筋位置冲突时，严禁随意将钢筋切断。

混凝土作业应连续进行，浇筑腹板混凝土时应在底板适当设置压舱板，防止混凝土从底板上翻，造成腹板混凝土不密实。

加强锚下区域混凝土插捣和振捣，防止锚垫板下出现空洞。

支架现浇梁混凝土强度和弹性模量（龄期）满足设计要求方，可进行张拉作业。

采用逐孔浇筑工艺，下一孔梁浇筑前不得拆除悬臂端的支架和底模。

3.4.4.5 成品保护

模板拆除时应注意保护边角部位，尤其是厚度较小的中横隔板及拐角处。

混凝土浇筑完成到张拉作业结束前，避免人员及车辆对支架受力体系造成破坏。

张拉时混凝土强度应符合设计要求，避免造成张拉区混凝土破坏。

3.4.5　悬臂浇筑梁

3.4.5.1　一般规定

悬浇施工过程中应进行监控监测，桥梁监控监测宜由具有专业资质且有成熟监控监测经验的单位进行施工过程监控。根据施工监测所得到的结构参数真实值进行施工节段计算，确定出每一节段悬臂端的立模标高，并在施工过程中根据施工监测的成果对误差进行分析、预测和对下一立模标高进行调整，以此来保证成桥后桥梁线形、合龙段两悬臂端标高的相对偏差不大于规定值，并使结构内力状态符合设计要求。

熟悉图纸和设计资料，复核悬臂现浇箱梁高度、宽度、细部尺寸等技术指标，完成悬臂现浇箱梁专项施工技术方案和安全专项施工方案，组织专家论证并经过审批。

悬浇施工的挂篮、0#块支架、边跨支架、合龙段吊架、墩顶临时固结等临时结构应由施工单位进行专项设计，并应对临时结构的强度、刚度和稳定性进行验算。

临时结构的专项设计应包括：设计说明书、设计计算书、挂篮（吊架）预计的变形总值（上下横梁、吊带变形等）及允许值（总变形 ≥ 20 mm）、支架预计的沉降总值（支架基础沉降、接缝压缩值及接头承压弹性变形值）及允许值、材料数量表、总装图、细部构造图等。

应特别注意施工图设计中底板及底腹板倒角位置处防崩钢筋的设置。底板上下两层钢筋网应采用两端带弯钩的竖向钩筋强化连接，使之形成整体骨架。

将挂篮设在已浇箱梁上各传力点的位置及荷载预先提交设计单位，验算施工时箱梁应力是否满足设计要求，如不满足应局部加强或修改挂篮设计。

挂篮安装完成后，应组织联合验收，并应进行预压加载试验。

3.4.5.2　施工工艺流程图

悬臂浇筑施工工艺流程图如图3-53所示。

步骤一：桥梁基础、墩身工程施工完毕

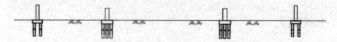

步骤二：安装墩旁托架，安装永久支座和临时支墩(座)，施工0#块

步骤三：安装施工挂篮，对称悬灌施工1#块

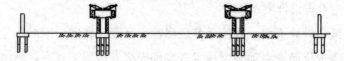

步骤四：连续对称悬灌施工箱梁至最后一个对称节段

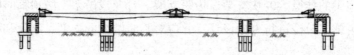

步骤五：边跨现浇段施工，拆除挂篮

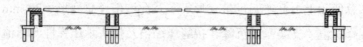

步骤六：安装吊架，边跨合龙施工

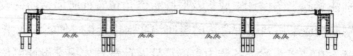

步骤七：安装吊架，中跨合龙施工，全面成桥

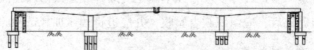

图3-53　悬臂浇筑施工工艺流程图

3.4.5.3　0#梁段（墩顶连续梁段，包括墩顶梁段和安装挂篮前的悬臂梁段）管控要点

1. 施工托（支）架

托（支）架与桥墩的连接方式应经设计计算确定，并应绘制连接件（孔）

在桥墩上预埋（留）布置详图。

采用墩旁扇形托架并利用桥墩基础（承台）作支承时，应检算桥墩基础（承台）的局部强度及基底应力，必要时应采取措施对桥墩基础（承台）进行加固。

托（支）架须进行预压。

2．临时支座安装及梁墩固结

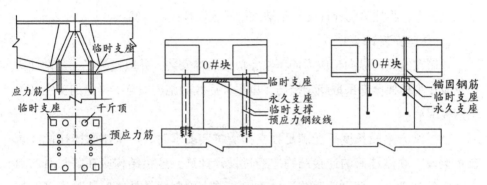

图3-54　临时支座安装及梁墩固结示意图

墩梁临时固结约束，必须形成刚性体系。临锚固措施能承受的中支点处最大不平衡弯矩及相应的竖向支点反力应满足设计要求。

临时支座采用与梁体同强度等级的钢筋混凝土块或硫黄砂浆块，对称等高设置在永久支座的两侧，临时支座内设置钢筋或型钢梁、墩固结，或在墩身预埋精轧螺纹筋，锚固于0#块底板之上。

临时支墩可以采用钢管或钢管混凝土柱，采用钢管或钢管混凝土时要和梁底固接设计。钢管或钢管混凝土柱要支立在箱梁腹板梁底位置，梁底要预埋钢板，钢板要锚固在箱梁混凝土中（图3-54）。

3．永久支座安装

检查锚栓孔平面位置及深度符合设计要求，支座吊装就位后，调整标高及平面位置，重力式灌浆锚固支座螺栓，设置上支座板预偏量。同时要检查支座的类型和规格，不能造成位置错误。

4．预应力施工

预应力束张拉顺序按设计要求进行，如设计无规定，则遵循：纵向→横向→竖向；纵向束：先长束，后短束；横向先中间后两边束；竖向：从墩顶向合

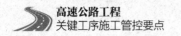

龙段方向，依次对称的原则。

混凝土应按由外向内的顺序（1#块向0#块）分层对称浇筑，待底板浇筑完后，将腹板、顶板一次性浇筑完成，分层厚度不应大于300 mm。

3.4.5.4 挂篮施工工艺管控要点

挂篮结构构件运达施工现场后，吊装至已浇好的0#梁段顶面拼装，拼装完毕后对挂篮施加梁段荷载进行预压充分，以消除挂篮产生的非弹性变形，悬浇施工过程中，将挂篮的弹性变形量纳入梁段施工预拱度计算。

1. 挂篮安装要求

挂篮在0#梁段纵向预应力筋压浆完成后对称安装，并应按施工工艺设计要求及时在主桁架尾部采取稳定措施，以保证后续的施工安全。挂篮的支座必须用钢板调平。

当主梁0#梁段长度不能满足独立挂篮拼装要求时，应采用联体挂篮浇筑首批梁段。联体挂篮的连接结构应经过设计计算，连接结构应在解联后的独立挂篮的基础上进行设计改装。挂篮安装前应编制联体挂篮安装时连接、加长及解体施工工艺设计和安全操作细则，挂篮安装及解联时应严格按其要求进行施工。

挂篮四周应设置操作平台及围栏，操作平台下应设置安全网，人员上下应有安全扶梯。

2. 挂篮检验

挂篮安装完成后，应对挂篮后锚固装置、支点和吊杆等进行检验，各构件安装及受力应符合设计要求，不得漏装、错装。

当挂篮构件间采用高强度螺栓连接时，螺栓预紧力应满足设计要求。

当挂篮构件间采用现场焊接方式进行连接时，焊缝质量应满足设计要求，不得出现假焊、漏焊等焊接缺陷。

挂篮组装完毕，应全面检查安装质量和复核挂篮中线、高程。挂篮使用前，应按规定进行走行性能和静载试验。

3. 挂篮预压

挂篮预压的荷载值应取悬臂浇筑最大节段重量的1.2倍。重物应对称加载，荷载分布宜与节段自重一致，不得集中堆载。

试验荷载的取值应选取对挂篮施工的最不利工况进行验算。试验中荷载等级可分为以下几级：模板安装完毕为初始状态；加载到钢筋绑扎完毕；加载到底板混凝土浇筑完毕；加载到腹板混凝土浇筑完毕；加载到顶板混凝土浇筑完毕；加载到超载20%荷载状态下，如此反复加载减载3次，每阶段均应做好记录。

挂篮预压过程中应同步测量挂篮变形，并应记录加载时间、荷重及位置。每套挂篮测量断面不应少于3个，并应合理设置测点。未经观测不得进行下一级加载。

3.4.5.5　悬臂现浇段线性控制管控要点

梁体施工前，制定线形控制工作计划和措施，以便及时进行每一梁段的施工监测和全桥施工联测工作，并根据梁段施工线形误差，及时进行预拱度计算和采取跟踪调整预拱度措施，保证全桥施工线形符合设计要求和有关施工质量验收标准的规定。

梁体施工过程中，应在悬臂浇筑梁段前端顶面设置高程测量桩，高程测量桩应设置在每一梁段的前端顶面边缘约0.2 m范围内，并宜在桥梁中心处及两侧共预设5个钢质测量桩（桩顶应高出混凝土面5~10 mm），如图3-55所示。同时应在挂篮前端模板顶面设置临时测量点，作为浇筑混凝土过程中监测挂篮变形和监控混凝土横桥向对称平衡浇筑使用。

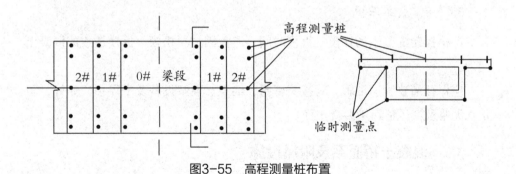

图3-55　高程测量桩布置

3.4.5.6　安全管控要点

墩柱两侧挂篮应对称平稳移动。

高处作业人员必须穿戴好安全防护用品。

临边防护和挂篮应同时设计、生产和使用。

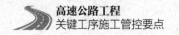

对挂篮、塔式起重机的零部件应进行日常检查和维保，严禁带病作业，对于出现损坏的钢丝绳、挂篮吊杆、滑梁等必须及时更换。

挂篮行走前，应针对各检查重点制定相关检查清单，移动前由专职人员依照清单逐项检查，确认合格后方可前移；挂篮移动应统一指挥，严格按操作规程作业，各项安全措施必须到位，严防挂篮倾覆。

挂篮拆除前，必须认真检查挂篮锚固系统是否牢靠。

3.4.5.7　质量管控要点

梁体混凝土浇筑前，挂篮后锚固预留孔位置要核对，确保预留位置准确。

应保证预应力管道安装质量，避免碰瘪、压扁现象发生；确保锚垫板定位安装和锚下混凝土振捣质量，符合设计及规范要求。

混凝土浇筑时，应有专人观测模板的变形，底模平台后吊杆有无松动，防止底模漏浆和水平位移。

竖向预应力筋张拉应在张拉完成24 h后采用复拉工艺，应使用扭矩扳手保证竖向筋的有效预应力。

应该严格控制箱梁内腔模板尺寸和质量，确保混凝土整体质量满足要求。

合龙后及时严格按设计规定的流程进行结构体系转换，不得随意更改体系转换作业顺序。

3.4.5.8　成品保护

严格控制混凝土的松模、拆模时间，避免因过早松模、拆模造成的混凝土变形。

应保证灌浆管、油管，管接头密封，油泵、灌浆设备及千斤顶应完好，防止水泥浆及液压油污染混凝土面。

3.5　混凝土桥面系及附属设施

3.5.1　空心板铰缝及板底勾缝

3.5.1.1　一般规定

在空心板安装前检查铰缝面凿毛质量，浇筑铰缝混凝土前，必须清除结合面上的浮皮并用水冲洗干净。

检查空心板安装是否偏差、梁板间是否错台，排查支座托空及偏压情况。如果有以上现象须及时调整，在确保以上问题全部得以解决后，才能进行铰缝施工。

空心板安装缝隙要均匀一致（约1 cm），安装的板端之间用泡沫板嵌填，缝内不得残留混凝土残渣、模板、砂石等杂物。

按照设计图纸安装锚栓钢套管，在铰缝施工前对锚栓筋及钢套管的安装做细致检查，合格后方可进行铰缝施工。

对板端铰缝封堵严密，防止浇筑铰缝混凝土时，细浆流出污染盖梁或墩身。

3.5.1.2　铰缝施工工艺管控要点

在空心板安装完成之后，清理铰缝内垃圾及杂物。

采用钢管或PV、木条等吊板底缝隙。吊底时，按照0.5~1.0 m设置一道竖向拉筋固定在板顶，防止弯曲变形造成板底缝隙封堵不严。采用M15的砂浆填塞底缝，填缝砂浆流动性宜能够灌塞窄缝为宜，填缝高度不大于空心板预埋铰缝钢筋位置，即只灌塞空心板马蹄间隙，灌缝采用人工振捣密实，填缝要饱满、平整，待砂浆强度达50%后方可浇筑铰缝混凝土。

加工的绞缝钢筋必须符合图纸尺寸要求，不允许随意调整高、宽。对于施工确实有困难的，要先检查空心板预埋钢筋位置是否准确，空心板是否有跑模现象，从而综合考虑后可以适当调整安装钢筋的高度及宽度。

按照设计要求绑扎铰缝钢筋。

对空心板侧面用干净的水湿润，根据施工温度及时调整洒水量的多少，但湿洒水不能形成聚集，以有效减少混凝土坍落度的损失为宜。

铰缝并浇筑混凝土。一般以两道铰缝同时一次浇筑为宜，浇筑时由横、纵坡低的铰缝向高处推进，要求先浇筑边板铰缝。浇筑采用吊车或起吊设备提送混凝土入模。混凝土浇筑时准备适宜的长形漏斗，以免污染桥面。一般浇筑分两层，每层高度不大于500 mm。振捣要均匀，间距不大于400 mm，振捣时须快插慢拔，直至气泡完全排除，混凝土表面泛出细浆为止。上面层混凝土必须振捣拉平，杜绝随意堆积混凝土而不振捣的行为发生。铰缝混凝土要略低空心板顶面10 mm为宜。

铰缝表面采用木镘刀收平，同时及时清除桥面松散混凝土，为后续桥面铺

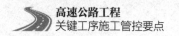

装施工做好准备。

覆盖洒水养生，由于空心板会吸收铰缝混凝土里面的水分，所以铰缝混凝土养生必须及时到位，这样才能有效避免混凝土出现裂缝现象。铰缝混凝土养生期不少于7 d。

3.5.1.3　板底勾缝施工要点

清除漏出板缝的松散或多余砂浆。

勾缝前，用水或湿毛巾将板缝10 cm范围充分湿润，确保砂浆能够有效黏结。

拌制勾缝砂浆要采用干净的细砂，选用细砂全部要过0.3 mm筛孔，勾缝砂浆采用M7.5砂浆。砂浆颜色应同空心板混凝土颜色一致。

勾缝宽度以50 mm，厚度3 mm为宜，勾缝砂浆应向板缝内镶嵌不少于10 mm。对于相连板底错台较大的，根据错台大小适当增加较高板底的勾缝厚度。勾缝分两步进行，首先修补局部缺陷及填塞个别板缝空洞，然后通长勾直缝，缝隙要饱满，直顺，黏结牢固。

勾缝砂浆须在初凝前采用馒刀进行二次收面，保证砂浆勾缝平整，光洁。

完成二次收面后且砂浆即将初凝时，先用墨斗弹线，然后用2 m尺杆沿墨线逐步裁边，确保勾缝宽度及直顺度。勾缝砂浆带要均匀分布于两块板上，以利于美观。

勾缝砂浆带要平整、直顺、薄厚均匀，不允许出现高低不平、线形不直顺、表面粗糙的现象，否则应进行返工处理。

完成勾缝的板缝要及时洒水养生，防止因收缩造成裂缝甚至脱落现象发生。洒水困难时，可采用混凝土养生剂养生。

勾缝混凝土养护期间，控制桥面上的各种振动，防止脱落和产生裂缝。

3.5.1.4　安全管控要点

桥下搭设支架，现场设警示牌，必要时拉警戒线。

桥面清理的垃圾禁止随意向桥下倾倒，收集至固定存放点，集中清运。

雨中进行电焊作业必须有隔雨防护措施。

桥面施工小型机具较多，由专业电工做好用电规划、布置、检修作业。

3.5.1.5　质量管控要点

铰缝钢筋加工及安装须符合设计和规范要求。

铰缝混凝土必须密实，表面平整，无浮渣、养生及时。

勾缝美观直顺、光洁、平整、无脱落。

3.5.1.6　成品保护

铰缝混凝土养生期间，禁止桥面开放交通和堆放重物。

3.5.2　湿接缝

3.5.2.1　一般规定

施工所用各种原材料符合规范及设计要求，严格按照批复配合比施工。

在梁安装前检查翼缘板侧面混凝土凿毛质量，浇筑混凝土前，必须清除结合面上的浮皮并用水冲洗干净。

在浇筑湿接缝混凝土前，提前将施工缝冲洗干净并充分湿润，以保证新旧混凝土接触良好。

湿接缝单次施工须完成整孔桥面内所有湿接缝。

施工所用各种工具、机具齐全、完好，并有备用设备。

3.5.2.2　施工工艺管控要点

1. 钢筋安装

在钢筋焊接之前对梁板湿接缝处预留钢筋数量、质量进行检查。保证无弯曲变形，无下垂变形，保证钢筋间距及保护层厚度，数量小于设计时，进行植筋。

湿接缝环形钢筋加工应精确并居中安装，避免纵向分布筋于相交环内成束，加宽段环形钢筋尺寸必须随湿接缝宽度进行调整。

湿接缝环形钢筋必须开口朝上安装，并按照图纸要求进行相应焊接及绑扎（环形筋隔一道满焊，上下搭接位置满焊）；底模必须预紧，底模安装完成后必须逐环检查下保护层厚度（图3–56）。

湿接缝范围内应按图纸要求布设剪力筋。

钢筋安装完，经验收合格后方可进行下道工序。

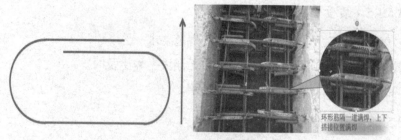

图3-56　钢筋安装

2. 模板安装

底模可采用厚竹胶板，模板后背加钢管或方木，加强竹胶板的承载能力和刚度。

采用拉杆将底模悬吊在梁顶面的方木或槽钢上，模板表面保持清洁，无变形，接缝严密，防止漏浆，模板内侧涂刷脱模剂，以便于脱模（图3-57）。

（a）　　　　　　　　　　　（b）

图3-57　模板安装

3. 混凝土浇筑

在浇筑前，桥面先用水湿润，若接缝或桥面有残渣，用水冲洗干净。

混凝土采用拌和站集中拌和，罐车运输至现场，汽车吊装入仓，人工控制入模位置和入模速度。插入式振捣棒振捣，振捣一定要密实，注意控制振捣深度、振捣时间及振捣棒距模板的距离，防止漏振、过振，一般以混凝土面不再下沉且砼表面呈现平坦泛浆为宜（图3-58）。

混凝土浇筑完成后，及时收浆抹面，并控制好混凝土表面平整度（图3-59）。

待混凝土强度达到70%方可拆除模板，拆除过程中桥下派专人指挥，防止安全事故发生。

养护混凝土浇筑完成后及时覆盖洒水养护，养护时间不少于7 d；底部采用涂刷混凝土养生液进行养生。

图3-58　混凝土振捣　　　图3-59　收面及清理外溢的浮浆

3.5.2.3　安全管控要点

在桥梁边缘设置临边防护设施及警示牌。

桥面清理的垃圾禁止随意向桥下倾倒，收集至固定存放点，集中清运。

雨中进行电焊作业必须有隔雨防护措施。

桥面施工小型机具较多，由专业电工做好用电规划、布置、检修作业。

3.5.2.4　质量管控要点

梁侧面必须进行凿毛、清洗。

模板接缝严密防止漏浆。

混凝土浇筑布料要均匀，避免水泥浆过分集中而出现表面收缩裂缝。

夏期施工，应避免在高温时段施工，以防出现干缩裂缝。冬期施工，应采取有效保温措施，以防混凝土冻害。

混凝土初凝前，控制桥面上的各种振动，防止桥面铺装产生裂缝。

湿接缝混凝土采用机械凿毛。

3.5.2.5　成品保护

混凝土终凝前，严禁人员踩踏混凝土表面。

严禁施工机械、架桥机等通过。

3.5.3 混凝土桥面铺装

3.5.3.1 一般规定

桥面混凝土调平层应尽量采用单幅全宽施工，减少纵向连接。

对特宽桥梁分多幅施工时，分幅宽度应合理划分。若为现浇箱（板）梁时，纵向接线应设在车道标线处；若为预制梁应避免设在湿接缝（铰缝）位置上。

应根据分幅位置确定平面控制点，并应在主梁顶面放样，弹出墨线。

桥面铺装施工前，梁板顶面凿毛情况不到位的应重新凿毛并清理干净。

检查梁顶剪力筋，将剪力筋调顺直，损坏或缺漏的要植筋补齐。

桥面钢筋网焊接牢固并和梁板预埋剪力筋焊接，保证钢筋网上下保护层厚度。

桥面铺装机械设备应采用三滚轴式摊铺机。

浇筑前要洒水保持梁顶湿润，且不积水。

收面采用二次收面工艺，收面后禁止踩踏，养生期间禁止车辆行驶。

桥面铺装施工前完成湿接缝、湿接头等现浇部分施工，完成体系转换。

3.5.3.2 施工工艺管控要点

1. 桥面清理

施工前应对每片梁的顶面进行详细检查并对梁顶面、湿接缝顶面凿毛，去除表面松散的混凝土及油迹等杂物，并调整倒伏的预埋钢筋，采用空压机及高压水枪将梁面冲洗干净（图3-60）。

（a）　　　　　　　　　　（b）

图3-60　桥面清理

2. 测量放样

用全站仪放出桥面护栏边线。

用水准仪测出桥面实际标高，并与设计标高比较计算出桥面铺装实际厚度，实际厚度不小于设计厚度；对最小厚度不能满足设计要求的地方，应采取措施进行调整。

3. 钢筋加工及安装

钢筋全部在钢筋场加工，再运输到施工现场安装。

根据测量放样，在桥面上画出钢筋位置控制轮廓线，将钢筋铺设在桥面板上（图3-61）。

钢筋网与剪力筋焊接牢固，保证钢筋在混凝土施工时不会上浮、下沉，有效保证保护层厚度。

桥面负弯矩张拉槽口采用钢筋进行加强。

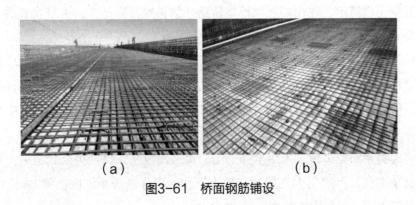

（a）　　　　　　　　　　（b）

图3-61　桥面钢筋铺设

4. 轨道梁施工工艺（一般用于先施工铺装层后施工防撞护栏）

设置轨道梁，轨道梁标高即为施工控制标高。轨道梁的平整度、高程、纵坡、横坡的坡度等技术指标都严格控制在桥面铺装对应的各项技术标准内。

轨道梁焊接在梁板顶面可利用的预埋钢筋上，部分间距较大时须在梁面植筋后再与轨道梁焊接。每隔50 cm左右要有一道焊接支撑，以保证轨道梁有足够的强度及刚度能承受摊铺设备振动力。

轨道梁安装后对标高进行复核，检查保护层和铺装厚度。

轨道梁下面用高标号砂浆堵塞，要密实、不漏浆，砼浇筑完后砂浆清凿干净。

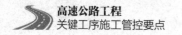

5. 桥面标准带施工工艺（一般用于先施工防撞护栏后施工铺装层）

紧贴内外护栏（桥面调平层的一部分，按设计布置钢筋），宜宽500 mm，施工时应按照不大于2.0 m的间距放出标高控制点，并应测出各控制点处桥面设计标高与实际梁顶标高的差值。

在控制点处可采用电锤在梁上钻孔，打入钢筋深度以能保证钢筋稳固为准。钢筋顶面即为桥面设计高程。在钢筋的侧面焊接角钢，并将两侧的角钢与钢筋进行连接增强其稳定性，使角钢既可控制标准带的顶面标高，又可作为标准带的侧模。

控制标准带混凝土施工质量，在混凝土初凝前应再次检查标高，并采用6 m直尺检测平整度，保证标准带的高程准确、平整度合格。

6. 混凝土的施工

砼采用拌和站集中生产，按照批复的配合比配制，严格控制坍落度。

混凝土浇筑前，先用高压风枪将桥面杂物再次清除干净，再对梁表面进行充分湿润，但不得有积水。

砼从低端开始向高端推进浇筑，人工局部布料、摊铺时，应用铁锹反扣，严禁抛掷和搂耙，靠边角处应采用插入式振捣器振捣辅助布料。先使用振捣棒振捣，使混凝土表面泛浆，然后摊铺设备开始工作，在摊铺机施工过程中，人工要及时清除多余的混凝土，同时补充欠料的部位。

完成提浆和整平后，采用木抹子第一次搓面收浆，以便提浆和粗平，要求使用收浆平台，严禁工人直接站在砼上操作，以保证砼平整度。第2次使用磨光机磨面收浆，平整度控制在5 mm之内。

为保证桥面水泥混凝土浮浆的清除及桥面平整度要求，在浇筑桥面混凝土时，应按照桥面混凝土标高比设计标高高出1 cm控制；在摊铺沥青混凝土前，采用铣刨机对水泥混凝土桥面铺装铣刨1 cm。

砼养生混凝土施工完成后，及时用白色土工布全断面覆盖并洒水养生。开始养护时不宜洒水过多，防止混凝土表面起皮，待混凝土终凝后，再浸水养护，养护期应不少于7 d，养生期间保持砼面湿润，并严格封闭交通。

施工过程如图3-62所示。

（a）第1次收浆抹面

（b）第2次机械收浆抹面

（c）覆盖养生

（d）平整度检查验收

图3-62　混凝土收浆抹面、养生及验收

3.5.3.3　安全管控要点

在桥梁边缘设置临边防护设施及警示牌。

桥面清理的垃圾禁止随意向桥下倾倒，收集至固定存放点，集中清运。

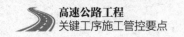

雨中进行电焊作业必须有隔雨防护措施。

桥面施工小型机具较多，由专业电工做好用电规划、布置、检修作业。

3.5.3.4　质量管控要点

梁板顶面必须进行凿毛、清洗，梁板顶面不得污染。

安装好的钢筋网应搭设操作脚手板，不得直接在钢筋网上行走。

混凝土浇筑布料要均匀，避免水泥浆过分集中而出现表面收缩裂缝。

混凝土初凝后不得采用砂浆或混凝土进行薄层贴补。

夏期施工，应避免在高温时段施工，以防出现干缩裂缝。冬期施工，应采取有效保温措施，以防混凝土冻害。

混凝土初凝前，控制桥面上的各种振动，防止桥面铺装产生裂缝。

3.5.3.5　成品保护

混凝土人工收面要搭设脚手板，不得直接踩踏混凝土表面。

桥面铺装浇筑完成后应进行全封闭管理，养护期间，禁止车辆通行或搁置材料、设备。

3.5.4　混凝土防撞护栏

3.5.4.1　一般规定

熟悉施工图纸和设计资料，复核防撞护栏细部尺寸。

编制混凝土防撞护栏专项施工方案。

现浇连续箱梁预应力张拉、孔道压浆已结束，先简支后连续梁的体系转换已完成，具备防撞护栏施工的条件。

先施工桥面铺装（调平层）的应在桥面铺装（调平层）混凝土强度达到设计要求且养护期结束后方可开始进行护栏施工。

施工前，应对防撞护栏的预埋钢筋进行复检，对缺、漏、错位的钢筋应采取措施整改到位后方可进行施工。

施工前检查护栏范围内的凿毛是否满足规范要求，必须全断面露出粗骨料，包括预埋钢筋周围；桥面铺装侵占护栏范围的多余混凝土必须凿除到位。用人工清除浮屑和灰尘，然后用高压水枪清洗桥面，以利于新旧混凝土良好结合。

3.5.4.2 施工工艺管控要点

1. 测量放线

对护栏进行放样，画出其内边线，根据线形进行微调，确保护栏线形顺畅。放样时，对于直线段，每5 m测一护栏内边缘点，曲线段每2 m或根据实际计算确定，并应根据放样点弹出护栏内边线，立模时可根据该线进行微调，保证护栏线形顺畅。护栏的高程如以桥面调平层作为控制基准面，在此之前，应对桥面调平层进行检验，在保证护栏竖直度的同时应保证其顶面高程的准确。

2. 钢筋制作与安装

施工前对护栏预埋钢筋的调整、除锈等预埋钢筋出现弯曲或不顺直，在护栏施工前要对其调整；同时对钢筋表面用钢丝刷除锈，并将表面的水泥浆除去。

使用间距卡槽定位好环向构造钢筋后再进行纵向钢筋绑扎，以保证钢筋位置准确，间距均匀，线形顺直，使钢筋保护层合格率提高。

钢筋安装采用护栏钢筋定位装置进行施工，并利用护栏导向钢筋定位护栏钢筋间距，提高钢筋安装效率；钢筋定位胎架底部紧靠护栏内侧墨线，水准尺调平胎架，通过定位装置的水平尺、限位装置，间隔2m精确安装定位钢筋。

护栏钢筋与预埋钢筋焊接长度符合设计和规范要求。

3. 模板安装

模板试拼：模板采用定型钢模板，模板交角处采用倒圆角处理，使其线形平顺，尺寸严格按设计要求制作。模板运抵现场后进行试拼，主要是看模板安装后的整体效果，模板接缝处是否平顺，有无缝隙和明显错茬，检查无误后方可正常使用。

模板安装步骤如下。

a）钢模板在正式安装使用前应将表面砂浆、水泥浆及浮锈等污染物清除干净，并进行抛光处理，施工有间歇时，对模板采用塑料薄膜覆盖。

b）仔细涂刷专用脱模剂，要求脱模剂涂刷均匀，既不聚成团状，也不成股下流为宜，保证混凝土表面光洁和混凝土不沾模板。

c）模板固定采用内侧单侧固定法，外侧宜采用对拉杆外套硬质塑料管固定法；同时确保模板的对拉杆孔位不漏浆、不泌水，模板不变形等；内、外模板安装时须紧贴混凝土底座并用螺栓拉杆拉紧连接，下部及顶部各设置一道拉杆。模板安装完成后进行检查，主要是检查平面位置、线形、安装尺寸是否合适，各个固定点（拉杆、支杆等）是否牢固可靠，模板顶面高程控制是否在规范允许的范围内、对超出标准的地方进行相应调整。

d）模板拼缝间粘贴双面胶，防止漏浆，模板之间采用螺丝扣紧，模板与桥面板接缝采用高标号砂浆，保证接缝严密，不漏浆。砂浆不得侵入护栏内，在护栏施工完毕后，应予以清除。

e）断缝处用两块薄钢模板中间夹泡沫板固定成型，端头模板应采用钢板。

f）根据模板周转次数及使用状况定期进行全面检查，存在翘曲变形、表面划刻、锈蚀等较严重的模板及时清理出场，不得使用。

4. 预埋件

防撞护栏中预埋件（如防抛网立柱、机电监控设备基础、交通标志基础等）要在满足设计要求的情况下，尽可能调整至假缝位置，以减少因预埋件造成的裂缝。

不在假缝位置的，可在预埋件与模板之间铺设防裂玻纤网。

5. 混凝土施工

砼应经试验取得外观最佳的配合比用于护栏施工，砼浇筑采用分部分三层斜向浇筑的方法，第一层控制在25 cm左右，第二层浇筑到护栏顶35 cm左右，然后浇筑到护栏顶（第一层浇筑到护栏底部斜边下角变点，第二层浇筑到斜边上角变点，第三层浇筑到顶）。

严格控制振捣时间，振捣过程中要求振点均匀，每次插入下层砼10 cm左右，振捣时间以混凝土表面泛浆不再下沉，模板侧边无气泡冒出为宜，加强预埋件附件砼振捣质量，防止因砼振捣不到位而出现裂缝。

混凝土护栏的顶面处理：护栏混凝土浇筑完成后，顶面采用两次收浆。第一次用木抹子粗平，第二次用铁抹子抹平并压光，确保护栏成型后，顶面光洁，线形顺畅。顶部振捣完毕后添加集配碎石，有效减少顶部出现开裂。

夏期施工，避免在11点至15点时间内高温天气下施工。雨期施工时，备有塑料膜，遇雨时应及时覆盖。

随着气温或原材料的变化，动态优化施工配合比，比对选择优质脱模剂等措施，达到获取最优外观质量的目的。

养生采用干净的无纺土工布覆盖，使用护栏自动喷淋养生台车洒水养生，养生时间不少于7 d。加强养生用水与护栏砼的表面温度的温差控制，养生用水温度不可太低，特别当日中午温度较高时，注意水温控制。

假缝拆模后弹线后机械切割，深度15 mm、宽度5 mm。真缝与假缝应充分考虑与模板接缝统一。

拉杆孔采用定制橡胶棒进行封堵，防止雨期桥面积水外排及冬期雪水挂冰。

3.5.4.3　安全管控要点

采用移动式支架拆、装模板时，移动支架必须经过验算，设置足够配重，并进行抗倾覆稳定验算。

护栏施工作业人员必须正确佩戴防坠落安全防护用品。

雨中进行电焊作业须有防雨措施。

安装和拆除外侧模板应做好高空作业的安全防护。在施工期间，桥下设立危险隔离区域，防止人员、车辆进入。

3.5.4.4　质量管控要点

防撞护栏放样须保证桥面净宽，放样的同时须标记护栏检查线。

护栏模板安装及钢筋绑扎宜使用定位模架，以提高钢筋保护层合格率。

同一跨内的单侧护栏应一次性浇筑，模板安装封头模板应垂直水平面，上下对齐、不错位。

护栏倒角曲面处应加强混凝土振捣，护栏顶面宜进行压光处理，保证顶面棱角圆顺。

护栏砼表面的蜂窝麻面面积不超过该面面积的0.5%，深度不超过10 mm。不得出现露筋和空洞现象。

护栏面和接缝处不得有开裂现象。错台、平整度、外观质量问题要及时处理，并保证颜色一致。

3.5.4.5　成品保护

拆模注意保护混凝土棱角，避免野蛮施工。

防撞护栏混凝土强度未达到设计要求时，禁止桥面通车，以免桥梁振动造成护栏顶面混凝土开裂。

在已完成护栏的段落后施工桥面铺装时，应对已完成的护栏表面覆盖土工

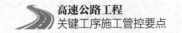

布或塑料薄膜，防止桥面铺装混凝土溅到护栏表面影响外观质量。

3.5.5 伸缩装置

3.5.5.1 一般规定

伸缩装置应由生产厂家或专业队伍到现场负责安装施工，且应采用反开槽的方式进行安装施工。

伸缩装置的预留槽口应在桥面调平层施工完成后用砂或素混凝土填平，梁端应填满泡沫板，缝底应垫衬板，素混凝土中应用泡沫板预留伸缩位置。伸缩装置在最后一层沥青混凝土摊铺完成后施工，水泥混凝土桥面在桥面养护7 d后应尽早安排伸缩装置的安装施工（如图3-63所示）。

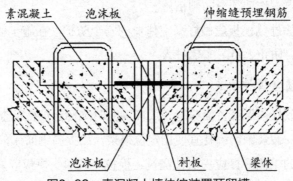

图3-63　素混凝土填伸缩装置预留槽

伸缩装置宜从横桥向整体安装，应根据安装温度，调整安装时伸缩装置的缝宽，保证每条缝宽均匀。

伸缩装置安装前应测放桥梁中心线，测量伸缩装置两侧桥面的高程、纵横坡度及平整度。

应在桥面调平层施工前检查和整改预留槽宽度。预埋钢筋应定位准确，缺筋处应植筋，并应经验收合格。

梁端间隙过大时，必须采取有效补救措施进行处理，避免伸缩装置型钢架空；梁端间隙过小时，应凿除多余混凝土，保证伸缩装置受力正常。

对特殊形式的伸缩装置，在伸缩装置槽口施工之前应与生产厂沟通，核对预留槽口的尺寸与预埋件。

应先安装一条工艺试验性伸缩装置，待检验合格后，方可进行大面积施工。

每道伸缩缝安装前，应将伸缩缝内垃圾清理干净。

3.5.5.2 施工工艺管控要点

1. 伸缩装置预留槽的准备

在预制梁板、浇筑桥台背墙及现浇箱梁施工时，要按设计要求预留槽口，并本着"就大不就小"的原则，在预留槽口的同时，要严格按图纸设计做好预埋钢筋（型号、间距）的埋设工作。

为保证沥青路面摊铺前减轻通行车辆对预埋钢筋的破坏和提高伸缩缝处沥青面层的平整度，须对槽口预防保护：先在缝口铺一块厚2~3 cm的木板及土工布，再在槽口内、预埋钢筋之间，充填大粒径碎石（便于清理），其上浇筑低标号混凝土，并同水泥混凝土桥面铺装或桥头搭板处于同一高度。

2. 开槽与清理

摊铺沥青混凝土时，应保证连续作业，在伸缩装置两边各20 m范围内不得停机，避免因机器停止、启动影响此段路面的平整度，从而影响伸缩装置的安装质量。

根据设计要求，在伸缩装置的安装预留槽区上准确标出缝区边沿位置，并画出缝区的切割线。

伸缩装置的切缝位置宜根据3 m直尺的平整度检测情况确定（以伸缩装置为中心，两侧宽度一般控制在300~500 mm以内对称布置）；平整度要求控制在1.5 mm以内。

切割前检查桥面铺装层有无破裂，起拱或塌陷现象。如发现缝区边缘处沥青路面不平，应延伸至平整处画线切割。

根据上述的切割线进行切割缝区，切割时应保证槽口顺直，直线度满足1.5 mm/m。切割完后切割线不得有肉眼可见的弯曲。

为防止切割浆液污染路面，在切割前用宽幅胶带纸沿切割边线粘一层彩条布加土工布吸收浆液（图3-64）。

清理出的杂物要堆放在离缝区边沿1 m以外的位置，下面铺彩条布，以免污染路面。

用空压机吹净（或高压水枪冲洗）槽区内的破碎混凝土及尘土，检查槽区长、宽、深等多部尺寸是否符合设计要求（图3-65）。

图3-64　铺设彩条布切割　　　　　图3-65　槽区检测

3.5.5.3　安全管控要点

伸缩缝施工时，应封闭交通，并分左、右幅施工，做好安全警示标志。

桥面破除和清扫的废渣、杂物等，放置在彩条布上，及时清运至指定的地点弃放，严禁由桥上向桥下抛弃杂物。

每日施工结束后，专职安全管理人员须对现场的各类警示标志设施设置情况进行检查，做到各类警示标志完好，各类机械设备应统一停放到设定位置，确保施工现场封闭不受侵扰。

3.5.5.4　质量管控要点

梁端间隙内不得有混凝土块、木块、废弃钢筋等杂物。

加强伸缩缝贮存、运输、起吊等物流环节的管理，防止损坏、变形。

伸缩装置处不得积水。伸缩缝前应增设一个泄水孔，防止桥面纵向盲沟在此积水，泄水孔应采用向下直排式，防止堵塞。

采取有效措施，锚牢或粘贴牢固倒水"U"形槽。

必须根据安装伸缩缝时的气温，通过计算，准确选取伸缩缝的缝宽。缝隙过大易造成跳车或止水带脱落，缝隙过小宜将型钢向上顶出路面。

3.5.5.5　成品保护

经过养生，混凝土达到设计强度的50%以后，方可安装橡胶条。安装前应将缝内的泡沫板、纤维板全部掏干净，以免杂物夹在缝内，影响结构物的伸缩性。

伸缩缝两侧过渡段混凝土强度必须达到设计强度方能开放交通。

3.5.6　支座安装

3.5.6.1　一般规定

支座到达现场后,必须检查产品合格证、附件清单、有关材质报告单和检查报告。

支座进场后对支座外观尺寸进行全面检查,并做好检查记录。

支座入库存放,避免阳光直接照射、雨雪浸淋、并保持清洁;严禁与酸、碱、油类、有机溶剂等影响支座质量的物体接触,并距热源1 m以上。

支座安装前完成支座垫石、支座预埋件质量验收检验合格后方能进行支座安装。

3.5.6.2　施工工艺管控要点

支座垫石按盆式、球形支座规格预留底板地脚螺栓预留孔。

整体板式滑动支座安装时,先在聚四氟乙烯板的储油槽内注满硅脂润滑剂,可采用钢筋或钢板将支座上、下钢板进行临时固定,使落梁时支座上、下钢板不出现相对滑动。

支座安装采用焊接连接时,应在支座顶板和底板相应位置处预埋钢板,支座就位后可采用跳跃式连续焊接法将支座上下钢板与预埋钢板焊接在一起。焊接时应采取有效降温措施。

支座安装后,应及时清理杂物,并对支座所有外露钢结构部分进行防锈处理,且应及时加装支座防尘护罩。

3.5.6.3　安全管控要点

材料机具放在安全可靠地方,防止坠落。

墩顶或盖梁顶进行支座安装作业时做好安全防护,防止高空坠落风险。

六级以上大风应停止作业。

3.5.6.4　质量管控要点

梁、板底面和垫石顶面的钢垫板应埋置稳固。垫板与支座间应平整密贴,并应保持清洁。

支座的规格型号正确、安装位置准确、滑动支座滑动方向正确。

支座安装时,应分别在垫石和支座上标出纵横向的十字线,安装完成的

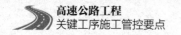
支座应与梁在顺桥方向的中心线相平行或重合，且支座应保持水平，不得有偏斜、不均匀受力和脱空现象。

支座底面灌缝饱满，顶面四角高差满足规范要求，以免受力后出现不均匀沉降，出现脱空现象。

3.5.6.5　成品保护

当支座钢体采用焊接时，要将橡胶块用阻燃材料予以适当覆盖遮挡，防止烧伤支座，并避免钢体受热。

定期给支座钢件进行油漆防锈处理（不锈钢滑动面除外）。

3.6　桥的T梁横隔板加固

3.6.1　钻孔

钻孔前应探测原桥外边梁和加宽桥拼接中梁腹板内预应力钢绞线的精确位置，并用记号表划出预应力钢绞线位置，探测钻孔位置处钢绞线最上方位置即可，严禁孔道与原桥、加宽桥预应力钢绞线相干扰。

25 mT梁每孔共4道中横隔板（30 mT梁每孔共5道中横隔板），其中端隔板取消连接，只连接中横隔板，每道中横隔板设置6根预应力高强螺栓连接，每排3根，钻孔位置靠近横隔板，上排尽量靠近T梁腹板顶部，下排靠近下缘，以避开钢绞线为准，使上下排间距保持最宽，钻孔完成后，在原桥外边梁和加宽桥拼接中梁孔道中穿入精轧螺纹钢筋。

3.6.2　安装槽钢和锚具垫块

穿入精轧螺纹钢筋后，在中横隔板两侧安装槽钢支撑并搂紧以防止梁体变形，槽钢两侧设置钢板垫块，每道横隔板两侧各设置两道槽钢，共4道，水平方向间距为84 cm，距离横隔板中心线42 cm。槽钢支撑安装的同时，安装高强螺栓外侧锚具垫块，锚具垫块根据现场实际尺寸调整。

3.6.3　植筋

根据大桥T梁拼宽横隔板位置，预应力高强精轧螺纹钢筋位置，进行植筋。植筋按钢筋断面图确定钢筋绑扎位置，与植筋牢固连接，以保证高强精轧螺纹钢筋能被浇筑后砼全部包裹量。植筋养护完成后对钢筋进行拉拔试验，检测植筋效果。采用拉力计（千斤顶）对所植钢筋进行拉拔试验加载，张拉采用匀速加载至设计荷载，总加载时间为2~3 min，对钢筋拉拔力进行检测。Φ 12 mm钢筋拉拔力不小于37.63 kN。

3.6.4　预应力张拉

待加宽桥各T梁架设完毕并预压空置半年后，张拉预应力高强精轧螺纹钢筋张拉过程中应监测梁体的变形，张拉控制应力为216 MPa。每根J125高强螺纹精轧钢筋锚下控制张拉力为106 kN。

3.6.5　封孔

张拉完成后，向原桥、加宽桥腹板孔道内注入HY-150化学胶封孔，锚具上涂环氧树脂。

3.6.6　横隔板钢筋绑扎

横隔板钢筋、桥面湿接缝处钢筋采用单面焊接连接，焊接长度为10 d。

3.6.7　模板安装

一孔钢筋绑扎完成后，开始模板安装，模板之间采用拉杆连接，确保浇筑过程中模板不变形，同时便于拆卸。

3.6.8　浇筑横隔板砼

模板安装完成并报检合格后，开始砼浇筑，砼采用与T梁等强度砼，为C50补偿收缩砼，浇筑时罐车到达桥面，采用溜槽浇筑，浇筑时采用小型振捣棒振捣密实。浇筑完成后，及时覆盖土工布洒水养护，养护时间不少于7 d。

3.6.9　湿接缝施工

一孔横隔板施工完成后，立即施工纵向湿接缝。

3.6.10　槽钢拆除

现浇混凝土强度达到80%后方可拆除槽钢，横隔板连接施工完成后须在锚具上涂上环氧树脂。

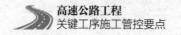

3.7 新老桥拼接

3.7.1 一般规定

3.7.1.1 桥梁拼宽的总体原则

加宽拼接桥梁施工应充分考虑施工中新旧结构标高调整因素。

加宽拼接桥涵因受收缩徐变等作用，引起附加内力，其拼接部位受力较为不利，拼接部位宜采用高延性或高韧性混凝土浇筑。

对原桥结构进行改造，如切割、凿除时，应严格按设计尺寸和结构不被破坏（尤其是不出现裂缝）、不降低承载能力的原则进行，尽量减少凿除的量，避免在实施过程中对梁、板结构的损坏，构造拆除同时应该考虑构件合理利用。

为满足原通道的净空要求，被交路若采取下挖方式，应设置如集水井、沉淀池等，充分考虑综合排水措施。

对原通道为桥式通道，且又是轻型桥台者，采取下挖施工时必须特别慎重，须有相应的安全措施保证。

拼接加宽的桥梁应注意桥路配合，当桥梁位于平曲线上时，左、右幅桥加宽须按各自对应曲率布置。拼接加宽桥应与原桥纵、横坡拟合一致。

3.7.1.2 加宽拼接方式

构造连接一般原则：桥梁加宽拼接。连接方式一般有"上部结构连接、下部结构不连接""上部结构连接、下部结构也连接"。对于匝道桥的变宽段和桥梁拼宽较窄的情况可根据具体设计实施。

上部构造连接形式：实心板、空心板采用弱连接；组合梁板采用刚性连接方式（翼缘、横隔梁均连接）；现浇钢筋混凝土梁板和预应力混凝土梁板宜采取铰连接方式。

3.7.1.3 加宽拼接构造

采用上连下不连的拼接方式，上部结构设计方案为依靠翼缘板保留钢筋与拼宽部分现浇混凝土连接。其梁板边梁采用先切割后凿除混凝土防撞栏，再将旧桥从翼缘边缘往内55 cm范围内混凝土凿除，并保留原有钢筋与新建梁板预埋筋进行连接，预压时间3个月，待基础沉降稳定后再浇筑湿接缝混凝土浇筑，按照拼宽的整体要求设置护栏、排水、防水系统、混凝土调平层、沥青混凝土桥面铺装，最后形成桥梁结构。

采用上部结构连接，下部结构也连接，须换上部结构梁板，既凿除上部结构，下部结构凿除墩台盖梁、部分墩柱及肋板，在拼宽新建部分桩柱施工完成后，盖梁分段浇筑，对新建部分上梁压载，放置3个月，待基础沉降稳定再浇筑盖梁后浇段及湿接缝，完成体系转换，最后形成桥梁结构。

3.7.1.4 拼宽桥梁平面、纵面控制

拼宽桥梁平面放样时必须进行双控，按照施工图给定的桩位坐标放样桩位，然后将旧桥墩台盖梁的边线延长，延长后与施工图实测桩位中心拟合，顺路线方向误差不超过2 cm，横向误差原则上不超过15 cm。平面控制的主要目的是保证新旧桥伸缩缝对齐，且伸缩缝宽度须满足设计要求，若误差超过允许范围有以下几种调整方法：

a）调整基桩坐标；

b）考虑到施工盖梁模板的重复利用，横向误差通过调整盖梁内侧悬臂长度而盖梁外侧悬臂长度及桩间距不变；

c）当顺路线方向误差超过允许值且桩基坐标调整有难度时，可调整梁长或盖梁宽度（利用桥面连续宽度调整）。

3.7.1.5 拼宽桥梁基础沉降差处理

1. 对"上部结构连接、下部结构不连接"的方式消除基础沉降差

提前进行拼接桥涵主体施工，减小结构拼接之后的基础沉降差，以及由此产生的附加内力和预应力混凝土结构的收缩徐变产生的附加内力，宜在新建上部结构安装完成并等待5~6个月后进行结构拼接施工。

为加快拼接结构发生基础沉降，同时控制已安装上部结构跨中上拱值（预应力混凝土结构），可采用预压方式进行调整，按照设计提供的预压量值与预压部位组织实施预压工作，控制基础总沉降量和新旧结构拼接之后基础沉降差。

2. 对"上部结构连接、下部结构也连接"的方式消除基础沉降差

须加固维修的旧桥，上部须更换梁板，下部凿除墩台盖梁、部分墩柱及肋

板，按要求柱顶及肋板植筋重新浇筑盖梁、垫石、挡块的桥梁，基桥墩盖梁、桥台盖梁均分阶段浇筑，新旧墩、台盖梁连接部位设置后浇段，采取待新建墩、台部分沉降基本完成后再将盖梁浇筑为整体的措施，以消除新旧墩台沉降不均匀的问题。

3.7.2 新老桥拼接施工步骤

3.7.2.1 "上连下不连"拼接加宽施工步骤

施工拼宽部分桥墩、桥台及盖梁。

拆除原桥外侧护栏及桥面铺装，在旧护栏内侧设置临时防撞护栏。

按照设计施工图凿除桥面现浇层混凝土，凿除原桥外侧梁板翼缘板部分混凝土（一般不少于55 cm），保留原有钢筋，除锈后与拼宽部分梁板翼缘板钢筋连接。

架设加宽部分上构，焊接拼接钢筋，并在梁顶上加等待荷载进行预压，加载预压后，加宽部分新建墩台柱自然沉降不小于90 d。

新建拼宽梁板与旧桥梁板连接处湿接缝暂不浇筑混凝土，待预压3个月后沉降和变形稳定再浇筑。

浇筑湿接缝及桥面铺装混凝土；桥面现浇调平层混凝土为C50抗渗混凝土，抗渗等级满足设计要求。在浇筑桥面混凝土时，严格控制施工工艺，严格控制铺装层混凝土的收缩裂缝。

3.7.2.2 "上连下也连"拼接加宽施工步骤

拓宽部分的桩柱可按新建工程施工、新旧桥盖梁连成整体。此时可将原桥盖梁的连接部分的混凝土凿除至柱顶设计标高处，将新老钢筋焊接成一个整体，注意接头钢筋要错开，符合钢筋接头规范要求。

在拼宽新建部分桩柱施工完成后，盖梁分段浇筑，上梁压载，放置3个月，待基础沉降稳定后再浇筑盖梁后浇段，完成体系转换。

盖梁后浇段注意事项如下。

a）后浇段设置在新旧桥桥墩之间弯矩较小处，两端悬臂长度以保证柱深入盖梁主筋及垫石钢筋顺利实施。

b）除后浇段外，盖梁其他主筋、箍筋正常绑扎，后浇段箍筋成型但不绑扎就位，待后浇段混凝土灌注前再绑扎就位，支模时须考虑后浇段预留。

c）盖梁混凝土强度达100%时，上部梁板吊装就位，盖梁后浇段处的湿接缝钢筋绑扎连接但暂不浇筑混凝土，此处湿接缝与盖梁后浇段同时浇筑，其余位置湿接缝正常浇筑。

d）上部梁板就位、湿接缝连接后，只在拼宽新建墩台部分放置压载物，压载重量等于铺装层重量，严禁对旧桥墩台部的梁板进行压载。

e）预压结束后，后浇段浇筑前接触面应充分凿毛、清洗，浇筑混凝土。后浇段混凝土中加入微量膨胀剂。

f）上梁后须进行连续沉降观测，详细记录观测值，新建拼宽墩台和旧桥墩台都须观测。

3.7.2.3 施工顺序与协调

拼接桥梁按先下构后上构再拼接的工序施工，并与路基工程、路面工程的建设时间充分协调。为减少桥梁拼接时的差异沉降，可采取如下措施。

a）桩基础施工时应严格控制沉淀层厚度，减少钻孔灌注桩的沉降。

b）尽可能延长新桥结构及现浇层混凝土和拼接段混凝土浇筑的间隔时间，及半幅开放交通产生振动对拼接段混凝土之影响，以使新建桥梁的大部分桩基沉降、混凝土收缩徐变能够充分完成。

c）新桥下部结构施工时应注意对老桥基础的影响，还应考虑新建桥梁桩基到扩大基础边缘的安全距离。新桥下构与老桥下构按净距1 m以上的原则进行控制，留足施工的安全距离，以确保老桥基础安全不受影响。

d）对于高填方桥台，为避免大开挖带来路基失稳，可以考虑提高加宽桥承台标高，用锚杆挂网分段开挖防护或钢板桩防护后，再施工加宽部分的基桩和承台。

3.7.3 桥梁拼宽后浇带施工

后浇带是指旧桥梁边板与新拼宽内边板之间的现浇湿接缝。

3.7.3.1 一般规定

新桥（涵）建成后，拼接部分暂缓进行，新桥须加载不少于3个月，拼接前应检查新桥在加载预压下的沉降情况，当沉降差大于5 mm时要会同设计单位分析原因，可采用顶升主梁及桥头顺坡等措施，保证新旧桥拼接平顺。

拼接施工完成后，待湿接缝达到强度后须二次观测新桥的沉降，并检查拼

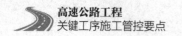

接部位有无异常情况，如出现裂缝等。

拼接时局部拆除下部结构，如桥台耳墙须凿至与新桥背墙牛腿齐平。

对于须补强加固的桥梁，必须完成老桥的加固后才能进行新老桥的拼接。

拼宽桥完成预期沉降后，可靠连接拼宽侧与老桥对应钢筋，同时进行新老桥面板拼接后浇带及湿接缝的现浇筑施工，以便使新老结构形成整体，完成整体桥面系施工。

3.7.3.2　施工工艺管控要点

老桥护栏及边板悬臂拆除。禁止使用爆破、大锤锤击等可能破坏原有构造物的方式去除护栏及桥面板。

老桥边板与预制拼接板的拼接面及新、老板顶面须凿成凹凸不小于6 mm的粗糙面，以利于新旧混凝土良好结合，新老桥面拼接后浇带及湿接缝混凝土浇筑前，必须清除结合面上的浮皮并用水冲洗干净，洒水保持结合面湿润。

施工时首先在老桥边板侧面相应位置植入钢筋，对于上侧植入钢筋，如位于老桥顶板以上位置，可将该钢筋由植入调整为嵌入现浇层形式，相应增加其嵌入长度。植入钢筋与拼宽边板伸出的预埋钢筋对应布置并采用单面焊连接。

湿接缝混凝土采用试验室已批准的高性能钢纤维混凝土浇筑。

3.7.4　桥梁拼宽凿除施工

3.7.4.1　一般规定

桥梁凿除原有混凝土护栏、边板翼板、桥面铺装施工期间，桥下须设置防落网、隔离网，确保凿除期间的安全。

凡须拆除混凝土而保留钢筋的，均应采用高压水射流破碎混凝土，不可采用风镐凿除。

拆除混凝土护栏及翼缘的桥梁，可采用切割机根据起重机吊装能力，切割成小块，分别吊装拆离；须保留翼缘钢筋的，翼缘须采用高压水射流破碎混凝土或人工凿除，以确保钢筋完好。

3.7.4.2　切割、凿除旧桥部分混凝土施工

施工拼接前须全面了解原桥涵构造物哪些部分进行切割、凿除，领会其设计意图。

须对原桥结构进行切割、凿除时，应严格按结构不被破坏（不出现裂缝等）、不降低承载能力的原则进行，设计要求尽量采用切割的拆除方式，对混凝土切割面须按施工缝处理，须凿毛，以保证新老混凝土可靠连接。开槽尺寸也须严格按设计要求予以控制。

对于梁板（空心板梁）桥，切割或凿除护栏（座）和翼缘、凿除桥面板混凝土，宜先切除护栏（座），再凿除翼缘板混凝土不少于 55 cm。为使护栏的拆除不至于导致梁板被破坏、不出现裂缝，禁止采用爆破、重锤锤击方式。

手工凿除拼接处旧桥桥面板混凝土，暴露原有横桥向钢筋，严格控制不得对原梁顶板混凝土造成伤害，对作业面进行浮渣清理、清水冲洗。

第4章 隧道工程

4.1 总则

4.1.1 编制目的

为规范高速公路现场施工管理，强化标准化建设，确保项目安全、质量，提升工程管理水平，根据项目隧道工程主要工序编制的指导性管理要点进行施工。

4.1.2 适用范围

适用于本项目的隧道工程。

4.1.3 编制原则

依据国家及行业现行法律法规、标准、规范、规程，结合山东高速集团现行管理办法、制度、标准、指南等，结合项目特点，以隧道施工管理为主线，以问题为导向，注重可操作性和实施性。

4.1.4 编制依据

a）《中华人民共和国安全生产法》；

b）《中华人民共和国环境保护法》；

c）《爆破安全规程》（GB 6722—2003）；

d）《公路隧道施工技术规范》（JTG/T 3660—2020）；

e）《公路工程施工安全技术规范》（JTG F 90—2015）；

f）《公路工程质量检验评定标准 第一册 土建工程》（JTG F 80/1—2017）；

g）山东高速集团《高速公路隧道施工标准化技术指南》；

h）国家及行业颁布的其他标准、规范、规程、指南等与路基建设有关的

要求。

4.2　洞口及明洞工程

4.2.1　一般规定

积极推广"零开挖"进洞理念，遵循"早进洞、晚出洞"施工原则，避免对山体大挖大刷。

隧道洞口开挖前，施工单位应编制隧道进洞专项施工方案，必要时由施工单位邀请相关专家进行评审。

隧道进洞前，应尽早完成边仰坡防护。

应合理安排桥隧相连段施工顺序，宜先施工桥台基础。

洞口开挖和进洞前宜避开雨期、融雪期及严寒季节。

二次衬砌台车应及时进场，明洞及洞门宜及早施工。

4.2.2　明洞工程

4.2.2.1　施工工艺管控要点

1. 边墙施工

明洞边墙基础应设置在符合图纸要求且稳固的地基上，地基承载力满足设计要求，基坑的渣体杂物、风化软层和积水应清除干净。严禁超挖回填虚土。

偏压和单压明洞的外边墙基底，在垂直路线方向应按设计要求挖成一定坡度、向内的斜坡，以提高基底抗滑力，如基底松软，应采取措施增加基底承载力。

深基础开挖，应注意核查地质条件；如挖至设计高程，不符合图纸要求时，应提出变更设计。

基础施工完成后应及时回填，避免雨水等侵蚀地基。

采用衬砌台车做内模，整体钢模或组合小模板做外模，全断面整体浇筑，纵向分段施工。

2. 明洞衬砌及防水

明洞衬砌及防水的施工要点可参照洞内二次衬砌，明洞衬砌与暗洞衬砌的防水设施应连接良好。

明洞拱圈外模拆除，拱圈混凝土达到设计强度后，应及时按设计规定要求

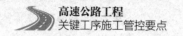

施作防水层及拱脚纵向排水管、环向盲沟。防水板接缝与隧道环向施工缝错开距离不应小于1.0 m，并与暗洞防水板连接良好。

3. 明洞回填

拱圈混凝土达到设计强度，拱墙背防水设施完成后，方可回填拱背土方。

明洞段顶部回填土方应对称分层夯实，每层厚度不得大于0.3 m，两侧回填的土面高差不得大于0.5 m；底部应铺填0.5~1.0 m厚碎石并夯实；回填至拱顶后应分层满铺筑，顶层回填材料宜采用黏土以利于隔水。明洞黏土隔水层应与边坡、仰坡搭接良好，封闭紧密。

使用机械回填时，拱圈混凝土强度应达到设计强度，且须先用人工填筑夯实回填至拱顶以上1.0 m后，方可使用机械施工。

4.2.2.2　安全管控要点

模板应按先外后内、自上而下、分层分段的顺序和原则拆除（衬砌台车）。

拆除过程应设置警戒区，非作业人员不得靠近。

拆除人员应使用稳固的登高工具和防护用品。

临边部位必须设置安全防护栏杆、安全网等防护措施。

4.2.2.3　质量管控要点

混凝土浇筑连续进行，左右侧混凝土浇筑高差控制在0.5 m以内。

拆模时要谨慎操作，防止造成混凝土缺棱掉角。

防水层铺设前，检查混凝土表面是否平整、有无尖锐物；防水层铺设应平顺无褶皱、松弛度适宜；防水板搭接焊缝应饱满，焊缝宽度不小于设计要求，并进行气密性检查；避免漏焊、虚焊、烤焦或焊穿。

明洞回填时应对防水层采取有效保护措施，防止防水层损坏；填土对称分层夯实，回填料符合设计及规范要求，两侧回填的土面高差不得大于0.3 m；顶层回填材料采用黏土，并与边坡、仰坡搭接，封闭紧密，确保隔水效果。

4.2.2.4　成品保护

加强管理，防止设备碰撞、油垢污染混凝土表面。

拆模后应进行湿润养护，养护时间不得少于7 d。

明洞回填过程中要精心保护防水层，防止被锐物破坏。

4.2.3　洞口工程

隧道洞口应尽可能减弱人工痕迹，洞口应与自然景观相协调。可适当在洞口种植高大树木，降低洞口亮度，使光线明暗过渡自然。

洞门基础开挖应注意基坑的支护，基础必须置于稳固的地基上，地基承载力满足设计要求，应做好防水、排水工作，防止基底被水浸泡。基坑废渣、杂物等必须清除干净。

洞门端墙应与隧道衬砌紧密相连接。洞门端墙的砌筑（或浇筑）与墙背回填，应两侧同时进行，防止对衬砌产生偏压。

洞门建筑完成后，洞门以上仰坡脚如有损坏，应及时修补，确保坡顶以上的截水沟、墙顶排水沟及路堑排水系统的完好、连通。

隧道明洞回填和洞门施工完成后，应及时做好洞口边坡及仰坡的地表恢复，符合环境保护要求，做好水土保持。

洞门砌筑要结合现场自然景观协调性及地质情况，对隧道洞口设计进行复核。

洞门端墙宜采用清水混凝土浇筑，表面喷涂真石漆，正面施作假缝，网格尺寸宜为80 cm × 40 cm（可根据洞门端墙高度及宽度适当加大），错缝布置，假缝尺寸宽2.5 cm，深2 cm。隧道洞口应在合适位置设置景观石并刻画隧道名称、洞口顶部应设置建设方企业名称及企业标志。

4.3　洞身开挖

4.3.1　一般规定

应根据隧道长度、断面尺寸、地质条件、结构形式、工期要求等，选择适宜的开挖方法和机械设备。

隧道开挖轮廓应按设计要求预留变形量，预留变形量应根据监控量测数据与设计方沟通后进行动态调整。

隧道爆破应采用光面爆破技术，严格控制欠挖，尽量减少超挖。

软弱围岩隧道Ⅳ、Ⅴ、Ⅵ级围岩地段采用台阶法施工时，Ⅴ、Ⅵ级围岩上台阶每循环进尺不应大于1榀钢架间距，Ⅳ级围岩不应大于2榀钢架间距；边墙每循环进尺不得大于2榀；仰拱开挖前必须完成钢架锁脚锚杆施工，且每循环进尺不得大于3 m。

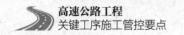

隧道开挖后初期支护应及时施作并封闭成环，仰拱距离掌子面距离，Ⅳ围岩不得超过50 m，Ⅴ级及以上围岩不得超过40 m；仰拱不得分幅施作。

隧道双向开挖的贯通位置应选择在围岩较好的地段。开挖工作面相距小于40 m时，应加强联系、统一指挥，并采取浅眼低药量，控制爆破振动；距离为20 m时，应改为单向开挖，一端必须停止开挖并将人员机具撤走，并在安全距离处设立警告标志。对采用单向开挖的隧道，出洞前应反向开挖不少于30 m且不小于洞口超前管棚长度，严禁在隧道洞口处贯通。

两座平行隧道同向开挖工作面的纵向距离应根据两隧道间距、围岩情况确定，原则上不宜小于2倍洞径。

应保持隧道均衡连续作业，暂停掘进期间应对掌子面进行封闭加固处理，恢复施工前应进行安全排查。

4.3.2 台阶法开挖

台阶法开挖是指将全断面从上向下分成两个或三个断面，上断面先行开挖，待开挖至一定长度后再依次开挖中、下断面，最后形成上、中、下断面同时并进的施工方法（图4-1），其中黄土隧道三台阶七步开挖（图4-2）；台阶长度不宜过长，宜控制在一倍洞径以内，当台阶长度在3~5 m时称为微台阶法。

图4-1　台阶法开挖　　　　　图4-2　黄土隧道三台阶七步开挖

采用台阶法开挖隧道时，应根据围岩条件合理确定台阶长度和高度，台阶长度不宜过长，Ⅳ级、Ⅴ级软弱围岩宜控制在一倍洞径以内，Ⅲ级、Ⅱ级围岩宜控制在40 m以内。

台阶形成后，各台阶开挖、支护宜平行作业；下台阶左右侧开挖宜前后错开3~5 m，同一榀钢架两侧不得同时悬空，当左右侧围岩有明显差异时，应先开挖围岩较差一侧。

施工亦应先护后挖，宜采用超前锚杆或超前小导管辅助施工措施。开挖应尽量采用微震光面爆破技术。

初期支护应紧跟开挖面；上台阶施工时，钢架底脚宜设锁脚锚杆和纵向槽钢托梁以利下台阶开挖安全。下台阶在上台阶喷射混凝土强度达到设计强度的70%后开挖。

隧道两侧的沟槽及铺底部分应和下台阶一次开挖成型。

循环进尺应根据围岩的地质条件、自稳能力和初期支护钢架间距合理确定。Ⅲ级围岩循环进尺不宜超过3.0 m；Ⅳ级、Ⅴ级软弱围岩上台阶循环进尺不宜超过2榀钢架设计间距；初期支护设计钢架未封闭成环的隧道，仰拱一次开挖长度不宜大于3 m。

台阶分界线应在起拱线以上，下台阶循环进尺不宜大于2榀钢拱架的长度。

4.3.3 环形开挖留核心土法

环形开挖留核心土法是一种先开挖上部导坑成环形，并进行初期支护，再分部开挖剩余部分的施工方法（图4-3）。

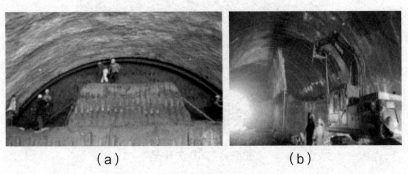

（a）　　　　　　　　　　（b）

图4-3 环向开挖预留核心土

环形开挖留核心土法，将开挖断面分为上、中、下及底部四个部分逐级掘进施工，核心土面积不小于整个断面面积的50%。上部宜超前中部3~5 m，中部超前下部3~5 m，下部超前底部10 m左右。

应根据围岩条件和初期支护钢架间距确定台阶上部开挖循环进尺，上台阶每循环进尺Ⅴ、Ⅵ级围岩不宜大于1榀钢架间距，Ⅳ级围岩不宜大于2榀钢架间距。下台阶开挖左右侧宜交错进行，下台阶循环进尺不宜超过2榀钢架

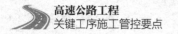

设计间距。

核心土与下台阶开挖应在上台阶支护完成、喷射混凝土强度达到设计强度的70%后进行。为防止上台阶初期支护下沉、变形，其底部宜加设槽钢托梁，托梁与钢架连为一体，钢架底部应按设计要求设置锁脚锚杆，并与纵向槽钢焊接，锚杆布设俯角宜为30°。

每一台阶开挖完成后，及时喷射4 cm厚混凝土对围岩进行封闭，设立钢架及锁脚锚杆，分层复喷混凝土到设计厚度，必要时各台阶设临时仰拱加强支护，完成一个开挖循环。

对土质的隧道应以核心土为基础设立3根临时钢架竖撑以支撑拱顶和拱腰，核心土应根据围岩量测结果适当滞后开挖。

4.3.4　中隔壁法（CD法）

CD法是在软弱围岩大跨度隧道中，先分部开挖隧道的一侧，并施作中隔壁，然后再分部开挖另一侧的施工方法。中隔壁应设置为弧形（图4-4）。

图4-4　CD法开挖

上部导坑的开挖循环进行尺控制为 V、VI 级围岩不宜大于1榀钢架间距，4级围岩不宜大于2榀钢架间距，下台阶循环进尺不宜超过两榀钢架设计间距。

各部开挖时，周边轮廓应尽量圆顺；应在先开挖侧喷射混凝土强度达到设计规定后再进行另一侧开挖；开挖时，同层左、右两侧导坑沿纵向应错开10~15 m，单侧开挖应采用短台阶，台阶长度3~5 m。当开挖形成全断面时，应及时完成全断面初期支护闭合。

导坑开挖孔径及台阶高度可根据施工机具、人员等安排进行适当调整。应配备适合导坑开挖的小型机械设备，提高导坑开挖效率。

中隔壁拆除宜在仰拱施工前进行，一次拆除长度应与仰拱浇筑长度相适应。拆除后应及时浇筑仰拱和填充、施作拱墙二次衬砌。

中隔壁拆除前后，应进行变形量测。

4.3.5　交叉中隔壁法

交叉中隔壁法（CRD法）是在软弱围岩大跨度隧道中，先分部开挖隧道一侧，施作中隔壁和横板，再分部开挖隧道另一侧并完成横隔板施工的施工方法（如图4-5所示）。

（a）　　　　　　　　　　（b）

图4-5　CRD法开挖

为确保施工安全，上部导坑开挖循环进尺控制为1榀钢架间距，下部开挖循环进尺控制为2榀钢架间距，仰拱一次开挖长度依据监控量测结果、地质情况综合确定，一般不宜大于3 m。

中间支护系统的拆除时间应考虑其对后续工序的影响，当围岩变形在设计允许的范围之内，并在严格考证拆除的安全性之后方可拆除。中隔壁混凝土拆除时，要防止对初期支护系统形成大的振动和扰动。

中隔壁的拆除时间要求同CD法。

4.3.6　钻爆施工

隧道钻爆应采用光面爆破，以最大限度减轻爆破对围岩的振动和破坏，尽可能保持围岩原有的完整性和稳定性；爆破后围岩断面轮廓线应整齐。

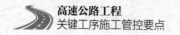

施工前，应进行专项钻爆设计，钻爆作业应按照钻爆设计进行，并根据实际爆破效果及时对爆破设计参数进行调整。

钻眼做到准、直、齐、平。

爆破后应按先机械后人工的顺序找顶排危，并进行安全确认。

4.4 隧道初期支护

4.4.1 一般规定

初期支护应配合开挖作业及时进行，初期支护紧跟掌子面。Ⅳ~Ⅵ级围岩初期支护必须保证在未落底之前，应采用加强锁脚，同时应保证尽早封闭成环。严格进行工序、质量验收，严禁背后脱空。

软弱围岩地段坚持"先支护、后开挖、快封闭、勤测量"的施工原则。

施工中应做好超前地质预报，应根据围岩条件的变化，因地制宜，提前采取相应措施，做到安全可靠、经济合理。

隧道支护宜根据现场监控量测结果，分析施工中各种信息，及时调整支护措施和支护参数。

4.4.2 喷射混凝土

4.4.2.1 施工工艺管控要点

初支喷射混凝土施工采用湿喷工艺，施工过程中不断优化喷射混凝土配合比，确定最佳速凝剂掺量，保证喷射混凝土质量。

应及早进行初喷，封闭开挖面。

喷射过程中及时铲除钢架表面超喷厚度混凝土（图4-6），消除隧道喷射混凝土肋条现象；当班喷射作业完成，工作人员及时清除锁脚锚管处鼓包混凝土及拱脚堆积混凝土，保证初喷后混凝土应密实、饱满，表面平整、圆顺。喷射混凝土养生（图4-7）。

图4-6 钢拱架超喷混凝土铲除　　图4-7 喷射混凝土养生

4.4.2.2 安全管控要点

观察受喷面围岩的稳定性，防止落石、掉块伤人。喷射时观察地质变化，发现围岩有松动滑块现象，应立即撤离。

非施工人员不得进入正进行喷射的作业区，施工中喷嘴前严禁站人。

喷射混凝土出现裂缝、脱落时应加强观察及监控量测；必要时应撤离施工人员，加强支护，确保安全。

4.4.2.3 质量管控要点

1. 受喷面处理

a）清除开挖后残留虚渣、危石，检查断面尺寸，欠挖部分处理后确保其满足断面尺寸要求。

b）喷射前应对受喷岩面进行处理，一般岩面可用高压水冲洗受喷岩面的浮尘、岩屑，当岩面遇水容易潮解、泥化时，采用高压风吹净岩面。

2. 喷射混凝土

a）喷射混凝土应按设计配合比进行试拌，验证其工作性能满足要求后方可大量拌和；拌和应随拌随用，避免放置时间过长影响混凝土的工作性能。

b）喷射混凝土应分初喷和复喷，喷射厚度满足设计要求。

c）喷射混凝土作业应采用分段、分片、分层依次进行，喷射顺序应自下而上，分段长度不宜大于6 m。喷射时先将低洼处大致喷平，再自下而上顺序分层、往复喷射。

d）喷射混凝土分段施工时，上次喷混凝土应预留斜面，斜面宽度为200~300 mm，斜面上须用压力水冲洗润湿后再行喷射混凝土。

e）分层喷射时，后一层喷射应在前一层混凝土终凝后进行，若终凝1 h后再进行喷射时，应先用高压风或水将喷层表面吹洗干净。

f）喷射应先喷钢架与壁面间混凝土，再喷两钢架之间混凝土。

g）喷射完成混凝土强度形成后应检查喷射混凝土与岩面黏结情况及空洞，可用锤敲击检查，同时测量其平整度和厚度。当有空鼓、脱壳时，应及时凿除，冲洗干净进行重喷，或采用压浆法充填。

h）检查喷射混凝土有无鼓包、裂缝、崩落等情况。

4.4.2.4 成品保护

作业过程中，防止机械设备对喷射混凝土造成扰动破坏，如发生破坏，应及时进行补喷，保证喷射混凝土质量。

4.4.3 锚杆

4.4.3.1 一般规定

锚杆类型、规格、技术性能、长度及数量应满足设计要求；锚杆使用前，应在现场进行工艺、力学试验。

砂浆锚杆和注浆锚杆的灌浆强度应不小于设计和规范要求，锚杆孔内灌浆密实饱满。

4.4.3.2 施工工艺管控要点

锚杆施工应在复喷混凝土后进行，以保证锚杆垫板有较平整的基面，能与喷射混凝土紧密接触。

锚杆施工时应根据岩层走向，尽量使锚杆垂直岩层层面打入，这样可以更好发挥锚杆加固、悬吊等作用，增强锚固效果。

锚杆尾端外露头长度宜小于喷射混凝土层厚度。

4.4.3.3 安全管控要点

彻底清理浮石，施工中，施工机具应布置在安全地带。

锚杆作业中，要密切注意观察围岩或喷射混凝土的剥落、坍塌，清理浮石要彻底；施工中，要及早发现危险征兆，及时处理。

钻孔作业严禁上下交叉作业。

注浆时时常检查管道接口处连接情况，防止脱落。

4.4.3.4　质量管控要点

按锚杆的设计间距用红油漆标出锚杆的位置，其允许孔位偏差 ± 150 mm。

按照孔位调整好开挖台车位置并固定，按照锚杆径向架设钻机，对准钻孔孔位，进行钻孔工作。

钻孔过程中尽量保持钻杆垂直于岩面。

钻孔完成后，用高压风吹净孔内岩屑，并检查钻孔是否畅通，深度是否满足设计要求。

钻孔深度不应小于锚杆杆体有效长度，但深度超长值不应大于10 cm。

锚杆杆体使用前应平直、除锈、除油。

中空锚杆注浆管应插至距孔底50~100 mm，随砂浆的注入缓慢匀速拔出，杆体插入后若孔口无砂浆溢出，应及时补注。

灌注砂浆应密实饱满，砂浆强度等级、配合比应符合设计要求，

锚杆外端标准螺纹应有效，逐根检查并与标准螺母试装配；螺母应在砂浆初凝后拧紧，垫板应与喷射混凝土紧密接触。

4.4.3.5　成品保护

锚杆安装后，不得随意敲击。

4.4.4　钢拱架加工及安装

钢拱架加工及安装参见图4-8至图4-12。

图4-8　钢拱架试拼装　　图4-9　钢拱架安装示例　　图4-10　钢拱架卡具

图4-11　角度控制器安装　图4-12　角度定向控制器使用

4.4.4.1　一般要求

钢架应分节段制作，每节段长度应根据设计尺寸及开挖方法确定，不宜大于4 m。每片节段编号，注明安装位置。型钢钢架宜采用冷弯法制作成型。钢架节段应采用工厂化加工制作方案。现场加工的格栅钢架应按1∶1胎模控制尺寸，所有钢筋节点必须采用双面焊接。

拱架接头钢板厚度及螺栓规格必须符合设计要求；接头钢板螺栓孔必须采用机械钻孔，孔口采用砂轮机清除毛刺；要求每榀之间可以互换，严禁采用气割冲孔。

钢架加工尺寸应符合设计要求，其形状与开挖断面相适应。

不同规格的首榀钢架加工完成后，应放在平地上试拼，周边拼装允许偏差为±30 mm。平面翘曲应小于20 mm。当各部尺寸满足设计要求时，方可批量生产。

4.4.4.2　施工工艺管控要点

钢架安装前应检查开挖断面轮廓、中线及高程。首榀钢架应进行试拼装，合格后，方可批量生产。

钢架安装应确保两侧拱脚必须放在牢固的基础上。安装前应将底脚处的虚碴及其他杂物彻底清除干净；脚底超挖、拱脚高程不足时应用砼垫块支垫牢固；拱脚高度应低于上半断面底线15~20 cm。

钢架应分节段安装，节段之间应按设计要求连接。连接钢板平面与钢架轴线垂直，钢板连接紧密。两块连接板之间采用螺栓连接。

相邻两榀钢架之间必须用纵向钢筋连接，钢筋直径及间距应符合设计要求，钢架间距采用钢架卡具控制。

钢架立起后，根据中线水平将其校正到正确位置，然后用定位筋固定，并用纵向连接筋将其和相邻钢架连接牢靠。钢架安装时应垂直于隧道中线，竖向不倾斜、平面不错位，不扭曲。上、下、左、右允许偏差 ± 50 mm，钢架倾斜度应小于2°。

下部开挖后，钢架应及时接长、落底，钢架底脚不得左右同时开挖。

拱脚开挖后应立即安装钢架、施作锁脚锚管；锁脚锚管长度、壁厚、材质、数量和位置须符合设计和规范要求。施工时要注意插入角度，与钢架用 Φ 20 mm钢筋进行 "U" 形连接，焊接密贴。锚杆打设完毕要及时注浆。

安装钢架与岩面或初喷面密贴，存在间隙采用喷射混凝土填充密实，保证钢架整体受力。

4.4.4.3　安全管控要点

钢架吊运存放过程中，必须由专人在安全区域内进行指挥。

钢架运输时，必须使用专用车辆进行运输，并配专人进行指挥。

钢架安装作业时，作业人员之间应协调动作，在本排钢架未安装完毕，并与相邻的钢架和锚杆连接稳妥之前，不得擅自取消临时支撑。

钢架拱脚必须放在牢固的基础上，清除底脚下的虚渣及其他杂物，脚底超挖部分应用喷射混凝土填充。

安装过程中，如发现支护变形时，应及时反馈并采取有效加固措施，当险情危急时，应将人员、机械撤出危险区域。

4.4.4.4　质量管控要点

钢架加工的焊接不得有假焊，焊缝表面不得有裂纹、焊瘤等缺陷；焊接完毕后应清除熔渣及金属飞溅物，按《钢结构工程验收规范》要求检查焊接质量，不允许出现漏焊和假焊等现象。

钢架安装应确保两侧拱脚必须放在牢固的基础上。安装前应将底脚处的虚渣及其他杂物彻底清除干净；脚底超挖、拱脚标高不足时，应用喷射混凝土填充；拱脚高度应低于上半断面底线15~20 cm，当拱脚处围岩承载力不够时，应向围岩方向加设钢垫板、混凝土垫块以加大拱脚接触面积。安装后用锁脚锚杆（管）固定。

钢架在初喷砼后安装，应尽可能与围岩或初喷面密贴，有间隙时应采用混

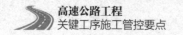

凝土垫块揽紧，严禁采用片石回填。

钢架的平面位置、高程、垂直度、间距应符合设计及规范要求；严格控制内轮廓尺寸，防止侵入衬砌界限。

各节段应采用螺栓连接，螺栓规格及型号应满足设计要求。

连接钢筋的数量及间距应满足设计要求，焊缝的长度、宽度、厚度应满足规范要求。

钢架安装就位后，钢架与围岩之间的间隙应用喷射混凝土充填密实，并使钢架与喷射混凝土形成整体。喷射混凝土应由两侧拱脚向上对称喷射，并将钢架覆盖，临空一侧的喷射混凝土保护层厚度应不小于20 mm。

钢架应尽快闭合成环，并喷射混凝土（特别是格栅必须和混凝土凝结才能发挥作用），使喷射混凝土、锚杆、钢筋网、钢拱架一起形成有机受力整体，提高初期支护整体强度，从而有效支护、传递围岩荷载。

为保证锁脚锚管打入角度精度，应采用角度控制器辅助成孔。

4.4.4.5　成品保护

集中加工成型的钢架在运输及安装过程中严禁抛摔，避免变形。

成型的钢架半成品应归类码放整齐，防止变形及安装错误，堆放时应严格按照要求垫高和覆盖。

4.4.5　钢筋网

4.4.5.1　一般规定

钢筋网材料应满足设计要求，钢筋网钢筋在使用前应调直、清除锈蚀和油渍。

应在初喷一层混凝土后再进行钢筋网的铺设。

钢筋网应与锚杆或其他固定装置连接牢固，在喷射混凝土时不得晃动。

钢筋网片搭接长度不得小于30d（d为钢筋直径），并不得小于1个网格长边尺寸。

4.4.5.2　施工工艺管控要点

钢筋网在初喷混凝土4 cm后铺挂，使其与喷射混凝土形成一体，且喷射混凝土保护层的厚度不得小于3 cm。

钢筋网随受喷面起伏铺设，与受喷面间隙控制在20~30 mm。

砂土层地段应先铺挂钢筋网，沿环向压紧后再喷混凝土。

加强钢筋网片在台阶连接部位的搭接质量控制。

采用双层钢筋网时，第二层钢筋网应在第一层钢筋网被喷射混凝土全部覆盖且终凝后进行铺挂。

钢筋网要紧贴岩面，钢筋网应与锚杆或其他固定装置连接牢固，和钢架绑扎时，应绑在靠近岩面一侧。

喷射中如有脱落的石块或混凝土块被钢筋网卡住时，应及时清除。

4.4.5.3　安全管控要点

钢筋网片加工宜采用自动网片焊接机，保证人员安全。

4.4.5.4　质量管控要点

在钢筋加工场内用网片加工模具集中加工，焊接质量须满足设计要求。

应对钢筋进行调直除锈处理，钢筋尺寸须满足设计要求。

钢筋网片应轻抬轻放，避免碰撞产生变形。

钢筋网铺设完成后，应将钢筋网尽可能与钢拱架、锚杆连接成一体，确保喷射混凝土时钢筋网不产生晃动。

4.4.5.5　成品保护

钢筋网应集中堆放，防止锈蚀。

在装运过程中注意减少对网片的损坏。

4.5　隧道防排水

4.5.1　一般规定

隧道防排水遵循以"防、排、截、堵相结合，因地制宜、综合治理"为原则，达到防水可靠、排水畅通、经济合理、施工方便的目的。

应按设计做好防水混凝土、防水隔离层、施工缝、变形缝防水，盲沟、排水管（沟）排水应畅通。

防水板施工前，应复合中线位置和高程，检查断面尺寸，保证衬砌施工后的衬砌厚度和净空满足设计要求。对内轮廓进行检测，可采用激光断面仪或激

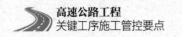
光三维扫描仪。

防水层应在初期支护基本稳定时施工并做好防水板的保护工作。

停车带、洞室与正洞连接处的防排水工程应与正洞同时完成，其搭接处应平顺，不得有破损和褶皱。

洞内反坡排水必须采用水泵抽水，抽水机排水能力应大于排水量的20%，有备用抽水机。

在有岩溶、富水地层的隧道施工时，应提前制定防涌（突）水（泥）的安全措施。

4.5.2　中心排水沟管控要点

定期检查排水沟、检查井，及时清理杂物，确保管路畅通；水量集中部位检查井布置应适当加密。

排水沟（管）线形顺直，严禁起伏，避免积水、溢水现象发生。

中心排水沟兼有救援通道的作用，应与仰拱同步施作，沟（管）内应保持清洁畅通。

中心排水沟基础的总体坡度、段落坡度、单管坡度应协调一致，并符合设计要求，不得高低起伏。

中心排水沟必须采用定型钢模进行施工。

4.5.3　环形、纵向、横向排水管施工工艺管控要点

4.5.3.1　环向排水半圆管布设

围岩开挖后先喷2~4 cm厚砼，再挂设半圆管，间距按6 m一道布设，局部水量大可酌情增加；在涌水、突水段每道2根，必要时采用注浆堵水，当岩面有大面积裂隙渗水，且水量、压力较小时，采用喷射砼堵水，再敷设排水半圆管，在主裂隙处不喷射砼，使水流集中于主裂隙进入环向排水半圆管。当岩面大面积临水段，采用排水半管引排水，上覆铁丝网后再喷射砼，喷射完成后，若还有渗漏水段，适当加设Φ100 mm半圆排水管，如图4-13所示。

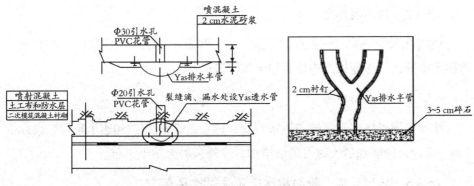

图4-13　环向排水半圆管布设

4.5.3.2　纵向排水管布设

全隧道埋设，纵向坡度与隧道纵坡相同。纵向排水管设在衬砌边墙脚下，连接处采用三通接头连接（如图4-14所示）。

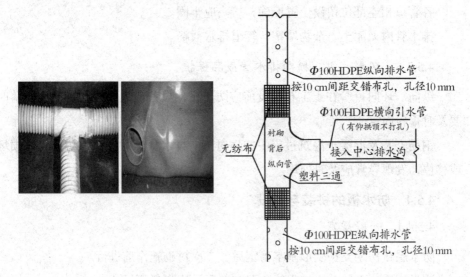

图4-14　三通管大样图

纵向排水管安装：排水管采用 $\Phi100HDPE$ 双壁打孔波纹管，要求机械打孔，打孔大小 $\Phi10$ cm，环向范围180°，安装时打孔断面朝上，同时外裹无纺土工布，以防淤塞。土工布与防水板应反向包裹纵向排水管，土工布由边墙砼侧向临空侧包裹，防水板由临空侧向边墙砼侧包裹。

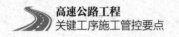

4.5.3.3 横向排水管

横向排水管一端与中心水沟相连，另一端采用三通连接在纵向排水管上，并固定牢固，与三通接头连接后用土工布包裹。

4.5.3.4 横向透水盲管

路面结构层底部设置横向透水盲管，透水盲管采用FH50透水盲管，设计按6 m一道计，局部水量大时可酌情增加，管外包裹无纺土工布。

4.5.3.5 环形、纵、横向排水管质量管控要点

材料直径、透水孔的大小、间距应满足设计要求，经试验检验合格后方可使用。

纵向、横向排水管安装坡度应符合设计要求。

环向盲管尽量与岩壁或初支表面壁密贴。

各管口相连部位留设位置准确，接头应牢固。

排水管内无泥土、杂物堵塞，管道排水通畅。

4.5.3.6 环形、纵、横向排水管成品保护

纵向、环向盲管在土工布铺设前应防止机械设备或人为扰动，发现脱落时要及时重新固定。

钢筋安装及混凝土浇筑过程中加强对横向排水盲管的保护，防止管体损坏或移位，发现异常应及时处理。

4.5.4 防水板的拼装与铺设

4.5.4.1 一般规定

防水层在初期支护变形基本稳定后，二次衬砌施作前进行。

测量隧道断面，并复核中线位置和高程，检查断面尺寸。

铺设防水层前对钢筋、钢筋网等凸出部分，先切断后，用锤铆平，抹砂浆素灰；有凸出的管道时，切断、铆平后用砂浆抹平；锚杆有凸出部位时，螺头顶预留5 mm切断后，用塑料帽处理；初支基面不平整圆顺时应补喷砼使其表面平整圆顺，凹凸量不得超过5 cm。

初支护表面平整度要满足边墙$D/l \leqslant 1/6$，拱部$D/l \leqslant 1/8$（D为初期支护表面相邻两凸面间的距离，l为该两凸之间凹进去的深度）。

检查防水板的质量，是否有变色、老化、波纹、刀痕。

4.5.4.2　施工工艺管控要点

防水板拼接采用电磁焊双焊缝焊接，搭接宽度不小于120 mm。焊缝要严密，单条焊缝的有效焊接宽度不小于12.5 mm。焊接时要避免漏焊、虚焊、烤焦或焊穿。沿隧道纵向一次铺挂长度要比本次二次衬砌施工长度多1.0 m左右，方便与下一循环的防水层相接；同时为防止砼施工缝渗漏水，防水层接缝与衬砌砼施工缝错开1.0 m左右，如图4-15所示。

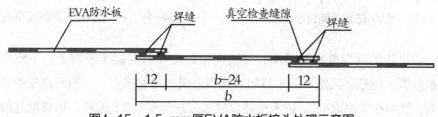

图4-15　1.5 mm厚EVA防水板接头处理示意图

铺挂防水板。防水板洞内铺挂由下至上、环状铺设，将预先焊接在防水板上的吊环用木螺丝固定在膨胀管上，如图4-16所示。

无纺布长边沿隧道纵向铺设，长度为混凝土循环灌筑长度外大于20 cm安排。首先在喷射混凝土隧道拱顶标出隧道纵向中线，要求土工布的中心线与隧道中心线重合，无纺布长边搭接宽度不小于150 mm，短边搭接宽度不小于100 mm，无纺布采用PVC垫片和水泥钉进行固定，水泥钉长度不小于50 mm，PVC垫片密度按拱顶3~4点/ m²，边墙2~3点/ m²布置。凹凸不平处增设固定点，相邻两环之间搭接宽度≥5 cm，其接头不能在同一截面上。土工布必须紧密钉牢在初期支护上，不得脱落、松动或空白，如图4-17所示。

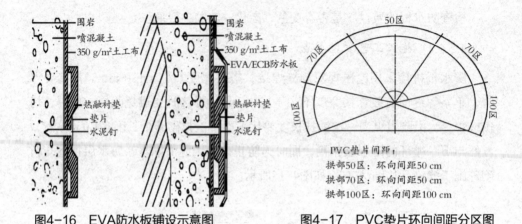

图4-16　EVA防水板铺设示意图　　　　　图4-17　PVC垫片环向间距分区图

　　防水板的铺设要松紧适度，使之能紧贴在喷射混凝土表面上，不致因过紧被撕裂；过松，无纺布防水板褶皱堆积形成人为蓄水点。一般环向松弛率取10%，纵向松弛率取6%。防水板铺设超前二衬施工1~2个循环，形成铺挂段—检验段—二衬施工段的流水作业。

　　防水板质量检查时先进行外观检查：防水板铺设要均匀连续，焊缝宽度不小于12.5 mm，搭接宽度接缝上产生气泡地方重新焊接。对搭接焊接及吊挂点焊缝进行检查，如有不符合质量要求者，应及时进行补焊处理，以满足质量要求。防水板的搭接缝焊接质量检查采用充气法进行，在0.25 MPa压力下保持15 min，如压力下降在10%以内，说明焊缝合格；如压力下降过快，说明有未焊好处。用肥皂水涂在焊缝上，有气泡的地方重新补焊，直到不漏气为止，合格后方可进入下一道工序，否则应进行检查修补。钢筋绑扎时要对防水层进行防护，所有靠防水板一侧钢筋弯钩及绑扎铁丝接口设在背离防水板一侧，且钢筋头加装保护套。焊接钢筋时必须在周围设防火板进行遮挡，以免电火花烧坏防水层。混凝土振捣时不能触碰到防水板。

4.5.4.3　安全管控要点

　　挂设防水板属高空作业，所用台架必须安全牢固，四周设护栏，确保操作安全。作业台架应搭设稳固，连接扣件要扣牢固。

　　防水板、土工布严禁在隧道内堆放，现场应设置禁火标志，防水板台车配置灭火器，明确防火责任人。

4.5.4.4 质量管控要点

清理初期支护外露锚杆及钢筋头、喷射混凝土鼓包等应切割或凿除，并用砂浆抹平，以防划破防水板。

测量放样放出土工布及防水板铺挂的起始断面，并用喷漆喷出。

按设计环、纵间距安设垫片对土工布及防水板进行固定，并确保土工布及防水板能够与初期支护密贴，松弛度适中，避免出现紧绷，造成混凝土浇筑后形成空隙。

应用土工布及防水板对纵向排水管进行整体包裹一圈，并用细小钢筋对排水管及防水板在衬砌与仰拱结合处进行限位，以防排水管侵入衬砌界限。

4.5.4.5 成品保护

在防水板铺设过程中应加强保护，如发现破损，应进行明显标记，并及时修补完善。

开挖和衬砌作业不得损坏防水层，当发现层面有损坏时应及时修补；防水层在下一阶段施工前的连接部分，应采取措施保护。

4.5.5 止水带（条）安装

4.5.5.1 管控要点

止水带的接头不得设在结构转角处，并尽可能不设接头。

止水带埋设位置准确，其中间空心圆环应与变形缝的中心线重合；止水带定位时，应使其在界面部位保持平展，防止止水带翻滚、扭结，如发现有扭结不展现象应及时进行调正。在固定止水带和灌注混凝土过程中应防止止水带偏移，以免单侧缩短，影响止水效果。可采用定位夹具认真定位，如图4-18所示。

图4-18 仰拱纵向止水带夹具

止水带先施工一侧混凝土时，其端头模板应支撑牢固，严防漏浆。仰拱、二衬环向止水带安装支撑夹具如图4-19所示。

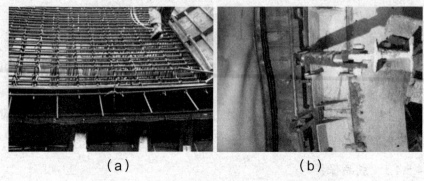

（a）　　　　　　　　　　（b）

图4-19　仰拱、二衬环向止水带安装支撑夹具

隧道断面变化处或转角处的阴角应抹成半径不小于50 mm的圆弧，以便止水带施工。止水带在隧道断面变化处或转角处应做成弧形，橡胶止水带的转角半径不应小于200 mm，钢片止水带不应小于300 mm。

不得在止水带上穿孔打洞固定止水带。在固定止水带和灌筑混凝土过程中应注意保护止水带不被钉子、钢筋等刺破。如发现有刺破、割裂现象，必须及时修补。

宜加强混凝土振捣控制，排除止水带底部气泡和空隙，使止水带和混凝土紧密结合，且应注意防止振捣造成止水带偏位或破损。

止水带的长度应根据施工需要事先向生产厂家定制，尽量避免接头。如确需接头，应连接牢固，接头宜设置在距铺底面不小于300 mm的边墙上，应采取搭接、复合连接、对接等形式。止水带连接前应做好接头表面的清刷与打毛，搭接长度不得小于10 cm，宜采用小型热焊机进行焊接，焊缝宽度不得小于50 mm。橡胶止水带接头宜采用热压机硫化搭接胶合，接头强度不应低于母材的80%。止水带采用以冷接法专用黏结剂连接时，搭接长度不得小于20 cm，黏结剂涂刷应均匀并压实。

4.5.5.2　成品保护

止水带、止水条表面设置隔离措施，防止仰拱开挖、钢筋安装、模板移动等过程中设备或人员对止水带、止水条造成损坏，如有损伤，应及时更换。

4.6　仰拱与铺底

4.6.1　一般规定

仰拱宜超前拱墙模注衬砌，其超前距离宜保持3倍以上衬砌循环作业长度。仰拱及填充（或铺底）与掌子面的安全步距，Ⅲ级围岩不得超过90 m，Ⅳ级围岩不得超过50 m，Ⅴ级及以上围岩不得超过40 m。

仰拱施作应各段一次开挖成型，不得分部浇筑，施工时应采用栈桥，避免影响洞内交通。铺底混凝土整幅施工。

仰拱开挖应严格按已审批开挖的方案进行，并结合拱墙施工抓紧进行仰拱初期支护和填充混凝土施工，实现支护结构早闭合；仰拱与填充混凝土分别浇筑，严禁一次性浇筑成型。

仰拱、铺底施工时，应按图纸要求预埋路面下横向盲沟、拱脚纵横向排水管等排水设施，并注意按设计要求设置与二衬贯通的变形缝。

基底开挖应圆顺、平整，不得欠挖，仰拱（包括铺底）超挖应采用同级混凝土回填，不得用洞渣、片石等回填。

4.6.2　施工工艺管控要点

4.6.2.1　二衬钢筋

仰拱钢筋的制作及安装应符合设计及规范要求。仰拱两侧二衬边墙部位的预埋钢筋（图4-20）伸出长度应满足和二衬环向钢筋连接要求，且将接头错开，如图4-21所示。

图4-20　钢筋卡具　　　　　图4-21　仰拱二衬钢筋

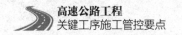

采用胎膜架、"弧形点位高程控制法"进行仰拱部分衬砌钢筋绑扎安装。胎膜架固定和定位仰拱部分衬砌预埋钢筋纵向线形、间距、双层预埋钢筋层距，确保钢筋间距、层距、纵向线形、混凝土保护层厚度满足设计及验标要求。

4.6.2.2　混凝土施工

仰拱、铺底混凝土浇筑前应将基底积水、杂物、虚渣等清除干净。

仰拱及填充混凝土必须使用小边墙弧形钢模板、端头定型钢模板施工，机械捣固密实、平整度满足要求，仰拱填充混凝土应在仰拱混凝土终凝后施作。

仰拱和铺底的施工缝和变形缝应按设计要求进行防水处理。

4.6.3　成品保护

仰拱施工完成后及时进行养护，养护时间不得少于7 d。

仰拱（含填充）或铺底混凝土强度达到5 MPa后行人方可通行，达到设计强度100%后方可允许车辆通行。

4.7　隧道二次衬砌

4.7.1　一般规定

二衬施工前须对初期支护断面进行激光测量，对不符合要求的应进行处理。

隧道防排水设施、预埋件及预留洞室模板等的安装质量要符合设计及规范要求。

钢筋焊接作业在防水板一侧应设阻燃挡板。

围岩变形稳定后应及时施作二次衬砌，二次衬砌距掌子面距离应满足：Ⅰ、Ⅱ级围岩不得大于200 m，Ⅲ级围岩不得大于120 m，Ⅳ级围岩不得大于90 m，Ⅴ级及以上围岩不得大于70 m。

对已完成的衬砌地段，应继续观察二衬的稳定性，注意变形、开裂等现象，及时记录。

4.7.2 二次衬砌钢筋加工及安装

4.7.2.1 施工工艺管控要点

受力主筋的搭接应采用挤压套筒连接和焊接组合方式，钢筋焊接前，应采用手持式钢筋液压弯曲机对搭接接头进行弯曲，保证搭接接头同轴，焊接搭接长度及焊缝应满足设计要求，相邻主筋搭接位置应错开，错开距离应不小于1000 mm。同一受力钢筋的两处搭接，距离应不小1500 mm。箍筋连接点应在纵横向筋的交叉连接处，必须进行绑扎或焊接，以保证两层主筋之间的间距。

钢筋绑扎定位，应先利用作业台车施作第一层钢筋，然后通过测量放线确定第二层主筋的具体位置，并在第一层钢筋上焊接定位钢筋，定位钢筋环向间距2 m，纵向间距3 m，从拱顶中心往两侧对称布置。

钢筋间距控制，采用定位卡具进行钢筋定位，确保钢筋间距满足设计要求。

保护层垫块设置，二衬外层钢筋绑扎结束后，在主筋上绑扎同设计强度或高于设计强度的混凝土保护层垫块，垫块数量每平方米不少于5个，呈梅花形布置，垫块用细铁丝绑牢在外层钢筋上。

详细排查二衬钢筋安装造成防水板的破损，并按要求进行修补。二衬台车就位前及时清理预留槽焊渣及杂物中间部分钢筋，各钢筋交叉处均应绑扎。

台车定位后，再次检查钢筋保护层是否满足要求。

4.7.2.2 安全管控要点

严禁在人员高处作业平台上随意堆放物品。

作业平台防护栏、踏板及其吊挂装置应定期检查，防止变形失效。

4.7.2.3 质量管控要点

钢筋安装前应先调节好仰拱预留钢筋的间距及位置，确保拱墙钢筋连接处保护层符合设计要求。

安装过程中严格控制钢筋位置、间距、保护层厚度、焊缝长度、厚度、宽度、避免出现漏焊、假焊、夹渣等。

在任一截面（1000 mm）内，有接头的钢筋截面积不宜超过钢筋总面积的50%。

钢筋安装中注意安装预埋件，要求预埋件固定牢固，防止混凝土浇筑过程中移动。

钢筋安装过程中应对防水板进行保护措施，防止钢筋安装过程中划伤、刺破、烧伤防水板。

4.7.2.4 成品保护

钢筋采用定型骨架及钢筋卡具进行控制施工，钢筋与模板相贴面应设置混凝土垫块，数量满足规范或设计要求。

4.7.3 二次混凝土施工

4.7.3.1 一般规定

二次衬砌混凝土施工采用全液压自动行走的整体衬砌台车，采用溜槽对称浇筑。

衬砌台车必须经过受力设计计算及验算，满足安全要求，台车应配带分流串筒和"1"形端头模板，台车执行准入制度，进场前应审批验收。

4.7.3.2 施工工艺管控要点

台车定位前，应仔细检查预埋件、预埋管线等数量、位置是否准确，防止遗漏。

拱顶预留注浆孔，待二次衬砌混凝土浇筑完成后进行拱顶注浆。

采用溜槽逐窗浇筑，防止混凝土离析。

灌筑作业必须由下向上、自下而上，先墙后拱，对称浇筑。

当工地昼夜平均气温连续3 d低于+5 ℃或最低气温低于−3 ℃时，应采取冬期施工措施；当工地昼夜平均气温高于30 ℃时，应采取夏期施工措施。

采用喷淋台车或雾炮对二次衬砌混凝土进行养护。

4.7.3.3 安全管控要点

衬砌台车距开挖作业面应有足够的安全距离，台车下应悬挂明显的缓行标志，台车就位正确后可予以固定，前后轮的相反方向用铁靴刹住车轮，防止溜滑，灌注砼前，应先安装挡头板，做到稳固可靠不漏浆，灌注时必须两侧对称进行，以免台车受偏压。

衬砌台车上不得堆放料具，工作台上应满铺底板并设有安全栏杆。台车工作台告一段落时，应及时切断动力电源，以防漏电伤人。

4.7.3.4　质量管控要点

施工前检查初期支护断面尺寸，保证衬砌厚度满足设计要求。

根据衬砌中线、边线及拱顶标高进行衬砌台车精确定位；台车就位后应检查钢筋保护层厚度，预埋件位置、数量。

背贴式止水带应与防水板密贴，中埋式止水带安装采用钢筋卡定位。

堵头模板安装应确保拼缝严密不漏浆、支撑牢固，确保拆模后端头混凝土断面整齐、光滑平整。

混凝土浇筑时，应对泵管采取有效固定措施，避免撞击模板台车，造成台车移位。

4.7.3.5　成品保护

二次衬砌混凝土拆模后采用雾炮或养护台车对混凝土进行养护，养护时间不少于7 d。

预留洞室拆模时应用切割机进行切除，禁止用风镐破除，防止混凝土损坏。

预留管线孔端头应用土工布包裹，防止灰尘杂物落入管内，造成堵塞。

4.7.3.6　外观质量

外观质量务必达到"六无"要求（无错台、无漏浆、无冷缝、无气泡、无色差、无渗漏）。

结构轮廓线条直顺美观，无跑模、露筋现象，混凝土颜色均匀一致。

施工缝平顺，节段接缝处错台小于10 mm，表面无渗水印迹。

混凝土表面密实，每延米的隧道面积中，蜂窝麻面和气泡面积不超过0.5%，深度不超过10 mm。

混凝土无因施工养护不当产生裂缝。

4.8　黄土隧道塌腔处置技术

以甘肃天庄高速赵沟隧道施工过程中三次塌腔处置为例，介绍塌腔处置技术。

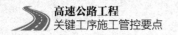

4.8.1 工程概况

4.8.1.1 隧道基本情况

赵沟隧道位于甘肃省天水市张家川县境内，地处黄土梁峁沟壑区，地势起伏较大，为典型的黄土隧道。本隧道为左右行分离式双洞特长隧道，右线里程YK69+765~YK73+995，长4230 m；左线里程ZK69+767~ZK74+019，长4252 m；隧道埋深19~200 m，为全线控制性工程。

4.8.1.2 水文地质条件

工程区地处陇东、陇西黄土高原温冷气候带。气候特征为春、秋短促，气温转变剧烈，多年平均降雨量546.8 mm。最大积雪深度为15 cm，标准冻土深度为42 cm。

围岩分类为V级，其工程地质特征描述如下：

a）黄土状土：灰黄色、灰褐色，湿，稍密状，部分岩芯中见腐殖物及未腐化的树根、草根等。分布于隧道进口处。

b）黄土：淡黄色，稍密，稍湿，具大孔隙，含少量钙质结核，湿陷等级Ⅲ（严重）。隧道表层广泛分布。

c）砂质泥岩：砖红色夹灰黄色，局部夹有砂岩薄层，泥质弱胶结，厚层状构造，成岩性差，节理裂隙不发育，岩芯呈柱状，柱长一般30~40 cm，可见最长80 cm，遇水易软化崩解，暴晒易龟裂，自由膨胀率29%~52%，具弱膨胀性，属极软岩，分布于整个隧址区。

d）塌腔处地质情况

出现塌腔位置地层岩性为新近系砂质泥岩，岩体较完整至完整，抗风化能力差，遇水易软化、崩解，失水易龟裂，具弱膨胀性，属极软岩，无地下水，雨季开挖后洞壁呈潮湿状或偶有点滴状渗水，[BQ]=227，围岩级别为V级。

在砂质泥岩中夹典型砂质地层，层厚2~5 m，砂层内富水，开挖揭露后水流较大，随后逐步有所减弱，但没有停止，一直到塌腔处理过后仍有股状水流出，说明为典型的地下水，受地表降雨等影响较小。

4.8.2　三次塌腔基本概况

4.8.2.1　第一次塌腔（YK73+872）

2020年6月17日上午，赵沟隧道右线出口掌子面YK73+872（图4-22、图4-23）上台阶开挖时，拱顶偏左侧1 m左右出现一含水溶腔，溶腔内有流砂，并伴有掉块现象，约2 h后流砂和掉块减弱，主要有不定时的掉块出现，大小不等，此时形成塌腔约2 m×1.5 m×1.5 m（环×纵×高）。

该塌腔位置距洞口97 m，埋深40.8 m，支护类型SVa（I20a工字钢间距75 cm，C25喷射砼厚26 cm，Φ42 mm×4 mm超前小导管L-3.0 m，环向间距40 cm，35根/环）。

图4-22　1YK73+872塌腔　　　　图4-23　2YK73+872塌腔

4.8.2.2　第二次塌腔（YK73+772）

2020年7月21日晚11时左右，赵沟隧道右线出口掌子面YK73+772（图4-24、图4-25）上台阶开挖时，拱顶偏右侧出现一含水溶腔，有两处股状流水，并一直有泥沙流出和掉块现象，塌腔约7 m×10 m×8 m（环×纵×高），其中已初支完拱架背后约4 m塌空，掌子面向前约6 m。

该塌腔位置距洞口197 m，埋深56 m，支护类型SVb（I20a工字钢间距100 cm，C25喷射砼厚26 cm，Φ42 mm×4 mm超前小导管L-3.5 m，环向间距40 cm，35根/环）。

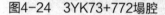

图4-24　3YK73+772塌腔　　　图4-25　4YK73+772塌腔出水

4.8.2.3　第三次塌腔（YK73+696）

2020年8月20日上午9时左右，赵沟隧道右线出口掌子面YK73+696（图4-26、4-27）上台阶开挖时，拱顶偏右侧出现一含水溶腔，一直有大量泥沙流出和掉块现象，塌腔约10 m×7 m×5 m（环×纵×高）。

该塌腔位置距洞口273 m，埋深57 m，支护类型SVb（I20a工字钢间距100 cm，C25喷射砼厚26 cm，Φ42 mm×4 mm超前小导管L-3.5 m，环向间距40 cm，35根/环）。

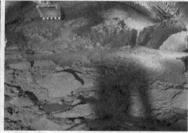

图4-26　5YK73+696塌腔　　　图4-27　6YK73+696塌腔流砂、流泥

4.8.3　塌腔处置措施

4.8.3.1　现场措施

立即停止掌子面开挖作业，撤离大部分施工人员，现场安排值班领导、工区经理、三名作业人员和一台挖机，引导水流，挖临时集水坑，做好防渗措施，防止水流浸泡拱脚，并将水及时抽排到洞外。

将现场情况及时上报给总监办、设计代表和项目公司相关领导。

值班人员随时观察塌腔出水情况，并监控掌子面和拱顶的坍塌掉块情况，监控量测频率调整到2 h/次。

组织技术、测量人员和当地村民沿洞顶周边仔细搜索，看有无贯通到地面的黄土洞穴或通道，搜寻出水点地表周边1 km范围，没有找到可疑孔洞。

4.8.3.2　较小稳定塌腔处理措施

第一次塌腔出水量变小、停止掉块后，形成的塌腔较小。塌腔位置采取在上一循环拱架打设加密超前小导管，环向间距由40 cm调整为20 cm，连接筋间距调整为50 cm，挂设双层连接筋，埋设2根注浆管，立拱完成后喷射混凝土灌喷塌腔位置；待初期支护封闭成环后利用防水板台架注水泥浆。

4.8.3.3　较大不稳定塌腔处理措施

第二、三次塌腔形成的空腔较大，塌腔内一直有掉块，水流无减弱迹象，为保证作业人员安全，采取洞外拉渣反压回填、喷砼封闭掌子面、打设长管棚、泵送混凝土回填空腔的处理方案。

1. 反压回填

从弃土场拉渣进洞，用洞渣对掌子面回填形成反压，防止掌子面继续失稳。回填渣土形成斜坡道，同时修筑工人作业平台（图4-28）。

靠近顶部挖机无法施作的缺口人工码砌沙袋，沙袋宽度2 m，沙袋后方用I18工字钢竖向支撑，下部支垫方木，上部与拱架焊接牢固，起到支撑初期支护拱架和阻挡沙袋滑落的作用，保证灌注混凝土时已完成初支段稳定（图4-29）。

图4-28　反压回填掌子面　　　图4-29　码砌沙袋、竖向支撑

2. 喷砼封闭

对整个渣体上部和沙袋喷砼封闭、喷射C25混凝土厚度不小于20 cm，喷射混凝土前预留3根Φ15 mm的泵管，泵管按3 m、4.5 m和6 m分开布设，与初支

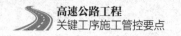

拱架焊接牢固，作为灌注C15混凝土的孔道。

3. 打设管棚

在靠近掌子面的初支混凝土上开洞，环向间隔打设 Φ 108 mm钢管和 Φ 42 mm钢管，间距30~40 cm，形成管棚，钢管以向上5° 的倾角打设，管棚长度10 m，可利用挖机打入前方稳定土体，完成后钢管内注水泥浆。

管棚的作用就是起到串联泵送混凝土的作用，因为在灌注混凝土时，对塌腔内的情况不能完全掌握，有可能掉落的渣土较多，占据了部分塌腔空间，有可能对灌注的混凝土形成分隔作用，导致灌注的混凝土形成独立的大块，开挖后容易掉落，增加施工的危险性。通过管棚和导管的串联，可以使塌腔内的混凝土连接成一个整体，保证开挖后拱顶混凝土"棚盖"的完成连续性。

4. 灌注混凝土

从预留孔道向塌腔内灌注C15混凝土，混凝土根据现场情况分4~5次泵送，每次泵送30 cm左右，暂停12 h，直至厚度在1.5 m以上，形成类似"棚盖"的混凝土结构物，能够承受上部掉块的冲击。

5. 径向加固

靠近掌子面5 m范围内初支用 Φ 42 mm×4 mm钢管L–3.5 m径向加固，间距1.5 m，保证中、下台阶开挖时初支面稳定。

主要作用：受连续流水的影响，已支护完成的拱顶随着砂土的流失，拱顶一般会形成空洞，向后方延伸3~5 m，高度几米不等，受水浸泡，靠近掌子面的初支背后围岩形成软泥状或含水极高，原有的锁脚已无法支撑后方拱架，在开挖落底时极易掉拱或坍塌。因此须增加一些径向加固，保证此部分拱架落底时的安全性。

6. 开挖及支护

混凝土灌注完成24 h后，开始开挖掌子面前的反压洞渣，并逐步向前开挖，严格按三台阶预留核心土法施工，拱架间距调整为60 cm，向塌腔前方加强5 m，单榀开挖，每榀拱架打设超前小导管。直到掌子面的坍塌地段全部处理完毕。

7. 开挖过程中的灌浆处理

在处理塌腔过程中，因拱顶还在掉块，占据了部分空洞位置，此部分混凝土灌注不到位，开挖后渣土掉落，形成部分空洞，须进行二次灌浆处理，确保拱顶没有空洞，以保证后续开挖的安全。

全部处理完毕，待坍塌地段仰拱封闭成环，填充施作完毕，在二衬混凝土施工前，利用泵送混凝土对坍塌部位的拱顶空洞进行低标号混凝土的回填，保证拱顶空洞全部回填密实，确保该段落不会遗留渗水、变形等病害。

4.8.4　处治效果

该隧道塌腔处理完成后，在塌腔部位二衬混凝土内埋设监控量测点长时间监测，至2021年8月，二衬混凝土未发现明显变化，无明显渗、漏水点，说明以上塌腔处理方法和安全与质量控制方法合理可行，隧道塌腔处理效果良好。

第5章　质量通病治理

5.1　路基工程质量问题的原因、控制及防治措施

5.1.1　路基填料超粒径

5.1.1.1　形成原因分析

a）路基料场内料源质量较差，超粒径颗粒含量偏高。

b）超粒径大料未提前进行分解或剔除。

c）填料到场后未对超粒径填料进行挑拣或用平地机等机械进行刮除。

5.1.1.2　控制及防治措施

合理选择路基料源，优选超粒径颗粒含量低或不含超粒径颗粒的料源。

自卸运输车上安装斜向网筛，直接过滤掉超粒径颗粒。

提前对超粒径大料进行分解或剔除；填料到场后安排人员、机械对超粒径填料进行再次挑拣。

5.1.2　桥头跳车现象

5.1.2.1　形成原因分析

a）压实机具不合理。

b）回填范围控制不当，台背回填与路基衔接面太陡。

c）填料不符合要求，也没采取技术措施。

d）铺筑层超厚，压实度达不到设计要求。

e）挖基处理不当。

f）桥头部位的路基边坡失稳。

5.1.2.2　控制及防治措施

台背回填应根据施工作业面窄小的特点，选择小型振动压路机或其他适宜的压实机具。分层填筑，控制最佳含水率和铺筑层厚，确保压实度符合标准要求。

按现行规范要求确定填土范围（桥涵填土的范围；台背填土顺路线方向长度，顶部为距翼墙，尾端不小于台高加2.0 m；底部距基础内缘不少于2.0 m；涵洞填土长度每侧不应小于2倍孔径长度），避免台背填土与路基衔接面陡峭。

中小桥宜采用先填筑路基，后施工挡土构筑物的工艺。

台背回填前基底应严格按规范要求夯实；配合小型机具对压路机碾压不到位的死角、与构筑物的结合部进行夯实。

采取有效措施，确保边坡稳定。

对于高填方台背、路基填筑1 m，可采取高速液压夯补强处理。

5.1.3　路基施工中出现翻浆、碾压不实、工后沉陷等

5.1.3.1　形成原因分析

施工中受降雨影响，填料含水率过高，坡度不当，排、截水沟没事先做好，永临排水不当。

5.1.3.2　控制及防治措施

路基施工中，应保持正常施工作业不间断，各施工层表面不应有积水，渗水或湿度过大时，填方路堤根据土质及施工气候情况，在收工前做成2%~4%的排水横坡（或填方段路拱一步到位然后等候施工）。挖方路段要按横面形状、施工方法等来确定纵坡大小，保证及时排除雨水。

雨期施工时施工层表面及时修理平整并压实。地下水位较高时，采取疏导、堵截、隔离等措施。发生地下水渗流时，设置排水沟、集水井、渗沟等措施。路基施工前应做好截水沟等排水防渗设施。特别是多雨地区和雨季施工更应加强这方面的工作。排水沟的出口应通至桥涵进出口处；排、截水沟挖出的土应堆置在沟与路堑边坡顶一侧，并予以夯实。提前做好永临排水相结合。

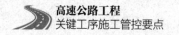

5.1.4 路基"弹簧"现象

5.1.4.1 形成原因分析

a）碾压时土的含水率超过最佳含水率较多。

b）高塑性黏性土沙化未达到应有的效果。

c）翻晒、拌和不均匀。

d）碾压层下存在软弱层。

5.1.4.2 控制及防治措施

低塑性高含水率的土应翻晒到规定含水率方可碾压。

高塑性黏性土难以粉碎，应在取土场进行掺灰沙化处理。

对产生弹簧的部位翻挖掺灰后重新碾压或换填其他材料。

对软弱层进行必要的处理。

5.1.5 路基轮迹明显

5.1.5.1 形成原因分析

a）压实功不足或碾压时含水率大。

b）重型压路机压实后，未采用钢轮或轮胎压路机进行收光或收光遍数不足。

c）压实遍数不足，压实度达不到要求。

5.1.5.2 控制及防治措施

保证压实机具的吨位和碾压遍数，合理控制选择机械组合配备。

在接近最佳含水率时进行碾压。

重型压实后，应采用钢轮压路机或轮胎压路机进行收光；确保压实遍数满足要求，压实度达标。

5.1.6 路基表面起皮

5.1.6.1 形成原因分析

a）土的含水量不均匀且失水过多。

b）为调整高程而贴补薄层；碾压机具不足，碾压不及时，未配备胶轮压路机，填筑时厚度不均匀。

5.1.6.2　控制及防治措施

合理控制填料含水率，确保填料含水率均匀稳定，严格控制层厚及均匀性，对已失水填料及时进行洒水补充。

配备相应碾压机具及时跟进碾压；合理配备胶轮压路机进行压光收面。

5.1.7　路基表面松散

5.1.7.1　形成原因分析

a）施工路段偏长，拌和、粉碎、压实机具不足。粉碎、拌和后碾压不及时，表层失水过多。

b）压实层土的含水量过低。

c）填料塑性指数过小，压实度不足。

5.1.7.2　控制及防治措施

合理控制压实段落长度，合理配置压实机具组合，及时跟进碾压，避免失水过快。

合理控制填料含水率，确保含水率在可压实范围内。

及时更换塑性指数合适的填料，提高压实度。

5.1.8　路基超挖、挖不到位、坡度和台阶宽度达不到设计要求

5.1.8.1　形成原因分析

a）出现超挖或挖不到位，是爆破时进行一次或几次爆破后留下的隐患。

b）开挖顺序不正确。

5.1.8.2　控制及防治措施

石方开挖应划分断面，自上而下进行，不得乱挖超挖，严禁掏底开挖。

开挖过程中，应采取措施保证边坡稳定。开挖至边坡线前，应预留一定宽度，预留的宽度应保证刷坡过程中设计边坡线外的土层不受到扰动。

路基开挖中，基于实际情况，如需要修改设计边坡坡度、截水沟和边沟的位置及尺寸等时，应及时按规定报批。边坡上稳定的孤石应保留。

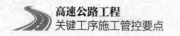

开挖至零填、路堑路床部分后，应尽快进行路床施工；如不能及时进行，宜在设计路基顶标高以后预留至少30 cm厚的保护层。

挖方路基路床顶面终止标高，应考虑因压实而产生的下沉量，其值通过试验确定。

平台台阶宽度不应小于设计值，并预留有足够宽度，不一次留到位，应比设计宽度稍有富余，最后进行人工修整至设计宽度。

5.1.9　路基排水沟不畅

5.1.9.1　形成原因分析

a）路基面横坡控制不良，路面积水。

b）路基侧沟纵向坡度控制不符合设计要求，与路基边坡衔接不良，未能与排洪沟有效衔接。

5.1.9.2　控制及防治措施

路基面填筑过程前根据设计要求精确放样路肩边及标高，施工中严格根据放样填筑，形成路拱自然坡度。

根据设计坡度结合现场地形，精确放样水沟底坡度，确定水流方向，并对现场施工人员进行技术交底；确保路基边坡汇水能够顺利流入路基侧沟内；结合现场情况，将路基侧沟接入永久性排洪沟内或排洪涵内。

5.1.10　浆砌防护工程砌体砂浆不饱满、空洞

5.1.10.1　形成原因分析

a）未按规范要求采用坐浆砌筑；

b）片（块）石尺寸不满足设计及规范要求；

c）砌筑方法不规范，盲目追求进度，质量意识淡薄。

5.1.10.2　控制及防治措施

应组织有关人员包括工人进行技术质量交底工作，同时加强思想教育，增强质量意识。

从源头抓起，进场片（块）石质量及外观几何尺寸应符合设计及规范要求。

配备专人负责管理现场砌筑质量。

加强巡视频率，时间充足时，进行全过程旁站。

5.1.11　防护工程砌石结构剥落、风化、开裂等

5.1.11.1　形成原因分析

a）砌石材质不合格。

b）砌石工程砂浆强度不够。

c）防护工程勾缝质量不合格。

5.1.11.2　控制及防治措施

石料应符合设计规范规定的类别和规格，石质不易风化、无裂纹。

石砌体勾缝应嵌入砌缝内约2 cm深。

干砌片石护坡、锥坡的勾缝，宜待坡体上方稳定后进行。

保证砂浆所要求的强度标准（良好的和易性，砂浆配合比由试验确定等）。

加强洒水养护，气温较高时应覆盖草袋或塑料薄膜养生。

5.1.12　防护工程基础沉降

5.1.12.1　形成原因分析

a）防护工程基础由于沉降造成结构变形、位移，从而导致防护工程的损坏。

b）主要是地基土承载力不足、未按施工规范要求施工、排水不畅。

5.1.12.2　控制及防治措施

桥梁台背、锥坡、护坡等处填土，宜采用透水性土，不得采用含有泥草、腐殖物或冻土块的土。

软土及弱地基为沉积的软弱饱和黏土层，采用换土、砂垫层、掺灰搅拌等处理。

做好排水工作，防止基础长时间浸水。

设置排水孔。

5.1.13　护面墙、框格梁背部填土沉陷变形，基础冲刷掏空

护面墙、框格梁背部填土沉陷变形，如图5-1。

图5-1　坍塌处

5.1.13.1　形成原因分析

a）护面墙、框格梁背部填土松散，压实不足。

b）墙背地表水下渗，土颗粒将随下渗水流移动，使背侧脱空及基础冲刷掏空，导致结构物失稳。

5.1.13.2　控制及防治措施

增强排水设施，封闭结构物与坡面的缝隙，墙顶增加防水层防止地表水下渗。

结构物背部施作反滤层作用，浇筑时逐段检查反滤层质量。

总体防止基础土体脱空、失稳。

背部回填土体进行改良并充分夯实，并在墙背埋设透水盲管达到排水作用。

5.2　涵洞工程质量问题的原因、控制及防治措施

涵洞工程常见病害如下：基底沉降；沉降缝不顺直；沉降缝渗水；钢筋搭接长度不足、锈蚀、未预弯焊接；钢筋外露、锈胀裂缝；混凝土松散；边角破损；收缩裂缝等；管涵渗水。

5.2.1　基底沉降

图5-2为基底沉降，导致出现裂缝。

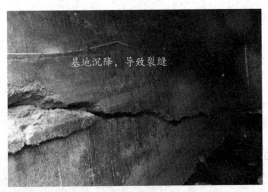

图5-2　基地沉降，导致裂缝

5.2.1.1　形成原因分析

a）排水系统不完善；基底处理未按设计施工，质量不满足要求。

b）地表水下渗，引起基底失稳。

5.2.1.2　控制及防治措施

基坑开挖前，必须做好边沟，完善排水系统，杜绝地表水下渗引起基底失稳。

截断外部水源，降低雨水对基底影响。

在施工底板前，做好基底处理（含换填、挤密桩等措施），同时做好基底承载力检测；严格按设计要求施工。

5.2.2　沉降缝不顺直

图5-3为沉降缝不顺直。

图5-3　沉降缝不顺直

5.2.2.1 形成原因分析

a）沉降缝板支撑不牢，浇筑时发生偏斜；浇筑前验收不到位。

b）振捣时，将振捣棒触碰到沉降缝板。

c）浇筑时，两侧未对称浇筑，导致沉降缝板受力弯曲。

5.2.2.2 控制及防治措施

将沉降缝板加固牢靠，确保不发生偏移。

浇筑时分层浇筑，确保两侧对称进行，防止两侧高差过大。

振捣棒距离沉降缝板5~10 cm，严禁触碰沉降缝板。

5.2.3 沉降缝渗水

图5-4为沉降缝渗水。

图5-4 沉降缝渗水

5.2.3.1 形成原因分析

a）沉降缝填缝材料不合格，直接用麻绳堵缝，未用设计材料（图5-5）。

图5-5 堵缝材料不合格

b）封堵不牢，有渗水流出。

5.2.3.2　控制及防治措施

填缝前对沉降缝进行切缝处理，使切缝宽度、深度满足规范要求。

采用符合设计要求的材料进行填缝，填缝须饱满；施工前做好工人的培训。

5.2.4　钢筋搭接长度不足、锈蚀、未预弯焊接

5.2.4.1　形成原因分析

a）钢筋下料长度未经计算或计算错误；焊工未经培训或操作不规范，采用焊接完后再进行打弯的方式。

b）钢筋放置时间过长，未进行覆盖。

5.2.4.2　控制及防治措施

下料时，须经过严格的计算，确保钢筋搭接长度满足要求。

钢筋工须经过培训合格后上岗，规范操作，焊接时须预弯后再进行焊接。

钢筋进场后，须上盖下垫，防止钢筋淋雨锈蚀。

5.2.5　钢筋外露、锈胀裂缝

5.2.5.1　形成原因分析

a）钢筋绑扎前已发生严重锈蚀。

b）保护层厚度严重不足，导致碳化至钢筋表面，使钢筋锈蚀膨胀形成裂缝。

c）钢筋已触碰模板，已无保护层，形成露筋。

5.2.5.2　控制及防治措施

钢筋进场后应尽快使用，同时加强除锈处理，不得使用锈蚀严重的钢筋。

设置足够的保护层垫块，钢筋骨架绑扎牢固，不得使钢筋触碰模板。

5.2.6　边角破损

边角破损参见图5-6。

图5-6　边角破损

5.2.6.1　形成原因分析

a）拆模时，混凝土强度不足或硬拉强拽，导致边角掉落。

b）施工机械撞击混凝土结构，导致边角破损。

5.2.6.2　控制及防治措施

模板拆除应在混凝土达到规定强度，方可进行。

模板的拆除应按拆模程序进行；拆支柱时，应先拆板柱，后拆梁的支柱。

拆除时不能硬撬、硬砸；不能采用大面积同时撬落和拉倒的方法拆模，应分段分层从一端退拆，统一指挥。大面积拆除或拆除承重模板、多卡模板、整体模板、特殊模板、结构复杂模板等，要有熟练工人带班指导。

5.2.7　管涵渗水

涵洞渗水如图5-7所示，基底积水如图5-8所示。

图5-7　涵洞渗水　　　　图5-8　基底积水

5.2.7.1　形成原因分析

a）基底未处理，承载力不足，导致不均匀沉降。

b）基础开挖不平顺，两端出现高程差过大。

c）接缝间隙过大，处理困难。

d）接缝未进行处理或未按设计要求进行处理；施工不当，造成已埋设管涵的扰动。

5.2.7.2　控制及防治措施

控制基坑基底夯实、换填等处理。

混凝土基础两端的高程，严禁两端翘起（图5-9）。

图5-9　基坑管节

管节间接缝宽度须符合规范要求，采用机械和人工配合使接缝满足要求。

分段施工，减少对安装好的管节造成扰动。

管节接好后立即对接缝进行处理，立即回填。

5.3　路面工程质量问题的原因、控制及防治措施

5.3.1　水稳基层抗压强度不合格

5.3.1.1　形成原因分析

a）水泥剂量不足。

b）水泥质量等级较低。

c）抗压强度试件制备标准。

d）未能保湿养护。

e）碎石级配、质量不符合要求。

f）水泥稳定碎石混合料拌和不均匀。

g）养护温度偏低。

5.3.1.2　控制及防治措施

选用优质水泥；严格按照批复的配合比生产。

选用各项检测指标合格的碎石。

提高水稳混合料拌和均匀性。

成型后及时覆盖洒水养护，保湿养护应不少于7 d。

严禁低温施工。

5.3.2　水稳基层压实度不足

5.3.2.1　形成原因分析

a）含水量不符合规定。

b）压路机功率较小，碾压遍数不够，局部漏压，边部未碾压到位。

c）水泥稳定碎石混合料拌和不均匀，局部细料偏多，骨料偏少。

5.3.2.2　控制及防治措施

严格控制水泥稳定碎石混合料拌和过程中含水量，使碾压前含水量接近最佳含水量。

采用重型压路机反复碾压，按试验段确定的碾压组合组织施工，加强边部压实。

适当延长拌和时间，提高水泥稳定碎石混合料拌和均匀性。

5.3.3　水稳基层离析

5.3.3.1　形成原因分析

a）水泥稳定碎石混合料在装车、运输、摊铺过程中发生离析。

b）水泥稳定碎石骨料含量偏高，骨料最大粒径超过设计要求。

c）摊铺机工作状态不佳。

5.3.3.2　控制及防治措施

按设计配合比拌制水泥碎石混合料，集料级配应在设计级配范围以内。

混合料在装车过程中宜按照前、后、中、前、后五次装车。

摊铺机螺旋布料器安装有反向叶片，搅龙距地面高度10~15 cm，搅龙叶片有2/3埋入混合料中，均匀低速输料。在前挡板下部加装铁链或橡胶挡板（橡胶挡板底部距下承层距离不大于100 mm），防止粗集料向前滚落，造成底部离析。

5.3.4　水稳基层开裂

5.3.4.1　形成原因分析

a）水泥掺加比例偏大。

b）集料级配中细料偏多。

c）碾压时含水量偏大。

d）成型温度较高，强度提升较快。

e）集料中含泥量较高。

f）路基沉降尚未稳定或路基发生不均匀沉降导致反射裂缝。

g）养护不及时。

5.3.4.2　控制及防治措施

优化配合比设计，严格按施工配合比拌制混合料。

选择合格的集料。

碾压时含水量不超过允许范围。

待路基沉降稳定后再铺筑基层（底基层）。

及时覆盖养生毯洒水养护。

5.3.5　水稳基层厚度不均匀

5.3.5.1　形成原因分析

a）路床顶高程控制不严格。

b）水泥稳定碎石混合料摊铺时，挂线钢丝设置放样误差过大。

c）松铺系数不准确。

d）摊铺速度不均匀。

5.3.5.2　控制及防治措施

加强对路床顶高程检测验收。

严格控制挂线钢丝的设置，对其高程应进行复核。

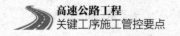

严格控制摊铺速度。

施工过程中及时检测松铺厚度、压实厚度及压实完成后高程，认真做好试验段工作，及时总结施工经验。在施工中严格掌握松铺系数。

5.3.6　水稳基层平整度差

5.3.6.1　形成原因分析

a）混合料碾压不均匀，局部压实系数存在差异。

b）摊铺机作业中途停顿，摊铺过程随意变换速度。

c）混合料级配不良。

d）压路机碾压时间、碾压程序不对。

e）找平系统不准确。

f）混合料含水量控制不严格。

g）下承层平整度、高程误差较大。

h）接缝处理不当。

5.3.6.2　控制及防治措施

减少、消除材料离析。

剔除超粒径颗粒。

重视机械操作，提高机械管理水平，严格操作程序。

控制挂线高程，提供准确的基准面。

采用适当的方法处理接缝，做好拼幅和搭接。

5.3.7　基层层间整体黏结性不足

5.3.7.1　形成原因分析

a）水泥稳定层间没有喷洒水泥净浆，导致层间黏结强度不足出现推移。

b）级配偏细、细集料偏多，导致层间黏结性能降低出现分离现象。

c）基层采用两层连铺工艺时，上下层间距段落过长。

5.3.7.2　控制及防治措施

水泥稳定碎石分层施工时，应在水泥稳定层底基层与下基层之间、上基层与下基层之间喷洒水泥净浆，提高基层间的有效黏结。

采用骨架密实型级配，成型表面粗集料颗粒均匀分布。

采用两层基层同时摊铺，两层施工段落长度应根据水泥初终凝时间、摊铺碾压时间、天气温度等情况综合确定，一般情况下为60~120 m。

5.3.8　水稳基层芯样"烂根"

5.3.8.1　形成原因分析

a）水泥质量差或掺加量不足，碾压含水率控制不严。

b）碾压时机控制不当。

c）拌和不均匀。

d）养生不规范。

5.3.8.2　控制及防治措施

保证水泥的质量，严格控制水泥的掺量和碾压含水率。

根据作业能力确定合适的作业面长度，在规定时间内碾压成型。

保证混合料的拌和均匀性。

采用土工布覆盖养生，养生期间禁止车辆通行。

5.3.9　水稳基层厚度不足

5.3.9.1　形成原因分析

a）路床平整度较差，存在凹凸现象，路床顶面高程正偏差超出设计要求。

b）施工过程中松铺厚度控制不严或松铺厚度计算不准确。

c）底基层顶高程负偏差超出设计要求。

d）超高及变坡段调坡不及时。

5.3.9.2　控制及防治措施

严格控制路床顶面高程及平整度；保证底基层的施工厚度。

加强施工过程检查。施工过程中严格控制各层次设计高程，加强摊铺时松铺厚度测量。

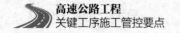

5.3.10　沥青面层离析

5.3.10.1　形成原因分析

a）混合料集料公称最大粒径与铺面厚度之间比例不匹配，沥青混合料级配差。

b）混合料拌和不均匀，装、卸料过程中发生离析。

c）摊铺设备、摊铺工艺不合理。

5.3.10.2　控制及防治措施

适当调整生产配合比矿料级配，使稍粗集料接近级配范围上限，较细集料接近级配范围下限。

运料装料时按照前、后、中、前、后方式移动，分五次装料。

摊铺机调整到最佳状态，螺旋布料器上混合料的高度应基本一致，并在螺旋布料器前挡板下加设橡胶皮控制在离摊铺面10 cm左右，能有效减少平面及纵向离析现象。

5.3.11　沥青面层压实度不合格

5.3.11.1　形成原因分析

a）沥青混合料级配差、离析。

b）沥青混合料碾压温度不够。

c）压路机吨位不足，压实遍数不够，边部压实不到位。

d）标准密度不准确。

5.3.11.2　控制及防治措施

确保沥青混合料良好的级配。

做好保温措施，严格控制拌和、运输、摊铺、碾压温度。

采用试验段确定的最佳碾压组合，边部及接缝处增加碾压遍数。

规范马歇尔试验，保证马歇尔标准密度的准确性。

5.3.12　沥青面层空隙率不合格

5.3.12.1　形成原因分析

a）马歇尔试验孔隙率偏大或偏小。

b）压实度不符合规范要求。

c）混合料级配不合理，油石比控制较差。

5.3.12.2　控制及防治措施

严格按照频率在沥青拌和站的热料仓口取集料筛分，验证沥青混合料矿料级配符合规定。

确保生产油石比误差在规定的范围内；控制拌和、运输、摊铺、碾压温度在规定范围内。

选用符合规定要求的压路机，控制碾压遍数，严格控制压实度。

5.3.13　沥青面层集料被压碎

5.3.13.1　形成原因分析

a）集料中软弱颗粒多、针片状颗粒偏高、压碎值偏大。

b）碾压工艺不合理，混合料表面集料棱角受钢轮压路机挤压与摩擦部分会发生正常棱角碎裂情况。

5.3.13.2　控制及防治措施

集料选择压碎值符合规范要求的碎石、针片状颗粒含量较小的粗集料。

应严格按照试验段确定的碾压工艺进行压实，不得过压、过振，不影响平整度的情况下可适当增加胶轮碾压遍数，减少钢轮碾压遍数。

5.3.14　沥青面层横向裂缝

5.3.14.1　形成原因分析

a）基层开裂反射。

b）结构物与基层结合部产生不均匀沉降。

c）下承层顶面污染严重，沥青混凝土在碾压时产生推移形成横向裂缝。

d）终压料温偏低，使沥青黏结力下降，产生碾压裂缝。

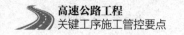

5.3.14.2　控制及防治措施

加强基层施工质量控制，减少基层横向开裂。

基层开裂处、桥头搭板尾部和通道沉降缝处顶面铺设玻纤网，以降低对面层的影响，减少面层横向裂缝。

承层顶面必须清理干净。

严格控制终压时的沥青混凝土温度，及时碾压。

5.3.15　沥青面层纵向裂缝

5.3.15.1　形成原因分析

a）路基沉降不均匀引起纵向开裂。

b）路基填筑使用了不合格填料，引起路面开裂。

c）新旧路基路面结合部处理不当。

5.3.15.2　控制及防治措施

加固地基，使用合格填料填筑路基或对填料进行处理后再填筑路基。

在裂缝两边各挖除一定宽度基层，采用厚度不小于20 cm的钢筋砼补平基层的措施进行处理，其上加铺玻纤网处置，再铺筑沥青面层。

严格控制新旧路基路面结合部处理措施，满足质量要求。

5.3.16　沥青面层平整度差

5.3.16.1　形成原因分析

a）摊铺机调平装置未调整到位。

b）摊铺不连续；运料车倒退卸料撞击摊铺机。

c）下承层平整度差。

d）施工缝处理不当。

5.3.16.2　控制及防治措施

仔细设置和调整摊铺机调平装置。

施工过程中摊铺机前方应有不少于5辆运料车在等候卸料，确保摊铺连续、均匀地进行，不得中途停顿。

严格控制路面各结构层的平整度，遇结构物时前后50 m宜采用挂线摊铺。

加强施工缝处平整度控制，3 m直尺检测，平整度控制在3 mm之内。

5.3.17 沥青面层抗滑性能差

5.3.17.1 形成原因分析

a）沥青混合料离析或矿料级配波动过大。

b）沥青含量偏高，矿粉用量偏高。

c）面层压实工艺控制不到位，存在过压超密现象。

5.3.17.2 控制及防治措施

优化生产配合比，严格控制矿料级配及沥青用量。

拌和机放料及运输、摊铺过程中避免产生离析，严格按试验段定的碾压方式及工艺施工，压路机数量、规格与路面结构匹配，不超压不过振。

5.3.18 沥青面层渗水不合格

5.3.18.1 形成原因分析

a）沥青面层混合料离析，局部空隙率偏大。

b）沥青混合料碾压温度不够，碾压组合、压实功不足。

c）压路机喷水量过多。

5.3.18.2 控制及防治措施

严格执行沥青面层离析控制及防治措施。

做好保温措施，确保沥青混合料碾压温度不低于规定要求。

压路机数量、规格与路面结构匹配，压实工艺符合规定。

初压钢轮压路机喷水应呈雾状，不应呈水流，面层表面不应留有水迹足印。

5.3.19 沥青路面污染

5.3.19.1 形成原因分析

a）施工人员意识不足，清扫后的废料随意倾倒。

b）车辆未设置防漏油兜底；车辆随意在已施工完成的工作面行驶。

c）未设置洗车台，施工车辆污染工作面。

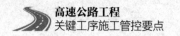

高速公路工程
关键工序施工管控要点

d）交叉施工造成沥青面层污染。

5.3.19.2 控制及防治措施

加强施工人员防污染意识，严禁随意倾倒废料。

上路施工车辆设置防漏油兜底布。

上路车辆配备车辆通行证，严控车辆出入；马道口设置洗车台。

摊铺沥青下面层之前，应及时完成路缘石安装和中分带填土，统筹协调路面交叉施工问题。

5.3.20 早期车辙

5.3.20.1 形成原因分析

a）沥青混合料油石比偏高，稳定性差。

b）沥青混合料级配不良，粗骨料处于悬浮状态。

c）压实度不足，空隙率过大。

d）沥青耐高温性能不足。

5.3.20.2 控制及防治措施

改善沥青混合料级配，采用较多的粗骨料，增加混合料密实性，选择合适空隙率，适当优化沥青用量。

采用改性沥青提高沥青混合料稳定性，或采用添加改性剂等方式，改善沥青性能。

按照沥青压实度不足质量通病控制及防治措施控制压实质量。

5.3.21 坑槽

5.3.21.1 形成原因分析

a）基层强度不均匀。

b）沥青混合料局部压实度或强度不足。

c）产生水损害。

d）沥青混合料配合比不正确，用油偏少，结合料加温过度。

e）芯样坑洞填补不密实。

f）施工机械漏油污染。

5.3.21.2　控制及防治措施

提高基层施工质量，基层强度均匀。

调整沥青混合料配合比，调整压路机配套组合。

避免低温施工，严格按配合比投料，控制加热温度及出料温度。

合理回填芯样坑洞。

加强路面施工期间的污染控制，机械加装防漏油装置。

5.3.22　泛油

5.3.22.1　形成原因分析

a）生产配合比控制不严，原材料质量不稳定，沥青用量偏高。

b）沥青下封层或黏层油用量偏多。

c）沥青混合料离析，矿料级配不合理。

d）碾压工艺不合理。

5.3.22.2　控制及防治措施

加强原材料稳定性的质量控制，严格按照试验段确定的配合比生产。

严格控制下封层和黏层沥青洒布用量。

严格按照试验段确定的碾压工艺施工。

装料、运输及摊铺过程中避免产生离析，致使混凝土面板断裂。

5.3.23　混凝土面板断裂

5.3.23.1　形成原因分析

a）缩缝或胀缝位置间距选择设置不合理，切缝过迟，缝深过浅，面板收缩断裂。

b）施工停顿时间过长。

c）路基发生不均匀沉降。

5.3.23.2　控制及防治措施

掌握切缝时间，采用多台切缝机施工，缝深符合要求。

施工中应有备用设备，减少中间停顿；如果必须中间长时停顿，应设工作缝。

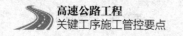
按设计处理地基，确保地基沉降均匀，工后沉降符合设计规定。

5.3.24 混凝土面板平整度差

5.3.24.1 形成原因分析

a）原材料质量不合格。

b）施工实际用料与配合比设计用料不符，级配发生变化，造成成品混凝土不均匀收缩，影响路面平整度。

c）施工工艺控制不严，拌和设备操作计量不准；运输车辆漏浆，改变新拌混凝土的工作特性。

d）摊铺设备不能满足要求。

5.3.24.2 控制及防治措施

严格原材料质量控制。

加强施工配合比管理。

对施工过程混凝土质量严格控制，使用性能良好的大型自动拌和机械，运输车辆封闭性能良好。

混凝土摊铺设备应通过试验进行检验，保证其满足要求。

5.3.25 路缘石安装不合格

5.3.25.1 形成原因分析

a）未严格按照要求逐段放样、拉线安装。

b）路缘石下砂浆不饱满，块与块间的平顺性未调整到位。

c）缝宽不一致，勾缝质量差。

5.3.25.2 控制及防治措施

逐段放样，拉线安装。

路缘石下坐浆应饱满，严格控制块间高差和缝宽。

加强施工过程中的检查，及时调整路缘石线形。

勾缝应饱满美观。

加强预制件生产管理控制，确保路缘石尺寸符合要求。

5.3.26　封层脱落

5.3.26.1　形成原因分析

a）封层被行驶车辆轮胎黏结而脱落。

b）未能将水封住。

c）封层洒布温度过低。

d）稳定碎石基层表面不洁净，有浮灰或局部松散的细料。

5.3.26.2　控制及防治措施

适当提高洒布时沥青的温度，确保下承层清扫干净、干燥，封层施工结束后禁止车辆行驶。

适当增加轮胎压路机对下封层的碾压遍数。

洒布前彻底清理工作面。

5.3.27　透层与基层表面不黏结

5.3.27.1　形成原因分析

a）基层表面浮灰杂物未彻底清扫干净。

b）乳化沥青质量不合格，破乳凝结速度太快。

c）乳化沥青的基质沥青与石料黏附性较差。

5.3.27.2　控制及防治措施

稳定碎石基层表面应进行清扫、水洗、风吹等工序，清除基层表面浮灰和杂物。

对乳化沥青进行破乳速度试验，选择慢凝乳化沥青。

对乳化沥青进行与石料黏附性试验，选择与石料黏附性好的优质乳化沥青。

5.4　桥梁工程质量问题的原因、控制及防治措施

5.4.1　钢筋工程质量病害防治

桥梁钢筋工程常见病害如下：钢筋外表锈蚀及搭接长度不足；钢筋焊缝裂纹及未预弯；钢筋焊瘤及咬边；钢筋丝头过短、过长及崩牙等；保护层不足；

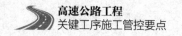

钢筋骨架变形、安装定位不准等。

5.4.1.1 钢筋外表锈蚀与搭接长度不足

钢筋外表锈蚀与搭接长度不足分别见图5-10与图5-11。

图5-10　钢筋锈蚀　　　　　　图5-11　钢筋搭接长度不足

1. 形成原因分析

钢筋下料长度未经计算或计算错误。

操作工未经培训或操作不规范，导致搭接长度不足。

钢筋放置时间过长，没有入库存放。

2. 控制及防治措施

钢筋入库存放，垫木垫起，一般要离地面30 cm以上，堆放时间应尽量缩短。

对表面有浮锈的钢筋应清除干净后再使用，一般用钢刷进行除锈。

结构物预留钢筋如长时间留置，须对其进行包裹或实施其他有效措施进行保护。

加强操作工技能培训及现场技术指导，同时加强验收检查工作。

钢筋下料前认真计算。

5.4.1.2 钢筋焊缝裂纹与未预弯

图5-12、图5-13分别为钢筋焊缝裂纹与焊接前未预弯情况。

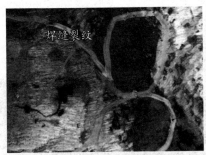

图5-12　焊缝裂纹　　　　　图5-13　焊接前未预弯

1. 形成原因分析

电焊机电流过大。

电焊工未经培训或操作不规范，导致未预弯和焊缝裂纹，采用焊接完后再进行打弯的方式。

2. 控制及防治措施

图5-14　钢筋焊接

电焊工须经过培训合格后上岗，规范操作，焊接时须预弯后再进行焊接（图5-14）。

焊接时，将电焊机电流调至合适电流，不能为了焊接速度将电流调大。

焊接前去除锈斑，同时，焊接时应注意施焊顺序；选择合适的烧化留量，使焊件获得符合要求的温度分布。

焊接时，焊接场地应有适当的防风、雨、雪、严寒设施，环境温度在5℃~-20℃时，应采取技术措施，低于-20℃不宜施焊。

5.4.1.3 钢筋焊瘤及咬边

钢筋焊瘤及咬边分别见图5-15与图5-16。

图5-15 焊瘤 图5-16 咬边

1. 形成原因分析

焊接时电流过大。

电焊工操作不规范，焊弧拉得过大。

焊速过快或过慢及焊条倾斜角度不符合要求。

2. 控制及防治措施（图5-17）

图5-17 正确焊接钢筋

焊接时，将电焊机电流调至合适电流，不能为了焊接速度将电流调大。

焊接时，保持焊条匀速施焊，不能过快或过慢，且施焊时夹紧钢筋。

角焊时，焊条采用合适的角度；对已产生咬边部位，清渣后应进行补焊。

5.4.1.4 钢筋丝头过短、过长及崩牙等

图5-18、图5-19所示分别为钢筋崩牙与钢筋丝头过短。

图5-18　钢筋崩牙

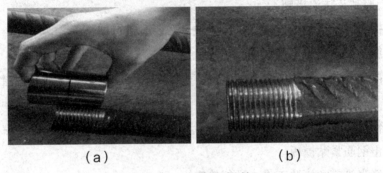

（a）　　　　　　　　　　　（b）

图5-19　钢筋丝头过短

1. 形成原因分析

钢筋工操作不规范，未经过培训或培训不合格。

加工时没有打磨，丝头端头不齐整。

刀头和滚丝头定位不准，螺纹损伤。

丝头刀片磨损严重。

机械长期未保养。

2. 控制及防治措施

加强操作工的培训工作。

加强加工机械的保养，经常润滑，减少磨损。

经常检查刀片，出现磨损及时更换。

将套丝机长度定位器按照规定长度定位准确，使加工出来的丝头大小长度统一。

加强丝头的经常性检查，避免大面积出现不合格丝头。

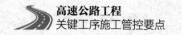
5.4.1.5 钢筋保护层不足

1. 形成原因分析

钢筋骨架尺寸偏大，局部钢筋紧靠模板。

混凝土振捣时钢筋垫块移位，或垫块太少、脱落，钢筋紧贴模板。

振捣混凝土时，振动器撞击钢筋，使钢筋位移或绑扎松散。

钢筋混凝土构件断面小，钢筋过密，如遇大石子卡在钢筋上水泥浆不能充满钢筋周围，使钢筋密集处产生露筋。

振捣棒撞击钢筋或踩踏钢筋，使钢筋位移。

2. 控制及防治措施

根据实际配筋情况设置保护层垫块，必要时进行加密。

钢筋骨架应定位准确、绑扎牢固。

混凝土振捣时避免撞击钢筋，施工人员操作时不得踩踏钢筋，避免钢筋位移。

制作标准的钢筋骨架尺寸定位架或胎模，保证钢筋位置和保护层厚度准确，防止钢筋紧贴模板。

做好浇筑前的检验工作，进行检查。

5.4.1.6 钢筋骨架变形、安装对位不准

钢筋骨架变形、安装对位不准，分别参见图5-20、图5-21。

图5-20 骨架变形　　　　　图5-21 骨架对位不准

1. 形成原因分析

钢筋骨架在装卸、运输、堆放、吊装过程中发生扭曲、变形。

外形尺寸或钢筋间距不符合要求。

钢筋骨架制作时误差过大。

2．病害防治措施

a）成型钢筋堆放要整齐，不宜过高，不应站在钢筋骨架上操作。

b）起吊搬运要轻吊轻放，尽量减少搬运次数；在运输较长钢筋骨架时，应设置托架，吊装过程须专人指挥（图5-22）。

c）在对骨架钢筋技术交底时须对设计图纸认真复核；制作钢筋骨架时须对各起弯点定位准确，避免错误。

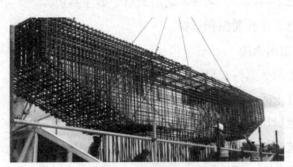

图5-22　吊装钢筋骨架结构

5.4.2　混凝土工程质量病害防治

桥梁混凝土工程常见病害如下：混凝土表面蜂窝麻面；混凝土强度过高或过低；混凝土表面不平整；缺棱掉角；收缩裂缝等。

5.4.2.1　混凝土表面蜂窝、麻面

混凝土表面出现蜂窝、麻面的状况如图5-23、图5-24所示。

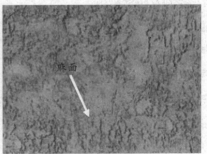

图5-23　混凝土蜂窝表面　　　　图5-24　混凝土麻面表面

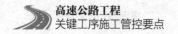

1. 形成原因分析

模板表面粘有干混凝土。

模板缝没有堵严致使局部出现轻微漏浆；混凝土呈干硬状态，使混凝土表面形成许多小凹点。

钢筋较密，使用的石子粒径过大或坍落度过小。

混凝土和易性差，混凝土浇筑后局部砂浆少、石子多。

下料不当或下料过高，未设串筒造成石子砂浆离析。

振捣不充分，存在漏振和过振。

2. 控制及防治措施

浇灌混凝土前认真检查模板的牢固性及缝隙是否堵好。

模板应清洗干净，隔离剂涂刷均匀。

使模板缝隙封堵严密。

混凝土浇筑高度超过2 m时，要采取措施，如用串筒下料。

混凝土入模后，必须掌握振捣时间，一般每点振捣时间为20~30 s。

5.4.2.2　混凝土强度不符合设计要求

1. 形成原因分析

混凝土原材料不符合要求，如水泥过期受潮结块、砂石含泥量太大，造成混凝土强度偏低。

混凝土配合比不正确，原材料计量不准确，搅拌时间不够。

混凝土不按规定养护，或管理不善、养护条件不符合要求等；振捣时间过长或过短。

2. 控制及防治措施

混凝土原材料应试验合格，严格控制配合比，保证计量准确，外加剂要按规定掺加。

混凝土应搅拌均匀，按砂子→水泥→石子→水的顺序上料。

健全检查和试验制度，按规定检查坍落度和制作混凝土试块，认真做好试验记录。

入模后，加强振捣，避免漏振和过振，一般振捣时间为20~30 s。

严格现场管理，严禁过程中加水，造成强度降低。

5.4.2.3　混凝土表面不平整

图5-25与图5-26所示为混凝土表面不平整状态。

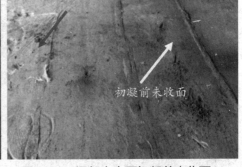

图5-25　混凝土表面脚印　　　图5-26　混凝土表面初凝前未收面

1. 形成原因分析

混凝土未达到一定强度就上人操作或运料，致使混凝土表面出现凸凹不平的痕迹。

模板没有支撑在坚固的地基上，垫板支承面不够，以致在浇灌混凝土或早期养护时发生下沉。

人工收面过晚，导致混凝土已初凝。

2. 控制及防治措施

混凝土板应采用平板式振捣器在其表面进行振捣，有效振动深度约20 cm，大面积混凝土应分段振捣，相邻段间应搭接振捣5 cm左右。

混凝土初期强度未形成前，不得在已浇筑结构上走动或扰动。

混凝土模板应有足够的稳定性、刚度和强度，支承结构必须安装在坚实的地基上，并有足够的支承面积，以保证浇灌混凝土时不发生下沉。

在初凝前加强收面，做到"多次收面"。

5.4.2.4　混凝土板缺棱、掉角

混凝土板缺棱、掉角分别见图5-27、图5-28。

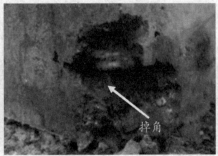

| 图5-27　缺棱 | 图5-28　掉角 |

1. 形成原因分析

拆模时，混凝土强度不足或硬拉强拽，导致边角掉落。

施工机械撞击混凝土结构，导致边角破损。

木模板未充分浇水湿润或湿润不够，混凝土浇筑后养护不好，造成脱水、强度低，模板吸水膨胀将边角拉裂，拆模时，棱角被粘掉。

低温施工过早拆除侧面非承重模板。

2. 控制及防治措施

拆模时注意保护棱角，避免用力过猛过急。

吊运模板时，防止撞击棱角。

拆除侧面非承重模板时，混凝土应达到一定强度。

不能采用大面积同时撬落和拉倒的方法拆模，应分段分层从一端退拆，统一指挥。

5.4.2.5　收缩裂缝

混凝土收缩裂缝见图5-29。

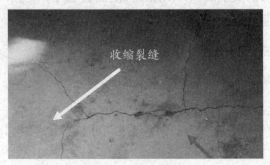

图5-29　收缩裂缝

1. 形成原因分析

混凝土配合比例不当，水灰比过大。

养护措施不当，水分蒸发过快导致收缩过大。

振捣过度，造成粗、细骨料上下分层。

强度不均匀，细骨料层收缩过大。

2. 控制及防治措施

优化混凝土配合比，降低混凝土水灰比，加强对砂石料含水率的检查，适时调整施工配合比。

改善混凝土振捣工艺，严禁过振。

在混凝土初凝前做好收面处理，避免开裂；对刚浇筑的混凝土加强有效的养护措施，至少养护7 d。

5.4.3　基础及下部结构质量病害防治

基础及下部结构常见病害如下：桩基塌孔；桩基缩孔；钢筋笼上浮；桩基断桩；桩顶标高过低；桩基偏位；桩基与系梁或承台底混凝土接缝不良；承台大体积混凝土表面裂纹；墩柱出现水平、竖向裂纹；墩柱模板偏位、错台及漏浆；支座偏位、脱空等。

5.4.3.1　桩基塌孔

图5-30所示为桩基出现塌孔。

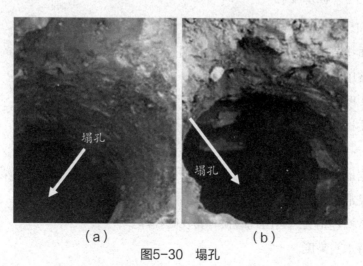

（a）　　　　　　　　　（b）

图5-30　塌孔

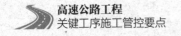

1．形成原因分析

由于泥浆稠度小，护壁效果差，出现漏水。

或护筒埋置较浅，或周围封堵不密实而出现漏水。

泥浆相对密度过小，致使水头对孔壁的压力较小。

在松散的砂层或黏性土的地质层，冲击速度快，忽视泥浆的密度，孔壁护壁不好，致使塌孔。

钻进时未连续作业，中途停钻时间较长。

钻孔附近有大型设备作业，或有临时通行便道，车辆通行时产生振动。

清孔后放置时间过长，未及时灌注混凝土。

2．控制及防治措施

保证护筒有足够的埋深，尽量让护筒埋置在稳定的土层中。

根据地质情况，选用合适的机械、钻进方法，选择适宜的泥浆比重、黏度、胶体率，确定合理的钻进速度，以保证井孔的稳定性。

应根据地质情况合理地安排同一墩位处各钻孔桩的施工顺序，以防止邻近孔壁被扰动而引起塌孔。

严格控制孔内水头标高，确保孔壁处于一种负压状态；清孔时应指定专人负责补水，保证钻孔内必要的水头高度。

钻孔时应连续作业，无特殊情况中途不得停钻。

5.4.3.2　桩基缩孔

1．形成原因分析

地质构造中含有软弱层，在钻孔通过该层中，软弱层在土压力的作用下，向孔内挤压形成缩孔。

钻头磨损过快，未及时补焊，从而形成缩孔。

地质构造中塑性土层，遇水膨胀，形成缩孔。

2．控制及防治措施

根据地质钻探资料及钻孔中的土质变化，若发现含有软弱层或塑性土时，要注意经常扫孔。

经常检查钻头，当出现磨损时要及时补焊。

保持水头高度。

5.4.3.3　钢筋笼上浮

1．形成原因分析

钢筋笼内径与导管外壁间距小，粗骨料粒径偏大，主筋搭接焊头未焊平，在提升导管过程中，法兰盘挂带钢筋笼。

钢筋笼主筋弯曲、骨架整体扭曲，箍筋变形脱落或导管倾斜，使得钢筋笼与导管外壁紧密接触。

混凝土面升至钢筋笼底时，混凝土浇筑速度过快，导致钢筋笼浮上来。

2．控制及防治措施

在沉放导管过程中必须注意其垂直度，使钢筋笼内径与导管外壁之间的最小间距要大于粗骨料最大粒径的两倍。

严格控制钢筋笼骨架加工质量；在浇筑混凝土过程中，随时观测混凝土面位置，接近钢筋笼底时，控制混凝土灌注量及灌注速度。

浇筑前应检查钢筋笼的固定质量，浇筑过程中应加强监测，如发现钢筋笼松动，应及时处理。

5.4.3.4　桩基断桩

1．形成原因分析

操作失误，过量上拔导管或测定已灌混凝土表面标高出现错误，导致导管埋深过小，出现拔脱提漏现象，从而导致其形成夹层断桩。

导管埋深过大，以及灌注时间过长，导致已灌混凝土流动性降低，混凝土与导管壁的摩擦力增大；同时，导管采用提升阻力很大的法兰盘连接，在提升时也会致使连接螺栓拉断或导管破裂而产生断桩。

导管连接部位质量较差，以致拔管过程中断裂而形成断桩。

混凝土初凝时间短，或由于其他原因造成混凝土浇灌中断，间歇时间长，重新浇灌时下部混凝土已初凝乃至硬化，从而导致导管拔不出而产生断桩。

因导管放入位置不当，致使导管接头被钢筋笼挂住不能上拔而断桩。

2．控制及防治措施

桩基砼灌注前做好施工组织，保证桩基砼的质量和及时性，确保砼连续灌注；严格按照程序要求拆拔导管，使导管埋深控制在2~6m，避免将导管拔空。

浇筑混凝土过程中，应匀速向导管料斗内灌注，防止砼一次性向导管料斗

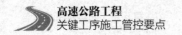

内灌注大量砼，导致管内的空气不能及时排出形成堵管而断桩。

合理控制导管埋深，以确保首批灌注的砼埋住导管。

导管使用前，要对导管进行检漏和抗拉力试验，以防导管渗漏。

5.4.3.5 桩顶标高过低

1. 形成原因分析

沉渣过多、泥浆稠度过大，当灌注至桩顶时，致使混凝土上升困难。

灌注时，灌注标高控制不足；灌注预留高度不足。

凿除时，标高控制错误。

2. 控制及防治措施

清孔时，保证桩底沉渣及泥浆比重符合要求。

保证混凝土浇筑时的预留高度，至少1 m。

测深锤宜加重，灌注将近结束时加注清水稀释泥浆并掏出部分沉淀土，以确保测量桩混凝土标高。

凿除桩头时控制好标高，避免出现超凿现象。

5.4.3.6 桩基偏位

1. 形成原因分析

钻机未处于水平位置或施工场地未整平及压实，在钻进过程中发生不均匀沉降。

水上钻孔平台基底座不稳固、未处于水平状态，在钻孔过程中，导致钻机架发生不均匀变形。

钻杆弯曲，接头松动，致使钻头晃动范围较大。

在旧建筑物附近钻孔过程中遇到障碍物，把钻头挤向一侧。

2. 控制及防治措施

首先确保钻机平台的稳定性；确保测量放样精度，保证钻机定位准确。

钢筋笼定位准确、牢固；钻机就位前，应对施工现场进行整平和压实，并把钻机调整到水平状态，在钻进过程中，应经常检查使钻机始终处于水平状态工作。

应使钻机顶部的起重滑轮槽、钻杆的卡盘和护筒桩位的中心在同一垂直线上，并在钻进过程中防止钻机移位或出现过大的摆动；终孔时，必须对孔桩再次进行放样复核，并且下钢筋笼时须根据复核点对钢筋笼进行中心定位。

5.4.3.7　桩基与系梁或承台底混凝土接缝不良

1. 病害原因分析

桩头处的砼中含泥浆等杂质，强度不足。

在砼强度未形成或未达到一定强度（70%以上）就凿除桩头，对砼产生扰动，破坏砼强度的形成，或使砼内部产生细小裂纹。

对设计桩顶的标高计算或测量不准，导致灌注砼提前结束，致使桩头标高低于设计标高；系梁或承台基坑有积水，以致泥砂涌入桩头。

2. 控制及防治措施

灌注砼时应比桩顶设计标高至少超灌100cm，保证桩头处的砼中不含泥浆。

凿桩头时当凿至距设计位置10cm左右时，应注意先对设计桩头标高处的四周进行凿除，然后再凿除中间部分，桩头破除后形状应呈平面或桩中略有凸起，以利接柱或浇筑系梁砼前冲洗桩头。

严禁使用爆破法破桩头，应采用环切法。

绑扎系梁或承台钢筋前，先对基底进行清理，及时把基坑内的积水抽出，保证桩头无积水、杂物、泥沙等。

5.4.3.8　承台大体积混凝土表面裂纹

1. 形成原因分析

地基变形引起的裂缝，由于地基不均匀沉降或水平方向位移，使结构产生附加应力，超出砼结构的抗拉能力，导致结构开裂。

由于温差变化产生的裂缝，在施工过程中，砼浇筑完毕后，由于水泥水化时产生大量热量，致使内部温度升高，内外温差过大，在温度应力的作用下，使砼表面出现裂缝。

砼收缩产生裂缝。

2. 控制与防治措施

当基底土质变化较大或承载力不均匀时，应按有关规定进行处理，使基底具有均匀足够的承载力。

根据实际情况，应选择水化热低的水泥，限制水泥用量，降低骨料入模温

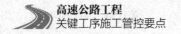

度，并缓慢降温。

为减少砼塑性收缩，应严格控制砼的水灰比，振捣密实，避免过振；为避免出现缩水裂缝，在砼浇筑后应加强养生，保持砼表面温润，避免忽干忽湿。

砼浇筑完毕后，及时循环承台循环管内的水，控制砼内外温差，同时在砼顶面采用覆盖塑料或土工膜进行养生，使砼的芯内和表面温度控制在一定范围内，降低砼内外温差。

5.4.3.9 墩柱出现横、竖向裂纹

图5-31与图5-32所示为墩柱出现的横、竖裂纹。

图5-31 水平裂纹

图5-32 竖向裂纹

1. 形成原因分析

过振造成大石料下沉，柱顶部分骨料减少，浮浆多，易在最上层箍筋处形成环状水平裂缝。

墩柱顶部混凝土的压力小，且未进行收面。

混凝土保护层过小或过大；墩柱养护不及时，致使砼收缩而产生裂缝。

2. 控制及防治措施

在混凝土初凝前进行二次振捣，采用二次振捣可以消除因塑性沉降而引起的内分层，改善骨料界面结构，提高混凝土强度和渗透能力。

二次振捣完毕后，刮去表面浮浆，在墩柱顶上压沙袋，以增加对上部混凝土的压力。

严格控制钢筋保护层。

加强混凝土保湿养护。

5.4.3.10　墩柱模板偏位、错台及漏浆

1. 形成原因与分析

模板定位后，四周拉杆的松紧程度不一，在浇筑混凝土过程中模板向拉杆较紧的一侧倾斜。

立模板的基面不平整，导致模板倾斜。

模板变形导致接缝处的间隙较大，密封不好，在浇筑混凝土时出现漏浆；模板定位并固定好后，其中的某一根拉杆受到外力的冲击，导致模板移位。

2. 控制及防治措施

墩柱高度不高的尽量使用整体钢模板，尽可能减少接缝。

模板定位后，四周拉杆的松紧程度要一致，而且在浇筑混凝土前一定要进行复测，以保证桥墩的中心位置符合设计要求。

安装模板前要对模板进行认真检查，变形的模板要经整修后才能使用，模板接缝要用海绵条或胶条进行密封；模板底部要用水泥砂浆进行密封，待水泥砂浆达到一定强度后才能进行混凝土浇筑。

5.4.3.11　支座脱空、偏位

图5-33、图5-34所示为支座出现脱空、偏位的情况。

图5-33　脱空　　　　　　　　　图5-34　偏位

1. 形成原因分析

未控制好支座安装高程。

因支座垫石混凝土方量较小，混凝土振捣不密实；表面未认真抹平、收光，出现垫石顶面不平整。

板梁安装时一端压在非滑动橡胶支座上调整板梁位置，使橡胶支座产生偏移或剪切，滑板支座硅脂油过少或未放，因摩擦力大不能滑动导致支座受剪。

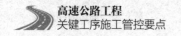

荷载变化使板梁位置发生变化。

2．控制及防治措施

严格按照图纸进行支座垫石施工，使垫石混凝土一次成型，施工完毕应采用水准仪复测垫石标高，可采用可调模板控制垫石高程。

橡胶支座应准确定位。

确保支座正常滑动，防止支座产生较大初始剪切变形；铰缝施工时应防止漏浆，避免支座被水泥浆或混凝土包裹。

严格按照设计图纸要求安装盆式支座，注意单向支座安装方向。

认真调整盆式支座顶板并固定牢靠，所有零件均应安装到位。

5.4.4　上部构造预制和安装质量病害防治

上部构造预制和安装工程常见病害如下：梁内模上浮、胀模；梁体不顺，侧面气泡多、粗糙；预应力管道定位不准；预应力张拉注意问题；预应力损失过大；锚下混凝土破裂；预应力管道堵塞；压浆不饱满；预制梁板凿毛不彻底；预制梁板安装设备使用不当；相邻梁板错台大、桥面宽度不足及挡块挤压破损等。

5.4.4.1　梁内模上浮、胀模

图5-35、图5-36所示为梁内模出现上浮、顶板厚度不够及胀模的状态。

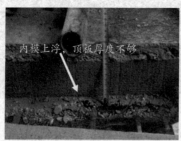

图5-35　内模上浮，顶板厚度不够　　　图5-36　胀模

1．形成原因分析

内模质量差，模板固定不当、不合理。

浇筑速度过快。

2．控制及防治措施

当采用空心内模时，应与主筋相连或压重，防止上浮。

空心内模应与顶板对拉进行支撑。

分两层浇筑，先浇筑底板砼，腹板对称平衡地进行浇筑，并控制浇筑速度，不宜过快；避免两侧过量强振。

5.4.4.2　梁体麻面，侧面蜂窝、气泡多

图5-37、图5-38所示分别为梁体麻面，侧面蜂窝、气泡多。

图5-37　麻面　　　　　　　图5-38　蜂窝、气泡

1．形成原因分析

梁底模没有清除干净。

钢模板，混凝土浇筑过程中变形过大。

振捣时间不足，气泡未排出。

隔离剂不好或涂刷不均。

2．控制及防治措施

侧模强度和刚度要进行验算，尽量采用刚度较大的截面形式。

梁底模在浇筑混凝土前，清扫干净。

应将模板清洁干净。

模板安装后，应检查拼缝处是否有缝隙。若有缝隙，一般采用泡沫塑料条或胶带条等将缝密封，以防漏浆；加强倒角处振捣。

采用振捣棒和附着式振动器共同振捣，保证振捣时间，不宜过短或过长。

5.4.4.3　预制梁预应力管道定位不准

1．形成原因分析

在预留孔道时，未看清图纸或坐标计算错误，使孔道位置设置错误。

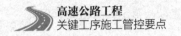
在浇筑混凝土时，由于波纹管或其他材质孔道受到扰动，孔道位置发生变形。

操作困难时，为图速度和方便，人为造成定位不准确。

2．控制及防治措施

在预留孔道时，应认真阅读图纸，正确计算出孔道在每一断面上的坐标。

波纹管准确牢固地定位，定位箍筋的位置、间距要符合设计及规范要求。

在浇筑混凝土时，防止振捣棒碰撞制孔管，避免孔道上下左右浮动。

加强培训，增强操作人员的质量意识及责任心。

5.4.4.4 预应力张拉锚垫板变形

1．病害原因分析

锚垫板承压面与孔道中心线不垂直，锚具孔与锚垫板未对正，由于张拉力过大造成锚垫板变形。

2．控制及防治措施

锚垫板承压面与孔道中线不垂直时，应当在锚圈下垫薄钢板调整垂直度。

5.4.4.5 预应力损失过大

1．形成原因分析

钢束与孔道间的摩阻力过大。

锚具下混凝土局部破坏变形过大。

锚具滑丝或钢绞线内有断丝。

2．控制及防治措施

安装预应力管道时保证其顺直度，减少孔内摩阻力。

锚具滑丝失效，应更换。

锚具下混凝土局部破坏，应将预应力释放后，用环氧混凝土或高强度混凝土补强后重新张拉。

负弯矩张拉顺序须遵循“中间向两边，先长束后短束”原则。

千斤顶和油压表须配套使用，且在校验有效期内，如超过规定，须重新进行校验。

5.4.4.6　锚下混凝土破裂

1．形成原因分析

锚下钢筋密集，导致混凝土不密实，出现空洞。

张拉时间过早，混凝土强度不足。

锚下钢筋数量不足。

2．控制及防治措施

加强预制梁板混凝土养护，避免箱梁开裂，提高混凝土强度，张拉混凝土强度和弹性模量符合设计和规范要求。

加强锚下混凝土振捣，保证混凝土密实。

加强操作人员培训，严禁"偷工减料"，保证钢筋数量。

5.4.4.7　预应力管道堵塞

1．病害原因分析

波汶管安装好后，在浇筑砼时，被振捣棒碰撞破裂。

波纹管接头处套接不牢固或有孔洞。

焊接钢筋时，电焊火花烧坏波纹管的管壁，或在施工中被踩、挤、压瘪。

2．控制及防治措施

管道中间接头、管道与锚垫板喇叭口的接头，必须做到密封、牢固、不易脱开和漏浆。

浇筑混凝土时应保护预应力管道，不得碰伤、挤压、踩踏，发现破损应立即修补。

进行钢筋焊接时，应防止电焊火花烧破波纹管的管壁；防止砼振捣棒直接触击波纹管。

先在波纹管内穿入稍细的硬塑料管，浇筑完成后再拔出，可预防波纹管堵塞。

5.4.4.8　压浆不饱满

1．形成原因分析

水泥浆泌水率太大。

水泥浆的膨胀率和稠度指标控制不好。

压浆时，孔道未清净，有残留物或积水；压浆时压力不够或封堵不严。

2. 控制及防治措施

锚具外面的预应力筋间隙填塞严密，以免冒浆而损失压浆压力，封锚时应留排气孔。

孔道在压浆前应用压力水冲洗，以排除孔内粉渣杂物，保证孔道畅通，冲洗后用空压机吹去孔内积水。

正确控制水泥浆的各项指标，防止泌水等；压浆应缓慢、均匀进行。

保证压浆压力及保压时间，开始压力要小，逐步增加，最大压力一般为0.7 MPa，当输浆管道较长或采用一次压浆时，应适当加大压力，对管道较长或第一次压浆不够理想的，可进行二次压浆。压力达到最大后，留好稳压时间，达到排气孔排出与规定稠度相同的水泥浆为止。

5.4.4.9 梁板局部凿毛不彻底

1. 形成原因分析

凿毛时间掌握不好，导致凿毛质量差。

工人责任心差，工作不认真，凿毛不彻底或未对漏凿面进行补凿。

凿毛方式不正确。

2. 控制及防治措施

凿毛时间应合理选择。

凿毛应安排工作认真、责任心强的专人负责；混凝土凿毛采用机械凿毛及与手持式凿毛机相配合法进行，机械凿毛机未凿到的部位采用手持式凿毛机进行二次补凿。

5.4.4.10 梁板吊装造成局部损伤

图5-39为梁板吊装造成的局部损伤。

图5-39 梁板局部损伤

1. 形成原因分析

未垫垫片，缆绳直接与箱梁棱角接触，造成棱角破损。

2. 控制及防治措施

梁板吊装过程中使用护垫或护板对梁板进行保护。

5.4.4.11　相邻梁板错台大、桥面宽度不足及挡块挤压破损

图5-40与图5-41所示分别为相邻梁板错台大与挡块挤压破损。

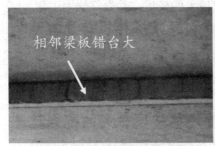

图5-40　相邻梁板错台大　　　　图5-41　挡块挤压破损

1. 形成原因分析

相邻梁板拱值偏差大或垫石高程错误，导致错台大。

垫石中点放样错误或安装时横向坡率控制不严，导致桥面宽度不足。

挡块与垫石间距离不足或梁板碰撞，导致挡块破损。

2. 控制及防治措施

严格控制张拉值及箱梁存梁时间、架梁时间，控制箱梁拱值，避免错台大。

控制垫石中心测量放样，确保准确性；控制桥面横向坡率，特别是转弯处的横向坡率，同时每架完一跨对两端进行桥面宽度尺量复核。

施工挡块时，控制挡块与垫石的净距；同时，架梁时，先架设边梁再架设次边梁，避免箱梁碰撞挡块。

5.4.5　上部构造现场浇筑质量病害防治

上部构造现场浇筑工程常见病害如下：现浇梁线形不顺直；现浇梁顶面干缩裂纹、裂缝、局部松散；悬臂现浇模板问题；悬臂现浇节段连接处质量问题；现浇节段有裂缝等。

5.4.5.1 现浇梁线形不顺直

1. 形成原因分析

测量控制不准确，箱梁梁顶高程偏差及内外侧控制点偏差较大。

发生跑模、胀模，导致现浇梁内外侧线形不顺直。

立模位置与设计位置偏差大。

2. 控制及防治措施

认真处理支架基础，保证支架预压到位。

加强模板检查验收工作；使用刚度较大的模板，并做好加固工作。

定期复核测量控制点，并校准仪器。

加强人员培训，增强操作人员质量意识。

5.4.5.2 现浇梁顶面干缩裂纹、裂缝、局部松散

现浇梁顶面出现干缩裂纹、裂缝如图5-42，局部松散见图5-43。

图5-42 干缩裂纹　　　　　图5-43 松散

1. 形成原因分析

混凝土振捣不实。

梁顶未收光、整平。

未及时养生。

混凝土终凝前用插捣或划拉方式代替凿毛，致使混凝土表面受到扰动。

2. 控制及防治措施

认真做好混凝土振捣工作。

梁顶混凝土施工后应整平、收光、拉毛。

及时覆盖养生，专人负责。

在混凝土未达到施工规范规定强度前，严禁施工人员在梁顶走动。

严格按规范要求进行拉毛处理。

5.4.5.3　悬臂现浇模板问题

1. 形成原因分析

底模架的设置未按箱梁断面渐变的特点采取措施，使梁底接缝不平、漏浆、梁底段与段之间产生错台。

侧模的接缝不密贴，造成漏浆，使侧面产生错台。

挂篮模板定位时，垂直向高程考虑不准或挂篮前后吊带紧固受力不均。

挂篮底模架的纵横梁连接失稳，几何尺寸变形。

2. 控制及防治措施

使用前认真检查验收，并进行预压；底模架应有足够的平面及截面尺寸，应满足模板安装时支撑和拆除以及浇筑砼时所需的工作宽度和刚度。

底模架应考虑箱梁断面渐变和施工预拱度，在底模架的纵梁和横梁连续接处设置活动钢铰，以便适时调节底模架，使梁底接缝平顺；底模架下的平行纵梁以及平行横梁之间，为防止底模架几何尺寸变形，应用钢筋或型钢采取剪刀形布置，牢固连接纵横梁；挂篮就位后，在校正底模架时，必须预留砼浇筑时的抛高量，模板安装时应严格按测定位置核对标高，校正中线，模板和前一段的砼面应平整密贴。

挂篮就位后应将支点垫稳，收紧后吊带，固定后锚，再次测量梁端标高，在吊带收放时应均匀同步，吊带收紧后，应检查其受力是否均衡，否则就应重新调整。

5.4.5.4　悬臂现浇节段连接处质量问题

1. 形成原因分析

节段间混凝土未振捣密实或未整平。

前一节段混凝土养护时间不足就浇筑下一节段。

后锚固点不牢固，挂篮整体下沉。

2. 控制及防治措施

严格按照立模高程点进行立模；对新旧结合部混凝土认真凿毛并振捣，浇筑前应润湿结合部。

前一节段混凝土强度达到规范要求后才可浇筑下一节段。

加工高质量的挂篮，加强后锚固质量，防止挂篮整体下沉；加强测量监测，及时纠偏。

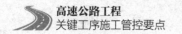
5.4.5.5　现浇节段裂缝

现浇节段出现裂缝，图5-44、图5-45所示分别为斜向、纵向裂纹。

图5-44　斜向裂纹　　　　　　　图5-45　纵向裂纹

1. 形成原因分析

出现与底部成45°斜裂缝的原因可能是该区域主拉应力超过了该处的应力索和普通混凝土的抗剪力及混凝土的抗拉强度，也可能是拆模时间过早，混凝土尚未达到其设计抗拉强度。

出现沿预应力管道方向的裂缝的原因往往是由于预应力索张拉时，索管及其周边混凝土受到较集中的压应力，如保护层不足以抵抗压应力，会在其最薄弱处出现开裂。

腹板的普通钢筋间距较大，不能满足抗裂要求。

施工临时荷载超载或在作用点产生过大的集中应力。

未及时张拉竖向应力或竖向应力过大，继续悬臂挂篮施工。

2. 控制及防治措施

合理布置钢筋间距，增强抗裂性，必要时可在易发生斜向裂缝的区段架设钢筋网。

在预应力张拉集中的锚头区域合理布置钢筋，提高抗压应力和分散集中应力；混凝土强度未达到规范或设计规定强度，不能拆除模板及张拉。

尽量减少竖向应力损失，必要时可采用二次复拉的办法。

加强混凝土生产过程控制，做好养护工作。

5.4.6　桥面系及附属工程质量病害防治

桥面系及附属工程常见病害如下：梁顶面未清理干净；桥面平整度不达标；现浇层裂纹；护栏线形不顺直；护栏混凝土粉饰、烂根、竖向裂纹；桥头锥坡病害等。

5.4.6.1 梁顶面未清理干净

1. 形成原因分析

现浇铺装时未采用人工将梁顶面垃圾或混凝土块清理干净，导致铺装出现干缩裂纹、起层等质量问题。

2. 控制及防治措施

在现浇层钢筋绑扎前先将梁面垃圾清理干净，再在浇筑前用高压水枪冲洗梁面，并做梁面润湿。

5.4.6.2 桥面混凝土找平层病害

1. 形成原因分析

梁体预拱度过大，桥面找平层设计厚薄难以调整施工允许误差，造成厚度不足。

支座的标高控制不严，高于设计高程。

梁板的倾斜度过大，找平层厚度局部过薄。

施工配合比控制不严，混凝土的原材料质量差、混凝土拌和物和易性差。

2. 控制及防治措施

对桥面进行凿毛清扫和冲洗，对尖锐突出物及凹坑打磨或修补，保证桥面平整。

严控桥面钢筋绑扎工作，绑扎牢固不变形。

采取加密支撑和支垫等，精确控制钢筋位置。

5.4.6.3 现浇层裂纹

现浇层出现裂纹，图5-46与图5-47所示分别为纵向与横向裂纹。

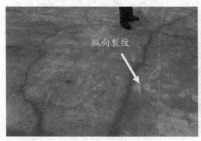 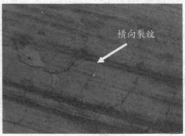

图5-46 纵向裂纹　　　　　图5-47 横向裂纹

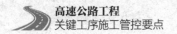

1．病害原因分析

预应力混凝土连续梁负弯距区砼受拉致使桥面铺装产生水平裂缝，普通混凝土与预应力混凝土交接处易裂缝，预应力锚固区易产生裂缝。

桥头跳车及桥面伸缩缝不够平整，高速重载车的冲击和破坏力超过混凝土的强度出现裂缝。

水泥的水化热高，振捣不密实，收缩性大。

2．控制及防治措施

连续梁的负弯矩区引起的铺装破坏，应在铺装层以下设置沥青隔离层，使连续梁与桥面铺装分离，加强负弯矩区的钢筋网和受力钢筋。

加强现浇层混凝土养护，确保混凝土强度，在未达到100%强度时，不得开通交通，尽量避免振动。

加强现浇层混凝土振捣及整平收面工作，确保密实，同时拉毛时不宜过深。

5.4.6.4　护栏线形不顺直

1．原因及分析

模板定位不准或加固不牢。

模板刚度不好。

测量放样错误。

2．控制及防治措施

护栏模板要进行定制，并保证其模板刚度要求。

加强测量放样准确性，并加强浇筑前检查验收。

认真做好模板定位工作，有效固定。

5.4.6.5　护栏混凝土粉饰、烂根、竖向裂纹

1．形成原因分析

原材料、外加剂选用不当，外观质量差。

振捣不认真。

养护不及时。

混凝土伸缩缝切割不及时。

预埋件处不易振捣。

保护层不符合要求。

2．控制及防治措施

合理选用原材料、外加剂。

及时保湿养护，及时切割伸缩缝，避免混凝土收缩裂纹。

督促施工人员认真振捣，特别是预埋件或钢筋密集处。

立模前做好保护层垫块的绑扎，确保混凝土保护层。

5.4.6.6　伸缩缝间隙过大、过小及混凝土破损

图5-48所示为伸缩缝间隙过大，图5-49所示为混凝土破损。

图5-48　伸缩缝间隙过大　　　　图5-49　混凝土破损

1．形成原因分析

锚固的构件强度不足。

伸缩装置的后浇压填材料选择不当；施工过程中，梁端伸缩缝间距没有按设计要求完成，缝距太小，橡胶伸缩缝因超限挤压凸起而产生跳车。

缝距过大，产生跳车。

施工时伸缩装置的锚固钢筋焊接得不够牢固，或产生遗漏预埋锚固钢筋的现象，给伸缩缝本身造成隐患；施工时伸缩装置安装得不好，伸缩缝混凝土浇筑不实。

2．控制及防治措施

伸缩缝装置应满足上部结构梁与梁之间和梁与台之间的位移。

伸缩装置锚固牢固可靠、经久耐用，能够抵抗机械磨损、碰撞。

伸缩装置的锚固宽度按规范要求设置。

伸缩装置的定位角钢牢固地与梁（板）和背墙混凝土联结成整体。

伸缩装置定位角钢附近、死角和钢筋密集部位的混凝土，在施工中应加强

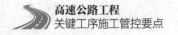

人工插捣。

5.4.6.7　桥头锥坡病害

桥头锥坡病害主要有沉陷、空洞、坍塌，分别见图5-50、图5-51、图5-52。

图5-50　锥坡沉陷

图5-51　空洞

图5-52　锥坡坍塌

1. 病害原因分析

锥坡土体碾压回填时回填土土质较差或未碾压密实，土体疏松。

回填前未对基础进行加固处理；排水不畅，长期雨水冲刷。

锥坡铺筑时各角缝未填满；锥坡坡度角较大，土体失稳。

2. 控制及防治措施

选择与路基相同土体进行填筑，并碾压密实。

回填前必须对基底松软土体进行换填或其他方式进行加固处理，确保地基承载力。

在锥坡四周做好排水设施，确保排水通畅。

将锥坡铺筑的各角缝塞满，避免雨水渗漏；适当降低坡度角，防止土体失稳坍塌。

5.5 隧道工程质量问题的原因、控制及防治措施

5.5.1 洞口工程质量病害防治

隧道洞口工程常见病害如下：边仰坡防护开裂、脱落；洞口边仰坡坍塌，进洞困难。

5.5.1.1 边仰坡坡面冲刷，防护开裂、脱落

1. 形成原因分析

排水系统不完善，截水沟未及时施作或质量不满足要求，出现开裂现象，造成地表水下渗，引起边坡失稳。

边仰坡防护封闭不及时；边仰坡未按设计刷坡，坡度较陡。

边仰坡防护未按设计要求施工。

2. 控制及防治措施

边仰坡刷坡前，必须做好洞顶截水沟，完善排水系统，杜绝地表水下渗引起边坡失稳。

截断外部水源，降低雨水对边仰坡坡面冲刷；进洞前按洞口设计里程及高度刷坡，使边坡稳定。

严格按设计要求施工边仰坡防护；减少对天然坡面的破坏，及时施作边仰坡和洞门工程。

5.5.1.2 洞口边仰坡坍塌进洞困难

1. 形成原因分析

开挖方式及顺序不正确。

排水系统不完善。

防护加固措施不到位。

2. 控制及防治措施

应坚持"早进晚出"的原则，先明洞后暗洞，避免边仰坡施工大挖、大刷。

地质条件较差的洞口段应采取预加固措施，边仰坡较高的地方应分层开挖，洞口边坡防护及支挡结构应随挖随支，及时施作。

易滑坡段，可采取地表锚杆、深基桩、挡墙、土袋或石笼注浆、超前锚杆

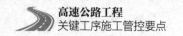

等加固措施；易崩塌段，可采取喷射混凝土、地表锚杆、锚索、防落石棚、水泥、水玻璃等注浆加固措施。

偏压段，可采取平衡压重填土、护坡挡墙、超前锚杆、管棚及对偏压上方地层挖切等措施，以减少偏压力。

5.5.2　隧道开挖常见质量通病

5.5.2.1　超欠挖

1. 形成原因分析

测量放样不精确；挖掘机开挖时直接开挖到设计开挖轮廓边缘。

地质情况较差、土体垂直节理发育、稳定性差、局部出现坍塌。

掌子面后架设拱架前不进行初喷，导致湿陷性黄土失水松散掉块。

超前支护施作不到位。

2. 控制及防治措施

测量放样时要精确标出开挖轮廓线，在开挖过程中控制好开挖断面，做到测量精确。

在开挖过程中还须根据实际情况确定预留变形量，应将施工中可能发生的围岩变化情况（掉块或坍落）进行考虑；严格按设计施作超前支护，控制好外插角、间距、数量、长度、搭接长度，防止因超前支护施作不到位造成超挖。

预留开挖轮廓边缘线，在开挖过程中采用人机配合，避免机械开挖造成超、欠挖现象。

地质情况较差、局部出现坍塌时根据实际情况尽快施作初期支护进行封闭处理。

各工序完成后及时进行工后检测，质量达标后进入下一道工序。

5.5.2.2　塌方

1. 病害原因分析

黄土隧道开挖后裂缝发育较快，若为富水地段，在自重作用下可随时出现塌落。

湿陷性黄土内聚力差。

每循环开挖进尺过大。

2．病害防治措施

黄土隧道应根据地质情况做好超前支护，开挖后及时施作初期支护，封闭成环，并加快混凝土衬砌施作，以保证施工安全。

湿陷性黄土加密挂网，先采取小风压初喷一层。

结合设计文件及规范要求，结合隧道地质情况，合理确定每循环开挖进尺。

5.5.3　超前支护及预加固质量通病防治

隧道超前支护及预加固常见质量如下：管棚导向不满足要求；超前小导管导向及纵向搭接长度不足；管棚及超前小导管注浆量不足。

5.5.3.1　管棚导向不满足要求

1．形成原因分析

导向定位偏差、管棚过长，刚度不足或连接质量较差致使管棚挠度过大。

钻孔机具选用不当。

2．控制及防治措施

管棚施工应结合标准化施工工艺，施作前应精确定位，保证导向架的强度和稳定性；导向管采用热轧无缝钢管，导向管、型钢拱架之间采用钢筋支撑固定，焊接牢固，导向管外插角控制在1°~3°之间。

选用与地质条件适应的钻孔机具。

5.5.3.2　超前小导管导向及纵向搭接长度不足

超前小导管设置示意图如图5-53。

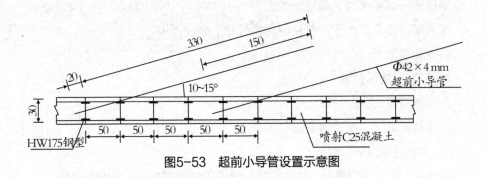

图5-53　超前小导管设置示意图

1．形成原因分析

导向定位偏差，钻孔机具选用不当。

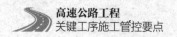

现场控制不严。

2．控制及防治措施

严格按照设计要求进行布点、施作，并和隧道纵坡保持适当的外插角度。

选用适宜的钻孔机具。

加强现场管控，保证施工规范化。

5.5.3.3　管棚及超前小导管注浆量不足

1．形成原因分析

封口不严，注浆压力不足，无排气措施。

2．病害防治措施

安装时应避免管道内堵塞，注浆时应安装好流量计和压力表。

浆液的水灰比和外加剂按设计计量加入，保证注浆时间，控制总注浆量并做好记录，在规定的时间内补注浆。

管口孔口封堵密实，防止漏浆。

注浆压力在规定范围内，不能过大或过小，增设排气措施。

5.5.4　初期支护常见质量通病

钢拱架安装质量差，喷射混凝土平整度差，系统锚杆方向不垂直岩层层面。

5.5.4.1　钢拱架安装质量差

1．形成原因分析

钢拱架加工尺寸不准确。

钢拱架安装不准确，间距偏差大。

钢拱架扭曲变形严重；钢拱架连接松动、刚度不够。

钢拱架拱脚悬空。

2．控制及防治措施

及时处理超欠挖。

首榀钢架试拼，保证钢架架立垂直度。

安装钢架测量精确定位。

钢架间距符合设计要求，拱架安装位置采用红油漆标注，并编写号码。

钢架节段通过连接钢板用螺栓连接。

加强锁脚锚杆的角度、位置控制。

钢拱架拱脚立在牢固的基础上。

5.5.4.2　喷射混凝土平整度差

1. 形成原因分析

喷射砼料搅拌不均匀。

原材料质量差。

喷射风压不合理。

喷射角度、厚度不合理。

砼配合比设计不合理。

围岩面浮尘、粉尘太厚。

2. 控制及防治措施

吹洗干净岩面虚土、浮尘，埋设标志控制喷射砼的厚度。

合理调整混合料的搅拌时间，拌和均匀。

严格把控原材料质量。

自下而上，分层喷射，拱部每层厚度不超过8 cm。

欠喷的要及时补喷，超喷的用工具清除侵入二衬的部分。

5.5.4.3　系统锚杆方向不垂直岩层层面

1. 形成原因分析

钻孔角度不正确。

2. 控制及防治措施

系统锚杆钻孔方向应为设计开挖轮廓线法线方向，垂直偏差不宜大于20°。

局部锚杆应与岩层层面或主要结构面成大角度相交。

锚杆钻孔要求使用锚杆钻机或（多臂）钻孔台车等专用钻孔设备钻孔。

5.5.5　仰拱期常见质量通病

仰拱曲度不够，仰拱两端和仰拱填充两侧止水带位置不正确和损害，仰拱表面出现裂缝、碎板、渗水等现象。

5.5.5.1　形成原因分析

灌注仰拱混凝土不安装内模，无法保证仰拱的曲度，两侧混凝土捣固也不密实。

仰拱内和仰拱填充中埋式橡胶止水带安装固定方法不正确，灌注混凝土时没有保护措施，造成中埋式橡胶止水带中心线位置和施工缝中心不重合，从而出现扭曲现象等。

开挖下一环仰拱土方采用挖掘机进行开挖，没有对已经预埋的止水带进行保护，进而造成止水带有损坏现象。

仰拱施工前，隧道底虚碴、杂物、积水等未清理干净，超挖采用片石等回填。

仰拱分幅施工。

仰拱施工缝和变形缝处应做防水处理。

5.5.5.2　控制及防治措施

灌注仰拱混凝土必须支设内模，确保仰拱曲度和混凝土密实度。

采取增加固定止水带钢筋，端头模板开槽夹止水带的措施保证止水带正确位置。确保止水带中心线位置和施工缝中心重合，不出现扭曲变形现象。

灌注仰拱混凝土时，应严格控制浇筑的冲击力，避免力量过大而刺破止水带。振捣棒不要碰撞预埋的止水带，确保止水带的正确位置，同时还必须充分振捣，保证混凝土与橡胶止水带的紧密结合。灌注混凝土时发现止水带不正确应及时进行处理。

挖掘机挖掘仰拱土方时，应采取保护措施，避免损坏已经预埋好的止水带，损坏的止水带采取补救措施。

仰拱施工前，必须将隧道底虚碴、杂物、积水等清理干净，超挖应采用同级混凝土回填。

仰拱宜在拱墙二次衬砌前进行，其超前距离宜保持3倍以上衬砌循环长度。

仰拱施作应一次成型，避免分幅灌筑。

5.5.6　防排水质量通病

防水板有破损、折曲现象；止水带（止水条）未按要求安装或破损坏；纵环向盲管堵塞、破损，排水不畅。

5.5.6.1　形成原因分析

造成防水板损坏的主要原因有基面未清理干净、外露锚杆、钢筋头未切除或切除后未用砂浆抹平。

土工布挂设采用带射钉的热塑性圆垫圈固定，热塑性圆垫圈与EVA防水板无法焊接，或焊接时烧坏。防水板和热塑性圆垫圈质量达不到设计的质量要求。

拆除的中隔壁和临时仰拱工字钢接头没有抹平处理，容易造成防水板损坏。

焊接二次衬砌钢筋对防水板不进行防护，造成防水板损坏。

施工过程中不注意保护，机械等碰挂造成防水板破损。

防水板焊接不牢固，吊挂点数量不足、间距过大，松紧不适中，造成在混凝土浇筑过程中防水板焊缝开裂、破损。

止水带（止水条）、纵环向盲管安装比较困难，难以控制质量，施工中容易被忽视。止水带未按要求连接，采用钢钉等直接固定，造成破损。

渗水盲管未用土工布包裹，固定不牢固，坡度控制不好，出现反坡排水现象。

5.5.6.2 控制与防治措施

防水板铺设前必须将基面清理干净，外露锚杆、钢筋头彻底切除后用砂浆抹平。

热塑性热熔垫圈与EVA防水板无法焊接，防水板与土工布之间挂设采用射钉固定，射钉处再用防水板采用手持焊枪补焊。

拆除的中隔壁和临时仰拱工字钢接头处，要求采用喷射混凝土或砂浆抹平。

挂设防水板前，仰拱预埋钢筋采用塑料管套在钢筋头上，防止钢筋头损坏防水板。焊接钢筋时在其周围用石棉水泥板进行遮挡，以免溅出火花烧坏防水板。

防水层按环状铺设，并视材质采取相应结合方法。结合牢固，吊挂点间距满足设计及规范要求，松紧适度。灌筑二衬混凝土时输送泵管不得直接对着防水板，避免混凝土冲击防水板引起防水板被带滑脱，防水板下滑。

二次衬砌钢筋绑扎完成后，要重新进行防水板复查，发现有损坏现象及时修补焊接处理，确保防水效果。